深圳改革创新丛书
（第五辑）

Mall of Books，City of Dreams:
Research on Shenzhen Bookmall Model

以书筑城 以城筑梦

深圳书城模式研究

尹昌龙　编著

中国社会科学出版社

图书在版编目（CIP）数据

以书筑城 以城筑梦：深圳书城模式研究／尹昌龙
编著.—北京：中国社会科学出版社，2018.5（2018.6 重印）
（深圳改革创新丛书.第五辑）
ISBN 978 – 7 – 5203 – 2400 – 7

Ⅰ.①以… Ⅱ.①尹… Ⅲ.①书店—发展模式—研究
—深圳 Ⅳ.①G239.276.53

中国版本图书馆 CIP 数据核字（2018）第 073744 号

出 版 人	赵剑英	
责任编辑	王 茵	马 明
责任校对	任晓晓	
责任印制	王 超	

出　　版	中国社会科学出版社
社　　址	北京鼓楼西大街甲 158 号
邮　　编	100720
网　　址	http：//www.csspw.cn
发 行 部	010 – 84083685
门 市 部	010 – 84029450
经　　销	新华书店及其他书店

印刷装订	北京明恒达印务有限公司
版　　次	2018 年 5 月第 1 版
印　　次	2018 年 6 月第 2 次印刷

开　　本	710×1000　1/16
印　　张	19.5
插　　页	2
字　　数	290 千字
定　　价	79.00 元

总序：突出改革创新的时代精神

王京生[*]

在人类历史长河中，改革创新是社会发展和历史前进的一种基本方式，是一个国家和民族兴旺发达的决定性因素。古今中外，国运的兴衰、地域的起落，莫不与改革创新息息相关。无论是中国历史上的商鞅变法、王安石变法，还是西方历史上的文艺复兴、宗教改革，这些改革和创新都对当时的政治、经济、社会甚至人类文明产生了深远的影响。但在实际推进中，世界上各个国家和地区的改革创新都不是一帆风顺的，力量的博弈、利益的冲突、思想的碰撞往往伴随改革创新的始终。就当事者而言，对改革创新的正误判断并不像后人在历史分析中提出的因果关系那样确定无疑。因此，透过复杂的枝蔓，洞察必然的主流，坚定必胜的信念，对一个国家和民族的改革创新来说就显得极其重要和难能可贵。

改革创新，是深圳的城市标识，是深圳的生命动力，是深圳迎接挑战、突破困局、实现飞跃的基本途径。不改革创新就无路可走、就无以召唤。30 多年来，深圳的使命就是作为改革开放的"试验田"，为改革开放探索道路。改革开放以来，历届市委、市政府以挺立潮头、敢为人先的勇气，进行了一系列大胆的探索、改革和创新，使深圳不仅占得了发展先机，而且获得了强大的发展后劲，为今后的发展奠定了坚实的基础。深圳的每一步发展都源于改革创新的推动；改革创新不仅创造了深圳经济社会和文化发展的奇迹，而且使深圳成为引领全国社会主义现代化建设的"排头兵"。

---

[*] 王京生，现任国务院参事。

　　从另一个角度来看，改革创新又是深圳矢志不渝、坚定不移的命运抉择。为什么一个最初基本以加工别人产品为生计的特区，变成了一个以高新技术产业安身立命的先锋城市？为什么一个最初大学稀缺、研究院所几乎是零的地方，因自主创新而名扬天下？原因很多，但极为重要的是深圳拥有以移民文化为基础，以制度文化为保障的优良文化生态，拥有崇尚改革创新的城市优良基因。来到这里的很多人，都有对过去的不满和对未来的梦想，他们骨子里流着创新的血液。许多个体汇聚起来，就会形成巨大的创新力量。可以说，深圳是一座以创新为灵魂的城市，正是移民文化造就了这座城市的创新基因。因此，在特区30多年发展历史上，创新无所不在，打破陈规司空见惯。例如，特区初建时缺乏建设资金，就通过改革开放引来了大量外资；发展中遇到瓶颈压力，就向改革创新要空间、要资源、要动力。再比如，深圳作为改革开放的探索者、先行者，在向前迈出的每一步都面临着处于十字路口的选择，不创新不突破就会迷失方向。从特区酝酿时的"建"与"不建"，到特区快速发展中的姓"社"姓"资"，从特区跨越中的"存"与"废"，到新世纪初的"特"与"不特"，每一次挑战都考验着深圳改革开放的成败进退，每一次挑战都把深圳改革创新的招牌擦得更亮。因此，多元包容的现代移民文化和敢闯敢试的城市创新氛围，成就了深圳改革开放以来最为独特的发展优势。

　　30多年来，深圳正是凭着坚持改革创新的赤胆忠心，在汹涌澎湃的历史潮头上劈波斩浪、勇往直前，经受住了各种风浪的袭扰和摔打，闯过了一个又一个关口，成为锲而不舍地走向社会主义市场经济和中国特色社会主义的"闯将"。从这个意义上说，深圳的价值和生命就是改革创新，改革创新是深圳的根、深圳的魂，铸造了经济特区的品格秉性、价值内涵和运动程式，成为深圳成长和发展的常态。深圳特色的"创新型文化"，让创新成为城市生命力和活力的源泉。

　　2013年召开的党的十八届三中全会，是我们党在新的历史起点上全面深化改革做出的新的战略决策和重要部署，必将对推动中国特色社会主义事业发展、实现民族伟大复兴的中国梦产生重大而深远的影响。深圳面临着改革创新的新使命和新征程，市委市政府打出全面深化改革组合拳，肩负起全面深化改革的历史重任。

如果说深圳前30年的创新，主要立足于"破"，可以视为打破旧规矩、挣脱旧藩篱，以破为先、破多于立，"摸着石头过河"，勇于冲破计划经济体制等束缚；那么今后深圳的改革创新，更应当着眼于"立"，"立"字为先、立法立规、守法守规，弘扬法治理念，发挥制度优势，通过立规矩、建制度，不断完善社会主义市场经济制度，推动全面深化改革，创造新的竞争优势。特别是在党的十八届三中全会后，深圳明确了以实施"三化一平台"（市场化、法治化、国际化和前海合作区战略平台）重点攻坚来牵引和带动全局改革，推动新时期的全面深化改革，实现重点领域和关键环节的率先突破；强调坚持"质量引领、创新驱动"，聚焦湾区经济，加快转型升级，打造好"深圳质量"，推动深圳在新一轮改革开放中继续干在实处、走在前列，加快建设现代化国际化先进城市。

如今，新时期的全面深化改革既展示了我们的理论自信、制度自信、道路自信，又要求我们承担起巨大的改革勇气、智慧和决心。在新的形势下，深圳如何通过改革创新实现更好更快的发展，继续当好全面深化改革的排头兵，为全国提供更多更有意义的示范和借鉴，为中国特色社会主义事业和实现民族伟大复兴的中国梦做出更大贡献，这是深圳当前和今后一段时期面临的重大理论和现实问题，需要各行业、各领域着眼于深圳全面深化改革的探索和实践，加大理论研究，强化改革思考，总结实践经验，作出科学回答，以进一步加强创新文化建设，唤起全社会推进改革的勇气、弘扬创新的精神和实现梦想的激情，形成深圳率先改革、主动改革的强大理论共识。比如，近些年深圳各行业、各领域应有什么重要的战略调整？各区、各单位在改革创新上取得什么样的成就？这些成就如何在理论上加以总结？形成怎样的制度成果？如何为未来提供一个更为明晰的思路和路径指引？等等，这些颇具现实意义的问题都需要在实践基础上进一步梳理和概括。

为了总结和推广深圳当前的重要改革创新探索成果，深圳社科理论界组织出版了《深圳改革创新丛书》，通过汇集深圳市直部门和各区（新区）、社会各行业和领域推动改革创新探索的最新总结成果，希图助力推动深圳全面深化改革事业的新发展。其编撰要求主要包括：

首先，立足于创新实践。丛书的内容主要着眼于新近的改革思维与创新实践，既突出时代色彩，侧重于眼前的实践、当下的总结，同时也兼顾基于实践的推广性以及对未来的展望与构想。那些已经产生重要影响并广为人知的经验，不再作为深入研究的对象。这并不是说那些历史经验不值得再提，而是说那些经验已经沉淀，已经得到文化形态和实践成果的转化。比如说，某些观念已经转化成某种习惯和城市文化常识，成为深圳城市气质的内容，这些内容就可不必重复阐述。因此，这套丛书更注重的是目前行业一线的创新探索，或者过去未被发现、未充分发掘但有价值的创新实践。

其次，专注于前沿探讨。丛书的选题应当来自改革实践最前沿，不是纯粹的学理探讨。作者并不限于从事社科理论研究的专家学者，还包括各行业、各领域的实际工作者。撰文要求以事实为基础，以改革创新成果为主要内容，以平实说理为叙述风格。丛书的视野甚至还包括为改革创新做出了重要贡献的一些个人，集中展示和汇集他们对于前沿探索的思想创新和理念创新成果。

最后，着眼于解决问题。这套丛书虽然以实践为基础，但应当注重经验的总结和理论的提炼。入选的书稿要有基本的学术要求和深入的理论思考，而非一般性的工作总结、经验汇编和材料汇集。学术研究须强调问题意识。这套丛书的选择要求针对当前面临的较为急迫的现实问题，着眼于那些来自于经济社会发展第一线的群众关心关注或深入贯彻落实科学发展观的瓶颈问题的有效解决。

事实上，古今中外有不少来源于实践的著作，为后世提供着持久的思想能量。撰著《旧时代与大革命》的法国思想家托克维尔，正是基于其深入考察美国的民主制度的实践之后，写成名著《论美国的民主》，这可视为从实践到学术的一个范例。托克维尔不是美国民主制度设计的参与者，而是旁观者，但就是这样一位旁观者，为西方政治思想留下了一份经典文献。马克思的《法兰西内战》，也是一部来源于革命实践的作品，它基于巴黎公社革命的经验，既是那个时代的见证，也是马克思主义的重要文献。这些经典著作都是我们总结和提升实践经验的可资参照的榜样。

那些关注实践的大时代的大著作，至少可以给我们这样的启示：哪怕面对的是具体的问题，也不妨拥有大视野，从具体而微的实践探索中展现宏阔远大的社会背景，并形成进一步推进实践发展的真知灼见。《深圳改革创新丛书》虽然主要还是探讨本市的政治、经济、社会、文化、生态文明建设和党的建设各个方面的实际问题，但其所体现的创新性、先进性与理论性，也能够充分反映深圳的主流价值观和城市文化精神，从而促进形成一种创新的时代气质。

序

王京生

中国传统书业面临巨大转型，从书店的危机到大书城的兴起，在方死方生之间，中国书业面临重新洗牌，大书城应运而生。从书店到书城，中国书业转型的背后，不仅仅是卖场空间和规模的变化，更反映时代生活方式的变化。比较传统书店，现代书城不仅有书，还有供人们文化欣赏、休闲、学习、娱乐、餐饮的各种服务设施。它让书跟生活相融合，从而让人们在书店留下脚印、安妥身心。因此，从书店到书城，我们看到的是一个时代向另一个时代的跨越。这巨大的跨越，在短短20年间，在经历过危机的中国书业中至今还在实践着、推动着、发展着。

城市是多功能的综合体，其中一个必不可少的功能是心灵的栖息之地，而宏伟的教堂、幽静的庙宇则是其象征。但宗教不可能使所有人都皈依，在中国尤其如此。实际上，将读书作为高贵的事业，就是我们许多人内心的"宗教"。因为读书这一高贵的坚持，使我们的灵魂不断丰富升华，诗意地栖居。从书店到书城，我们看到一个国家在躁动的前进中，慢慢调整自己的节奏步调，调整自己的文化与追求。在这里，不仅可以找到人生再出发的力量，也可以找到人们与世界、与社会、与自我重新相处的方式。

阅读正在改变中国。当一个民族千年的阅读传统，被重新唤醒并再度传承的时候，我们就有理由相信，在解决人类问题的中国方案中，就含有对知识、对阅读、对人文价值的推崇。我们对阅读传统的讲述，既是接着讲也是照着讲，是历久弥新，是新的发扬和推广。大书城就是对阅读传统的再次弘扬，当书店书城的灯光点亮城市的时候，我们看到阅读这盏古老的灯从千里之外、千年之外重新照进我们的生活。当大书城作为读书的重要阵地的时候，我们也看到了这个民族读书的传统在创新、在发展。我们不仅为"有用"读书，也为"无用"读书，不仅为"现在"读书，也为"未来"读书。深圳书城不仅仅是一个图书汇聚的空间，更是一个创意迸发、思想交流的空间。我们看到各种各样具有创造性的文化力量在书城聚集，书的海洋中，帆影悠悠，运化天机，希望与创意正投射出巨大的光芒。

活水源流随处满，东风花柳逐时新。大书城的故事还在延续。我们相信，只要读书的传统还在，只要书的力量还在，大书城就具有永远传承下去的可能。这本探讨大书城实践的书，试图通过"深圳书城"这一典型，剖析大书城模式，解读其秘密，并通过这种解读了解这个时代独特的文化方式与生活方式，从而对业态创新有更深刻的理解。

前言　城与梦：一座城改变一座城

深圳，一座走在中国市场经济前沿的城市，创造了举世闻名的"深圳速度"，但因没有秦砖汉瓦的历史积淀，常年背负"文化沙漠"之名。直到 1996 年，深圳书城（罗湖城）开业。作为国内第一个以"书城"命名的出版物经营场所，以及当时第一次在非省会城市举办的第七届全国书市，深圳书城在开业前 10 天便吸引逾百万客流量，创造了 7 项全国第一。为此，新华社专门撰写了长篇报道《深圳书城的开业一举摘掉了"文化沙漠"的帽子》，《人民日报》更是在头版位置予以刊载。

回顾深圳书城 20 多年的发展历程，我们看到的是一座书城与一座城市的关系。正是从深圳书城开始，一个商潮涌动的城市有了文化梦想，开始将"实现市民文化权利""让城市因热爱阅读而受人尊重"作为城市的旗帜和信念，开始信奉文化是城市可持续发展的关键，并形成推崇文化、倡导读书的文明形态。从深圳书城罗湖城、南山城、中心城、宝安城到即将建成的龙岗城、龙华城、湾区城等，深圳书城使书香从点点星火弥漫至整座城市。深圳书城用书重新定义了城市，用知识重新打造了城市，用文化重新设计了城市。深圳书城重塑了深圳这座现代都市的理想追求和信念依托，参与并改变了深圳的文化面貌和文化景象，推动深圳从"经济深圳"走向"文化深圳"。

深圳书城，均地处深圳各中心区域的"城市客厅"位置，投入运营以来累计接待读者近 3 亿人次，举办各类文化活动累计 12000 多场次；连续 18 年作为深圳读书月活动开展的主阵地，开创了全民阅读的"深圳模式"；推出了"深圳晚八点""温馨阅读夜""深圳书城选书""深圳书城讲书会""沙沙讲故事""书立方""亲子论坛""青年梦工厂"等众多活动品牌。同时，还在培育和扶持民间阅读组织，引导和推动民间阅读组织开展活动等方面发挥着积极作用，为深圳的全民阅读推广、公共文化服务提供和丰富市民文化休闲生活做出了巨大贡献。深圳书城不仅是一座书城，还是一个书城文化综合体、一个公共文化生活中心、一个文化创意产业集聚基地，以及一座城市的文化地标。她为市民提供了大量的阅读文化活动，更成为了人们共享文化盛宴的目的地。面对中心书城，国际设计大师比尔·卡斯特曾发出这样的感慨："这座巨大书店对于深圳的意义，好比罗浮宫对于巴黎的意义。"

作为深圳的重要公共文化服务平台，深圳书城经过多年的业态创新和文化坚守，在潜移默化中改变了人们的生活方式，提升了深圳的城市品格，创造了一种崭新高尚的城市文明样式。如今，"以读书为荣、以读书为乐"已成为深圳人普遍认同的价值理念和生活方式。同时，深圳有了"图书馆之城""深圳读书月""杰出的发展中的知识城市""活力图书之城""设计之都"等一系列发展成果。2013年，深圳被联合国教科文组织特别授予"全球全民阅读典范城市"称号，全民阅读的"深圳模式"受到广泛认可。作为深圳全民阅读的主阵地，深圳书城始终履行着"以阅读引领城市，以文化丰富民生，以创意影响未来"的使命，参与、见证、反映了深圳阅读与文化的勃兴。可以说，深圳书城正是这座"全球全民阅读典范城市"的文化缩影。深圳书城，是深圳文化梦想开始的地方，也是深圳文化梦想实现的地方。

本书聚焦于深圳书城模式的研究，具体阐述深圳书城如何用书建筑一座城、铸造一座城市的文化梦想，同时又如何通过书城改变城市，助推城市实现文化梦。该书主要由五个部分组成。第一部分总体宏观地介绍深圳书城20多年的历史和实践，同时从社会、城市、行业的发展背景引申解读深圳书城背后的奥秘；第二部分着重论述以书为主旋律的书城如何"以书建城"，如何为读者提供阅读服务和指引，如何用知识照亮城市，用阅读引爆创意；第三部分主要论述深圳书城如何针对人的需求而成城，如何围绕人的生活而进行业态布局及提供服务，如何践行由书到书生活的理念；第四部分主要论述深圳书城的商业伦理与公共责任，深圳书城与传统书店的区别，与现代 Shopping mall 的区别，以及深圳书城如何打破书与非书的界限成为文化的综合体，打破事业与产业的界限成为事业产业综合体，形成经济效益与文化效益的良性互动；第五部分主要论述在新的时代，书城如何适应新科技、新媒体、新生活方式，创造新一代书城文化综合体。书末附有深圳书城筹建及运营的相关手册和指南。可谓有理念有操作，展现深圳书城模式全貌。

截至目前，该书是中国第一本研究大书城发展的学术性著作，期待能推动大书城建设热潮的形成，为行业及社会文化发展贡献些许力量。

目　录

第一章　从书店到书城文化综合体 …………………………（1）
　　第一节　书业变革下的大书城 …………………………（1）
　　第二节　书城文化综合体兴盛的背后 …………………（24）

第二章　以书筑城：书城的阅读服务 ……………………（45）
　　第一节　书城的书：多样性的书店类型 ………………（46）
　　第二节　为读书所做的服务 ……………………………（62）
　　第三节　书城的人文精神 ………………………………（80）

第三章　因人而城：书城的人间烟火 ……………………（97）
　　第一节　从生活出发：书城的空间构建 ………………（98）
　　第二节　够得着的品位：书城的业态组合 ……………（108）
　　第三节　创意引领：书城的紧密层业态 ………………（118）
　　第四节　百态即生活：书城的外延层业态 ……………（136）

第四章　利在义中：商业伦理与公共责任的深圳实践 ………（145）
　　第一节　书城的类商业性和价值追求 …………………（145）
　　第二节　书城的商业模式 ………………………………（154）
　　第三节　跨界创新构建深圳书城模式 …………………（167）

第五章　书城模式未来展望 ………………………………（187）
　　第一节　新技术促发新变革 ……………………………（187）
　　第二节　书城未来走向何方 ……………………………（201）

附录　深圳书城文化综合体筹建及运营手册 ················· （216）

附录1　深圳书城文化综合体项目筹建工作流程指南 ······ （216）

附录2　深圳书城文化综合体运营手册 ················· （237）

参考文献 ·· （291）

后　记 ·· （294）

第一章 从书店到书城文化综合体

在中国书业历史上，提到书城，深圳书城必定是最具代表性，首先在人们脑海心间闪现的一座丰碑。从 1996 年 11 月 8 日深圳书城（罗湖城）首创"书城"之名开业至今，20 多年来，深圳书城积极顺应时势进行业态创新和经营模式创新，从综合性书店大卖场、文化 mall 雏形到体验式书城、创意书城……不断演化嬗变；书城从学习空间、阅读空间到生活空间、文化空间、创意空间……持续蜕变创新，成功打造出"书城文化综合体"的新型发展模式，为新时期实体书城的转型升级、重焕生机开创了崭新局面。

第一节 书业变革下的大书城

"书"是文化的重要载体，"书店"是书的载体，是城市的文化客厅和精神家园。书店之美在于它承载的不仅是商业，更有文明、信仰。好的书店就像是一泓清泉，在经年累月中，默默地充实着城市的血脉，丰盈着人们的内心。

大书城，图书大楼之谓也，它是以书业为主要内容的城市文化建筑。如今，走在城市宽敞的大道上，或许不经意间就会发现，一座座大书城已经成为城市里一道道靓丽而独具特色的风景线，吸引着来自四面八方的人们驻足、逗留，徜徉其间。实际上，大书城已经成为人们都市生活中的重要组成部分：一方面，它适应了现代社会生活快节奏、高效率的特点，满足了人们快速方便一站式的购书和阅读需求；另一方面，它考虑到了人们追求舒适性、文化性、体验性的多元需求，逐步构筑起现代都市人的精神生活家园。

一   大书城建设方兴未艾

2002 年以来，大书城在全国迅速涌现，截至 2015 年，全国 5000 平方米以上的大书城已有 115 家以上。[①] 相比 2002 年以前不到 20 家，已经有了数量与质量的飞跃。[②] 十几年间，大书城的发展忽如一夜春风，令人惊异。毋庸置疑，尽管目前 5000 平方米以上的大书城已过百家，几乎每个区域市场都有自己代表性的大书城，但兴建大书城的高潮远远还未结束。如今，大书城俨然成为各地文化地标，引领着书业市场风向，到书城看书及休闲已经成了人们的一种生活方式。

（一）大书城，一道美丽的风景

1. 认识大书城

什么是"大书城"？书城是书店的一种发展形态，说"大书城"，自然突出在一个"大"字上。它一般是指营业面积超过 5000 平方米，常年经营出版物品种在 10 万种以上，能满足读者一站式购书需求的书店。

2. 大书城的特征

大书城是一种出版物销售复合型业态，是集教育、图书、餐饮、娱乐等多功能于一身的大型综合性文化消费场所。我国的大书城一般以文化需求及城市发展需要为导向，多处在商业繁华地带，客流量大，目前比较强调电子化、网络化，有从独立大卖场向连锁化拓展的态势，是当前国内比较成熟且占据主导地位的出版物零售业态。它主要有以下几个特征。

（1）规模大，品种全。大型书城的经营面积往往超过 5000 平方米，经营出版物在 10 万种以上，品种丰富，新书上架快，复本量大，如营业面积达 4 万多平方米的深圳书城中心城，出版物经营面积近 2 万平方米，常年陈列 1000 余家国内外出版机构的 30 多万种中外出版物。

---

① 全国大书城（5000 平方米以上）名录（2015 版），http：//www.gujiushu.com/850325.html，2017 年 9 月 30 日。

② 舒童：《全国大书城分布情况》，《出版经济》2004 年第 12 期。

（2）环境好，管理优。大书城一般地处繁华的市区商业中心，但相比其他商场而言，大书城往往带有浓郁、鲜明的文化氛围，环境更为舒适、雅致。如深圳书城中心城既是一座生态建筑，又是一个书香流淌的文化空间。其从屋顶到二层、一层分别有绿化生态广场、玻璃采光带、观景平台、供游客漫步的回廊，东西两边是"诗""书""礼""乐"四个绿色文化主题公园，体现着规划设计者和经营管理者的独具匠心，营造着清新的文化艺术氛围。

（3）活动丰富，经营多元化。从功能上看，大书城不仅卖书，还提供多元文化服务。大书城以书店为核心，高度重视阅读体验，注重挑选其他共营项目和品牌，实行"统一管理、分散经营"，为读者打造一个融阅读、娱乐、休闲、创意为一体的"文化综合体"。

（4）投资多元，主体突出。各地新华书店及新华集团是建造和运营大书城的中坚力量。最初大书城均是国有的，20世纪90年代末至21世纪以来，由于社会资本进入图书发行业以及民营书店规模扩张等，出现了民营大书城，后来也有一些大书城由新华书店和其他国有资本或民营共同投资建设。但总体而言，新华系独资的大书城仍然占据最大比例。

3. 大书城的分布

从1994年全国首家现代图书城，号称"永不落幕的书市"——广州购书中心建成，到1996年深圳书城（现为深圳书城罗湖城）首次以"书城"命名开业，掀起了全国书城建设热潮。20多年来，中国现代大书城的数量和规模已经达到了一个高峰。我国绝大部分省会城市、计划单列市以及不少中心城市建成了自己的大书城。据《中国出版传媒商报》2015年8月发布的统计，当时全国经营面积5000平方米以上的大书城有115家，基本遍及全国各个省市地区（详细情况如图1—1、图1—2所示，具体名录见表1—1）。

从图1—1、图1—2来看，在布局上，我国大书城分布呈现出两个特点：一是集中在东部沿海经济发达地区，仅广东、江苏两省就分别有13家；二是主要集中在省会城市、计划单列市等政治经济文化中心。

图1—1   全国大书城分布

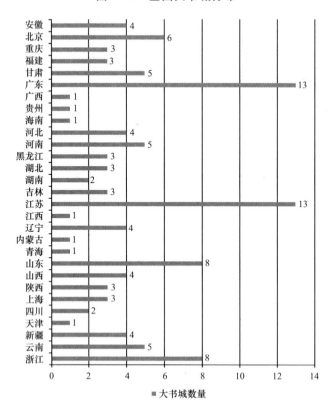

图1—2   全国各省域/直辖市大书城数量

可见，作为直接为市民群众服务的公共服务设施，中国的大书城数量虽多，却并未在全国进行合理布局，地域分布不均衡，服务群众的能力也不均衡。而且，由于体制机制等影响，目前大书城往往受限于行政区划这道坚固的城防，处在一个相互独立的市场环境中，地域垄断效应明显。

（二）迈入"文化综合体"时代的大书城

近年来，我国大书城开发建设和运营管理在借鉴成熟经验的同时，因地制宜，进行了诸多有益的探索，不断引进新文化生活理念，打造新消费模式。大书城纷纷向一站式的文化综合体转型升级。

1. 大书城经营模式探索

大书城模式之所以发展蓬勃，方兴未艾，深受市民和所处城市的认可，2015年5月，时任国家新闻出版广电总局副局长孙寿山在深圳首届中国大书城精英荟上扼要总结为三点原因。

一是书城能够切实提升城市文化品位。书城是一座城市精神文明的物化符号，在一定程度上代表着城市文化建设的目标定位和价值追求，能够为城市营造浓郁的人文气息和学术文化氛围，塑造城市文化形象。比如深圳书城的出现，就让这座经济高速发展的移民城市拥有了文化的栖息地。

二是顺应了市民群众日益增长的精神需求。书城作为知识传播、思想碰撞、文化交流的场所，以传播先进文化、服务社会大众、实现人民的文化权利和培养广大群众的文化情趣为己任，为市民提供了一个零门槛的城市公共文化空间。

三是有力推动了公共文化服务的延伸。书城已不仅仅是单纯的出版物卖场，而是已经成为公共文化服务平台的重要组成部分。全国各地大书城都在积极探索以书城为阵地，以活动为主导，倡导阅读，引导阅读，彰显书城传承、传播社会文化的基本职责。书城所打造的新型文化商业模式，释放出了强大的吸引力和影响力，也赋予了实体书店新的生命力，为传统书店转型发展提供了借鉴。

书城的出现，的确在很大程度上带动了中国书业零售市场的发展，最大程度上实现了以前独立零散的小门店所不能实现的书业梦想。但我们也要看到，在内部，书城的发展面临着建设资金投入大、营商管理成本高、发行网点建设滞后等难题；在外部，出版物既不是生活必需品，也不能算易耗品，出版物的销量更无法与书城经营面积同步增长。而现在，我们不仅要面对国民阅读量尚有待提高的问题，还要面对网络书店价格战和数字出版及新阅读方式普及所带来的挑战，实体书店出版物销售可以提供的盈利非常有限。事实上，全国诸多书城真正依靠出版物零售盈利的并不多，除非依靠教材、享受税收返还等文化政策保护。综观全国经营得游刃有余的大型书城，其经营模式呈现出以下特征。

（1）多业态组合。书城在内部经营项目上，以出版物经营为主业进行多业态组合，增强了书城的盈利能力。这种模式被解释为，书城引入与出版物销售有共同客户群的文化品牌和配套项目，从而可以依靠物业经营来获得一部分收益。多业态组合的经营模式，使书城不仅成为一个内容多元、体验丰富的文化平台，还有效地增强了书城的盈利能力。

（2）轻重资产拓展并举。不同于以往书城建设以重资产拓展模式占绝对主导的情况，近年来，在书城的布局拓展上，书城的建设运营主体往往选择异地轻资产、本地及黄金地段重型化的战略。鉴于书城天然具有融合各类客群、聚集导流的属性，因此受到商业地产的青睐。几乎所有的商圈、购物中心都希望拥有一家规模较大，且有一定品位的书店来帮助整个商圈、购物中心聚集人气，增强文化氛围。免租、送装修、销售提成比例极低的租约模式，很好地控制每个单店的经营风险，为书城的快速拓展提供了便利条件。

（3）连锁化经营。在出版物销售领域，规模化、连锁化经营，不仅能为书城赢得优惠的结算价格和结算方式，提高市场竞争力，还能从内部管理上向集约化过渡，从而降低成本，增强抗风险能力。更重要的是，连锁化经营在书籍导向、店面陈设、灯光布置、品牌标语、文化活动等方面的统一形象，极大地提高了书城的品牌辨识度和影响力，增强了客户群体的体验感和黏性，更有利于整合内外部资源。

事实上，全国大书城体现的基本上是一种复合式经营模式。书城除了拥有书店这一核心主力店、足够的体验空间和丰富的文化活动外，它还集合了各种与其气质相符的文创产品、手作品牌、餐饮品牌等，凭借复合经营业态做大客流量，带旺人气，赢得较好的盈利空间。具有较好生存发展状态的书城，已经用自身的经验告诉我们，复合经营才是大书城发展最具优势的模式选择。

2. 开启"综合体"时代的大书城

大书城的不断涌现，伴随着电商对出版物线下销售渠道的侵蚀，以及新媒体阅读对读者阅读方式的丰富，读者购书渠道越来越多样，读者需求日益个性化和多元化，传统的以买书卖书为主导，缺乏创新和活力、欠缺特色和观照读者内心需求的一部分大书城受到极大的生存挑战。"方生方死""方死方生"……2013 年 11 月 30 日，开业近 10 年的深圳购书中心即将关门停业，而同一时段，深圳书城中心城（简称中心书城）"温馨阅读夜"的狂欢热潮吸引了 5000 多人彻夜不眠。这一冰火两重天的现象引发深圳媒体热议，也引发了业界对于书城模式的思考。

人们发现，不仅仅是中心书城，深圳书城品牌下的深圳书城罗湖城（简称罗湖书城）和深圳书城南山城（简称南山书城）也显现出强劲的发展活力。这里不仅是看书、选书、购书的首选之地，更是深圳市民参与文化生活、假日休闲出行的一大选择。深圳书城已经成为城市的文化生活中心，是最受市民喜爱的公共文化场所。深圳书城模式越来越受到社会的广泛关注，从这里出发，大书城迈进了文化综合体的新时代。

简单来说，所谓"书城文化综合体"可以理解为依托书城构建的融阅读学习、展示交流、聚会休闲、创意生活等为一体的复合式、体验式、一站式文化休闲生活中心。从外部形态看，"书城文化综合体"可以自成一体，也可以与周边图书馆、美术馆、音乐厅等文化艺术场馆互为依托，进行街区群落式发展。

深圳市委常委、宣传部长李小甘亲切地称之为"深受市民喜爱的文化万象城"，蕴含着把深圳书城打造成"一站式、综合性"城市文化休闲空间的肯定和赞赏。所谓"一站式"，就是在书城里可以待一整天，满足文化休闲生活需要；所谓"综合性"，就是这里从书开始，并不以书结束，人们到这里不光读书购书，还可参加活动、比赛、休闲、娱乐，内容更丰富。读者到书城来，不仅得到一种阅读的愉悦、休闲的快乐，更重要的是通过创意激荡、思想碰撞，产生更高层次的快乐。"书城，是服务人民的书城，是零门槛的，穷人哪怕是流浪者，都可以把书城当成自己的家。"①

书城文化综合体，不仅是深圳书城提出的一个愿景，也是大书城在新环境下实现可持续发展的探索实践。让书城转变成文化综合体，是要重新审视甚至将原有的业态推翻重来，打造复合型、多样化的新型业态发展格局，构建多层次的文化生态圈。可以说，"文化综合体"是以"深圳书城"为代表的书城模式发展到一定程度的体现和追求，承载了深圳出版发行集团最新的书城 mall 产业发展经验。

然而，不管书城如何转型，如何变化，图书主业的核心地位不能动摇。书城要转型，必须坚守书业，但又不局限于书业。

> 就书城模式来讲，我们想形成三个重要的层次，第一，坚守书业，这是书城的核心和根本；第二，坚守中的变化，围绕书业发展紧密相关层，比如创意产品、艺术院线、教育培训等；第三，打造书业的配套延展层，包括休闲餐饮等。②

对于大书城的经营者来说，坚守图书主业，即是坚守书城的根基，书的角色从直接创造收益转变为集聚人气、提升品位，最后才是创造收益，更重要的是因为书的烛照，在另一个层面大大提升书城平台的物业价值。书城得以在"变化中的坚守"和"坚守中的变化"基础上，积极探索"阅读＋""书城＋"模式，拓展利润空间，成功打造一站式、复合型、多样化的城市公共文化空间。越来越多的书城，除设置实体书店主力项目、举办丰富多彩的文化活动外，还搭建咖啡馆、电影院等丰富的消费设施，引入展览、动漫等

---

① 杨世国、程全兵：《首创图书超市 助力全民阅读 深圳书城 20 年营造城市"大书房"》，《人民日报》（海外版）2015 年 7 月 29 日第 7 版。

② 尹昌龙：《传统书城应成为文化资源流通中心》，新华网 2013 年 10 月 22 日。

文化创意元素，专注于打造文化功能齐全的多元空间，既能够满足顾客在文化消费方面的多维需求，又能使其在文化氛围中愉快度过一段消费时光。特别是近几年，一些书城围绕打造文化消费综合体进行了大量实践，比如改造升级、多元化经营、营销创新等。即使是连锁化的大书城，也纷纷在其开发运营、改建提升上融入更多的现代文化理念和差异化的文化元素，走多样化的发展之路。这些实践既有助于产品和服务更好地呈现，也丰富了文化综合体的内涵及外在表现。

超越无处不在，发展永不止步。可以预见，未来大书城将会更加时尚，更加温情，更加科技化，更加充满人文气息，也将具有更加鲜明的文化特质和地域元素。大书城的经营者要想推动大书城的良性发展，务必使其功能更齐全，业态更丰富，环境更温馨，服务更到位，活动更精彩，体验更宜人，让书城成为能满足顾客多元消费体验的文化聚集之地、精神栖息之所。

二 大书城的起源与发展演变

大书城的产生不是一蹴而就的，它从书业变革的阵痛中一步步走来，历经艰辛而浴火重生。新中国成立以后，书店一直在悄悄换代，经历了从最初的封闭柜台式销售到开架销售、大型书城、特色书店与大型书城并举等阶段。中国大书城的出现及蓬勃发展是特定历史条件下的产物，也是政府大力支持、市场需求催生的产物。大书城的产生既有着书店发展演化的必然趋势，也有着加速其出现的外部动因。

从大环境看，大书城的出现和发展与城市化进程和技术变革带来的影响密切相关。从根本上说，它们都是工业革命后城市化快速发展的结果。第一次科技革命带来了第一次工业革命，而工业革命又引爆城市化革命。一方面，工业革命让人类摆脱了上万年来对畜力、体力的依赖，从根本上将人们从长期繁重劳作中解放出来，使得劳动力有剩余，增加了人们的闲暇时间，从而保证了可以进行读书活动的时间。另一方面，从客观物质条件来说，工业革命促进了城市化进程。城市综合体的出现，是城市经济发展进入一个新阶段的象征，是城市化进程发展到一定阶段的产物。随着城市和经济发展，单一功能的区域已经不能满足人们对方便快捷和效率的追求，因此城市的集聚度不断提高，城市土地资源日益紧张，城市的部分功能逐渐向集约化、复合化发展，开始出现建筑综合体和办公综合体等部分城市功能相对集中的城市形态，这些都是大书城产生的动力。

工业革命不仅促进了社会生产力的发展，城市化进程的加快，而且促进了社会制度、文化、教育等各个方面的变迁。工业革命产生了巨大的财富，人们也有了更多的时间学习各种文化知识，参与文化教育、交际休闲等活动。同时，随着印刷技术的巨大进步，图书的印刷、知识的传播与分享也变得越来越简单方便，知识变得"民主化"，很多人开始有受教育的需求和能力。而在国家和全社会层面，大家越来越意识到书、阅读在提升公民素质、增强国家文化软实力方面的重要作用，因此大力发展教育事业，推广全民阅读等促学活动。这些都有力地促进了大书城的繁荣发展。

（一）起于"变革"的大书城

全国大书城的建设运营以新华系为主体，因此它的起源和发展必然与新华书店的改革和转型息息相关、一脉相承。1978 年 8 月，著名漫画家华君武画了一幅《用望远镜在书店选书》的漫画并在《人民日报》发表，一石激起千重浪，开架售书成为新华书店首要的改革举措全面推开，至 20 世纪 80 年代初，全国绝大多数新华书店已实行开架售书。[①] 自此，顺应时代改革大潮，新华书店的改革以开架售书为开端，渐次推开。特别是随着图书发行改革中"三多一少""三放一联"的推行，出版社自办发行、民营书店的兴起，新华书店遭遇前所未有的竞争、挑战。各地新华书店加大改革拓新力度，在竞争中发展、壮大自己。

20 世纪 90 年代开始，在经历了一段时间的改革开放后，我国的经济面貌有了很大改善，商业日渐繁荣，城市建设也进入新的历史时期，商业建筑和商业步行街开始出现一些简单功能的复合，城市综合体开始出现。彼时，整个出版业空前繁荣，年出书品种

---

① 《新华书店，80 岁，依然年轻》，2017 年 9 月 30 日，http：//www.sohu.com/a/141623990_ 267807。

超过十万，而由于一般书店的面积只有两三百平方米，不少出版社出版的书没法在书店陈列。那时大家想，要是有大书店多好，就几乎能让三年左右的图书品种都一一陈列，和读者见面。伴随百货商场、商业综合体的不断崛起，人们对图书大卖场的需求呼声越来越高。

1992—1994 年，京、沪等一些城市由于城市改造，新华书店遭遇拆迁危机，贵阳更是由此导致与有关部门"对簿公堂"。连续两年全国两会期间，全国人大代表、政协委员呼吁制止新华书店拆迁风。① 1994 年 11 月，营业面积 1 万多平方米，经营图书近 10 万种的全国首座现代化大书城——广州购书中心落成开业，这是 1991 年全国书市在广州举办后，应广大市民要求，经时任中央政治局委员、广东省委书记谢非亲自过问，建立的"永不落幕的书市"。1995 年 7 月，北方图书城在沈阳开业。这一南北呼应，进入了新华大书城风起云涌的新阶段。

1996 年 11 月 8 日，在时任深圳市委书记兼市长李灏"十里深南大道不能没有新华书店"的大力支持下，深圳书城（罗湖城）开业并同步举办第七届全国书市；如图 1—3、图 1—4、图 1—5 所示，这是全国第一家正式以"书城"二字命名的大书城，书城陈列面积近万平方米，陈列图书近 15 万种，首创全场开放式、自选式超市经营方式，配套了广场、停车场等硬件设施，一举改变了"规模小、环境差、布点分散、品种匮乏"的小书店形象。它完成了深圳图书零售由"小书店"向"综合性大卖场"的转变，极大地满足了深圳市民的购书需求和阅读渴望，一举摘掉深圳被戏称为"文化沙漠"的帽子。② 书城开业前 10 天累计客流突破百万，销售额达到 2170 万元，创造了全国书业奇迹。深圳市民争先恐后到书城抢书，"整篮整车买书"和"排队买股票"成为那一代深圳人永不磨灭的记忆，轰动全国。

---

① 《新华书店，80 岁，依然年轻》，2017 年 9 月 30 日，http：//www. sohu. com/a/141623990_ 267807。

② 尹昌龙：《迈向书城文化综合体的新时代——深圳书城创新大书城发展模式的实践探索》，2015 年 5 月 18 日，http：//edu. shenchuang. com/edu/20150518/189286. shtml。

图1—3　深圳书城（罗湖城）封顶

图1—4　深圳书城（罗湖城）建成外景

图1—5 1996年11月8日，第七届全国书市开幕暨
深圳书城（罗湖城）开业盛况

罗湖书城成功开业后，在全国引发了"书城现象"，随后仅5年间，就陆续有南宁书城、北京图书大厦、上海书城、青岛书城、湖南图书城、云南新华大厦、郑州购书中心等数十家新华书店大书城面世。仿效"书城"起名的大小书店先后达到60多家，开启了行业大书城发展的新时代，即"书城1.0"时代。

（二）走向"创新"的大书城

从传统书店崛起而来的"大书城"创造了书业奇迹，但它并没有止步不前，而是不断上演着"革新自我"的创新之路。深圳出版发行集团是大书城模式的积极倡导者和坚定实践者。20年来，它积极适应市场环境、新媒体和人们消费方式的变化，不断进行业态创新和经营模式探索，对"深圳书城"这一全国最早的大书城品牌进行持续改造提升，打造了引领全国书业历次转型升级的"深圳书城模式"。除了罗湖书城，深圳出版发行集团目前还拥有南山书城、中心书城、宝安书城等几座大书城，它们分别代表了大书城的不同发展阶段。梳理深圳书城的代际发展，即可借此展现全国大书城的发展脉络。

1. 从"书城2.0"到"书城4.0"

2004年，南山书城开业，如图1—6、图1—7所示，在总结罗湖书城8年运作经验的基础上，在国内首家采用将"书与非书（其他文化产品）融合"的经营模式。将大书城的经营范围拓展到文化餐饮、传统工艺品、动漫产品、少儿培训等项目，极大满足了市民多样性文化需求，成功探索了"书城+影城""书城+培训"等全国领先的经营模式，实现了深圳书城从"综合性大卖场"向"书城mall"的跨越式发展。

如果我们把单纯的"书店大卖场"叫"书城1.0"，那么书城mall时代，就是"书城2.0"。南山书城正是"书城2.0"的典型代表。

图1—6　南山书城外景

图1—7　南山书城大堂

从"书城2.0"开始，书城的迭代进化开始加速。书城 mall 时代虽然提供的产品越来越多，越来越丰富，但总是让读者感觉缺少一些关怀、一丝温情和体贴。于是，为了解决这一问题，大书城演变进入"书城3.0"——体验式书城时期。中心书城正是"体验式书城"的杰出代表。据说，"为了能在'小平脚下（莲花山顶有邓小平塑像）最好的一块地'建中心书城，时任深圳文化局副局长的王京生曾多次去敲分管基建副市长和市长的门"①。

2006年，中心书城华丽亮相，一个世界单体面积最大的体验式书城在深圳中心区诞生，标志着大书城建设再度升级。中心书城组合多种项目的文化配套、人性化的环境构建、体验式的文化空间，令人耳目一新，成为体验式书城的样板，如图1—8、图1—9所示。此后，各地在书城建设和运营上也均把文化体验、多元融合作为范式目标。

图1—8　中心书城大台阶举办文化活动总是座无虚席

图1—9 中心书城开阔优雅的综合书店

　　坐落在深圳中央商务区的中心书城，占地面积60亩，在建筑面积8.2万平方米的空间里，集聚了与图书、文化、休闲生活相关的20多种业态、140多个品牌，每年接待读者达800多万人次，独创了全国首家"24小时书吧"，每年举办"深圳晚八点""委员议事厅""沙沙讲故事"等公益品牌活动近800场。中心书城的最大特色在于，它极大地拓展了"阅读"的内涵和外延，更具公共性、开放性、体验性和文化性，成为人们进行文化交流和彰显品质生活的"城市文化生活中心"。2015年，中心书城平台年产值达5亿元，其中出版物零售额为1.5亿元，客流量、场地价值均保持两位数的年增长率。同年，中心书城获颁"全国文明单位"的光荣称号。当年文博会期间，时任中宣部副部长、国家新闻出版广电总局局长蔡赴朝同志视察中心书城时，充分肯定了深圳书城模式并给予中心书城"规模体量最大，环境最为舒适优雅，功能最为齐全，运营管理最好"的高度评价。

　　中心书城是深圳书城模式的样板，也可以说是中国现代大书城的代表，受到了广泛关注和赞誉。《人民日报》《光明日报》《中国青年报》和中央电视台等媒体累计对中心书城进行过专题报道3000篇次。联合国教科文组织、国际书商协会、国际大体联等国际组织负责人莅临参观时，对中心书城模式予以高度肯定，并认为此模式"值得国际书业界学习"。中央领导也多次视察中心书城，盛赞中心书城是富有品质与活力的"文化场"。

2014年南山书城重装开业，环境更优雅，业态更丰富，体验更便利，营收同比实现两位数增长，引发了行业权威媒体关于"实体书店隆装进入3.5代"的现象探讨。此后，南京新街口新华书店、广州购书中心、罗湖书城等大型书城纷纷重装升级、更新换代，提升经营环境、改善服务质量、扩大服务范围。这可以认为是数字阅读盛行、电商平台火热的大变革时期，大型实体书城直面挑战、锐意转型升级的有益探索和成功示范。

在人们还沉浸在"体验式书城"的温情之时，大书城的发展速度再一次惊艳了人们："文化创意书城"——"书城4.0"版本已经开始上线。

2015年，新一代文化创意书城的首个样板——宝安书城盛装开业。第四代深圳书城创造性地汲取了前几代书城的精华，并以顾客需求为导向，与时俱进，充分吸收全球领先的书店经营设计理念，呈现出新的特色和亮点。

一是空间设计上突破以往书城空间相对封闭的惯常形式，采用大中空、大跨度、大台阶，增强楼层间的交流守望，促发各种元素在空间内自由流动，力争为市民营造更友好的空间体验。二是业态组合上追求新的价值理念、新的业态组合及新的生活期待，以"书香引领生活，创意改变未来"为理念，力求在功能组合及业态分布上拓展新的构成元素，"书城＋影城""书城＋创意城""书城＋培训城"等模式得以进一步升华。三是更加注重人文关怀，更加注重书城与区域文化的融合，注重书城在"实现市民文化权利"中的文化担当，设立打工文学中心，建立打工青年关怀计划，为原特区外文艺青年和打工作家提供一个成就梦想的平台。四是设立创客空间，迎合文化创意产业的新兴趋势，突出创意引领和创意孵化功能，力图成为创业青年分享交流、涤荡创意、筑梦圆梦的社区和家园，强力助推宝安文化创意产业升级转型。五是进一步提升阅读体验，规划了近万平方米的出版物展售空间，如图1—10、图1—11所示，陈列各类精选的中外出版物近20万种，推动线上线下互通互连的O2O模式，提高顾客黏性，打造具备互联网思维、一体化的书城移动互联系统。它首次实现WiFi零门槛、全覆盖，开通了POS端微信支付，设立了国内书业首创的"微信自助购书体验区"，为公众提供全媒体的立体文化生活和阅读体验等。

图1—10　宝安书城外景

图1—11　宝安书城卖场一隅

2. 从深圳到全国：书城的外溢发展

宝安书城是特区一体化后，深圳出版发行集团在原特区外规划建设的第一座大型公共文化服务创意综合体。自此，集团改变了只在特区内成熟中心兴建书城的先例，并形成以原特区内为核心圈，辐射至原关外地区的紧密圈，同时扩展到深圳市外的外围合作圈的书城"外溢发展"战略。一方面，陆续规划建设龙岗书城、龙华书城、湾区书城、光明书城等项目，努力改变原特区外书店少、规模小、市民文化需求长期得不到满足的现状；另一方面，积极探索"深圳书城"模式对外输出，加快推进异地书城的拓展，目前已成功实现了合肥中心书城、萍乡书城落地。

深圳书城龙岗城是继宝安书城之后在原特区外规划建设的第二座大型公共文化服务创意综合体，也是深圳推动"东进战略"的文化民生工程。书城位于龙岗区龙城广场，占地1.1万平方米，总建筑面积3.5万平方米，总投资约5亿元，预计于2018年投入运营。龙岗书城定位于深圳东部的文化地标，围绕"科技"和"教育"两个核心，将发挥毗邻龙岗区公共艺术馆、青少年宫、科技馆共同构成"三馆一城"的区域特色，综合利用互联网和移动互联技术、定位技术、现代物流技术等，积极探索打造线上线下一体化的智能书城，为区域市民提供多层次、多样性的城市公共文化服务。

合肥中心书城则是深圳书城模式的首次市外输出，通过输出深圳书城全国领先的运营模式、运营团队、运营品牌、运营平台，进而输出深圳的文化创意企业资源，实现合肥在文化实力方面质的提升。合肥中心书城总建筑面积10万平方米，将是国内规模最大的书城。书城不仅有出版物大卖场，还将设置24小时"简阅书吧"、益文外文书局，同时新增配套出版工作室等内容生产板块。根据规划，合肥中心书城将实施"书城+"战略，即在现有"深圳书城+影院+培训+休闲"的基础上，引进3D打印、动漫虚拟场景空间、COSPLAY表演等科技类、互动性项目。同时，策划"合肥晚八点"等重点活动，设置徽文化体验馆，以徽风皖韵为重点主题，引进一批非物质文化遗产项目，搭建传承与创新的展演平台。此外，还将设立书城发展产业基金，对进入书城平台具有成长性、关联性的项目优先进行定向募投，实现"书城＋科技、书城＋动漫、书城＋金融"全方位发展。①

伴随着特区一体化和深圳全民阅读的不断推广和纵深发展，在"一区一书城、一街道一书吧"战略的布局下，深圳书城模式在原特区外的拓展之路将进入快车道。这些书城将进一步探索与周边的艺术馆、美术馆、图书馆、科技馆、演艺中心等公共文化设施多位一体、协同共生，创建以书城为核心、以书城带动并再造城市文化中心的"三馆一城""五馆一城"等书城文化综合体群落，全面构建全方位、多层次的城市公共文化服务体系。同时，伴随深圳书城同哈尔滨、开封、荆州和肥东四个城市联合签署战略合作框架协议，深圳出版发行集团将通过深圳书城模式异地拓展和品牌输出来谋求更大发展空间。市内拓展与市外输出齐头并进，深圳书城模式将更好地实现对外输出、复制运营，服务全民阅读推广，服务"书香社会"建设。表1—1为全国大书城名录。

表1—1　　　　　全国大书城（5000平方米以上）名录

省市域合计	书城名称	所在城市
北京6家	北京国际图书城	北京
	北京图书大厦	北京
	北京图书大厦有限责任公司亚运村分店	北京
	北京中关村图书大厦有限公司	北京
	北京百万庄图书大厦有限公司	北京
	北京市新华书店王府井书店	北京
天津1家	天津图书大厦股份有限公司	天津
河北4家	石家庄市新华书店有限责任公司图书大厦	石家庄
	唐山市新华书店有限责任公司唐山书城	唐山
	秦皇岛市新华书店有限责任公司图书大厦	秦皇岛
	秦皇岛市五兴图书有限公司	秦皇岛

---

① 王蔚蔚：《合肥中心书城将让读者脑洞大开》，2017年9月30日，http://www.sohu.com/a/77624931_181366。

续表

省市域合计	书城名称	所在城市
山西4家	长治书城	长治
	山西图书大厦	太原
	山西外文书店	太原
	太原书城	太原
内蒙古1家	内蒙古图书大厦	呼和浩特
辽宁4家	鞍山市新华书店图书大厦	鞍山
	大连市新华书店图书大厦	大连
	沈阳新华购书中心	沈阳
	本溪市新华书店图书大厦	本溪
吉林3家	吉林省长春新华书城有限责任公司	长春
	长春联合书城有限公司	长春
	吉林省新华书店集团长春市有限责任公司	长春
黑龙江3家	黑龙江省新华书城	哈尔滨
	哈尔滨市学府书店	哈尔滨
	哈尔滨市南岗书店	哈尔滨
上海3家	上海书城福州路店	上海
	博库书城宜山路店	上海
	上海书城五角场店	上海
江苏13家	南京凤凰新华书店有限责任公司	南京
	新街口新华书店	南京
	凤凰徐州书城	徐州
	无锡图书中心	无锡
	江苏大众书局图书文化有限公司	南京
	博库徐州书城	徐州
	江阴中心门店	江阴
	凤凰苏州书城	苏州
	南通书城	南通
	淮安书城	淮安
	姜堰凤凰文化广场	姜堰
	靖江书城	靖江
	宿迁书城	宿迁

续表

省市域合计	书城名称	所在城市
浙江8家	宁波书城	宁波
	博库书城图书大厦	杭州
	义乌图书大厦	义乌
	杭州庆春路购书中心	杭州
	台州图书大厦	台州
	温州书城	温州
	衢州西区书城	衢州
	绍兴迪荡书城	绍兴
安徽4家	安庆图书城	安庆
	淮南图书城	淮南
	淮北图书城	淮北
	安徽图书城	合肥
福建3家	外图厦门书城	厦门
	福州市新华书店安泰中心书店	福州
	福州越洋图书城文化有限公司	福州
江西1家	江西新华文化广场	南昌
山东8家	青岛新华书店有限责任公司书城	青岛
	烟台市新华书店南大街购书中心	烟台
	鸿儒书城	临沂
	烟台新华书店幸福门市部	烟台
	泉城路新华书店	济南
	临沂书城	临沂
	聊城市鲁西图书销售有限公司	聊城
	泰山书城	泰安
河南5家	郑州购书中心	郑州
	中原图书大厦	郑州
	平顶山购书中心	平顶山
	新乡购书中心	新乡
	商丘图书大厦	商丘
湖北3家	崇文书城	武汉

省市域合计	书城名称	所在城市
湖北3家	光谷书城	武汉
	珠海市文华书城有限公司武汉汉街店	武汉
湖南2家	湖南图书城	长沙
	湘中图书城	邵阳
广东13家	深圳书城中心城实业有限公司	深圳
	深圳书城南山城实业有限公司	深圳
	广州市购书中心有限公司	广州
	珠海市文华书城有限公司	珠海
	深圳书城罗湖城实业有限公司	深圳
	深圳书城宝安城实业有限公司	深圳
	佛山东方书城图书有限公司	佛山
	佛山市惠景书城有限公司	佛山
广东13家	湛江市新华书店有限公司	湛江
	珠海市新华书店珠海书城	珠海
	广东新华发行集团江门新华书店有限公司	江门
	东莞书香世家（虎门店）	东莞
	阳江新新图书有限公司	阳江
广西1家	南宁市新华书店有限责任公司南宁书城	南宁
海南1家	新华文化广场	海口
重庆3家	重庆书城	重庆
	涪陵书城	重庆
	沙坪坝重庆书城	重庆
四川2家	成都购书中心	成都
	西南书城	成都
贵州1家	贵州书城	贵阳
云南5家	新知购书中心	昆明
	云南新华图书城	昆明
	昆明新华书店连锁有限公司昆明书城	昆明
	滇池书城	昆明
	新知东城区书城	昆明

续表

省市域合计	书城名称	所在城市
陕西3家	图书大厦	西安
	陕西嘉汇汉唐图书发行有限责任公司	西安
	钟楼书店	西安
甘肃5家	甘肃新华书店集团西北书城新华书店有限责任公司	兰州
	甘肃新华书店集团兰州新华书店有限责任公司	兰州
	甘肃新华书店集团张掖新华书店有限责任公司	张掖
	甘肃新华书店集团天水新华书店有限责任公司	天水
	甘肃新华书店集团武威新华书店有限公司	武威
青海1家	西宁三田书城有限责任公司	西宁
新疆4家	新华国际图书城	乌鲁木齐
	阿克苏图书城	阿克苏
	乌鲁木齐购书中心	乌鲁木齐
	巴州图书城	库尔勒

资料来源:《中国出版传媒商报》2015年8月2日。

第二节　书城文化综合体兴盛的背后

历经20多年的实践探索和沉淀革新,深圳出版发行集团得以突破传统的书业经营模式,创造性地应用"跨界"理念,横跨式经营书业、文化、教育、商业、设计、创意、展览等不同领域的核心地带,成功创建出体验式书城业态和书业跨界运行的商业模式,成为人们"以书为媒"的文化活动中心。这种模式的成功在于顺应时代发展要求,契合社会消费方式变化,同时得益于国家高度重视文化、重视全民阅读的有力推动。

一　从消费形态变迁说起

从工业革命到今天,伴随着一波波革命浪潮,科学技术突飞猛进,各种机器层出不穷,越来越多的商品被生产出来,人类进入一

个历史上前所未有的富足时代。对于这个物质财富空前丰富的社
会，法国社会学家让·鲍德里亚曾在《消费社会》中有过准确的
描述。

> 今天，在我们的周围，存在着一种由不断增长的物、服务
> 和物质财富所构成的惊人的消费和丰盛现象。它构成了人类自
> 然环境中的一种根本变化。恰当地说，富裕的人们不再像过去
> 那样受到人的包围，而是受到物的包围。[①]

在商品稀缺时代向商品过剩时代演化的过程中，物品的剧增使
我们首先面临的是消费形态及消费需求的变化。由于物质的丰盛，
满足基本生活的物质需求已不再成为消费者首要考虑的因素，消费
者的诉求由"物质满足"向"精神满足"转移。消费活动也超越了
简单的以购买和占有为特征的购物行为，而延伸至休闲、娱乐、教
育、社交等各种活动中，这些活动以享用服务和体验为主要特征。
比起商品的实用功能，消费者更关注其所传递的品位、身份、趣味
等符号价值。消费不仅仅是一种"交易"的经济行为，更是一种包
括情感体验、自我认同、身份塑造的文化行为。

（一）消费社会

科技的进步，生产力的提升，使得这个时代毫无争议地进入消
费社会。在这个社会中，消费全方位渗透至人们的生活，并成为社
会发展的主要推动力量。

1. 从生产主导到消费主导

在物质财富相对匮乏的社会，生产力必定是社会发展的主导力
量，消费从属于生产，消费品仅满足于人类的基本生活需求。进入
消费社会后，随着社会产品数量的不断增加、质量的不断提升，以
及品种的不断丰富，消费品从供不应求逐渐过渡为供大于求，市场
形态也逐渐从卖方市场向买方市场过渡。生产的主导地位让位于消
费，消费者拥有了极大的自主权。在这个过程中，消费对经济增长

---

① ［法］让·鲍德里亚：《消费社会》，刘成富、全志刚译，南京大学出版社 2014
年版，第 1 页。

的拉动作用明显加强，在社会发展中的地位日益凸显。消费方式不断多样化，消费需求也相应多元化，消费结构由生存型消费向发展型消费、享受型消费转变，由单一型、同质型消费向多样化、多层次性转型，由单纯的物质消费向多元化的精神文化消费方向转化。消费主体性日益增强，消费者的自主权、决策权和选择权得到了充分的体现，并出现了"顾客就是上帝"的营销理念。在此过程中，产业结构、经济结构随之加剧转型。在消费需求以及消费结构升级的推动下，产业结构向消费主导、服务主导的方向发展，知识教育、技术通信、金融保险、旅游娱乐、信息咨询等产业比重不断加大，以高新技术为代表的知识密集型产业逐步取代粗放型的劳动密集型产业，成为知识经济的核心力量和主导产业。同时，服务型消费市场迅速扩大，各种新兴的商品与服务更多地用于满足人们的精神需要、心理需要和文化需要等。各种新兴的信息产品的消费与服务也大量增加。

2. 从使用价值到符号价值

在消费社会中，消费不仅是一种经济活动，更是一种社会文化现象。商品除了具有"使用价值"外，更重要的还在于具有"符号价值"。人们在消费的过程中，除了满足衣食住行等基本需求外，更注重追求商品所附带的符号价值和文化内涵。消费行为处处渗透着"符号"的意义，在外就餐不仅是充饥果腹，还是一种现代生活节奏的彰显；购买品牌服饰，不仅是遮羞避寒，还是一种对时尚品位的追求；驾驶高端汽车，不仅是交通需要，还是一种身份地位的象征。"符号性消费"赋予商品"使用价值"之外的象征性意义，隐含着人们的消费层次及生活质量。商品的这种意义，使得人在满足物质性需要的同时，也满足了精神需求。在符号性消费的推动下，人们的日常生活开始出现美学化倾向。这意味着当代社会已经超越了对基本生存需要的满足，消费开始向文化与社会性的建构性活动过渡。可以说，消费已成为一种具有文化意味的体验行为。

3. 消费社会的消费趋势

在消费社会中，消费方式呈现出休闲化、风格化、审美化等趋势。所谓消费方式休闲化，是指在人们的消费活动中，满足基本生存需要的消费行为的比重大大降低，而以休闲娱乐为主要目的的消费观念与消费行为逐渐增多，并成为当代人们消费活动的一个重要趋势。科技的进步使人们的闲暇时间普遍增加，从而使休闲不再是某些特权阶级的专利。大众休闲取代精英休闲蓬勃发展起来，人们的生活品质不断提高，对休闲的需求更加多元化。消费方式的风格化，除了彰显自身品位格调的独特性之外，其主要目的也在于体现社会地位、社会身份。对消费者而言，每一种消费风格都是一种象征符号。一方面，消费风格是表现差异的区隔符号。通过消费风格，不同的行动者会感受到自己与他人之间的生活形式的差异，也能够通过这些生活形式差异让他人有所感受。另一方面，消费方式的风格还是现代人的一种重要的应对机制。象征符号被大量且多元地生产出来，为现代人创造了更加广阔的活动空间。现代消费作为当代日常生活的重要组成部分，消费方式的审美化首先源于日常生活本身的审美化。日常生活审美化使审美体验从艺术领域向日常生活领域开始蔓延，它打破了日常生活与审美体验之间的界限，使得审美活动与审美情趣广泛进入日常生活与消费空间，如健身房、美容院、购物中心、公园雕塑、旅游景点等。这在大大扩展审美内涵的同时，也使得审美活动与日常生活和消费行为的渗透性更加突出。尤其随着现代传媒技术的革命性变迁、经济全球化的加速和大众消费主义文化的兴起，审美活动由传统封闭的精英文化转向现代开放的日常生活与消费活动，而日常生活与消费活动借助各种艺术形式与内容日益趋于审美化。

（二）体验消费

1970 年，美国著名的未来学家阿尔文·托夫勒在其出版的《未来的冲击》一书中预言，人类社会的经济发展在经历了农业经济、制造经济、服务经济之后，体验经济将是最新的发展浪潮。20 世纪80 年代以来，伴随着服务经济的快速发展，体验经济在欧美等发达国家蓬勃兴起，并迅速向世界各地蔓延。诸多大型企业积极顺应这一潮流，纷纷成为体验经济的践行者，如好莱坞、迪士尼（世界上最成功的体验服务设施）、星巴克（售卖体验产品的典范）、英国航空公司（体验经济的自觉践行者）、美国在线时代华纳公司（整体体验的开创者）、麦当劳、肯德基等。体验经济表明人类的消费行为和心理已进入一种新的高级形态：人类消费的目的，已经从追求量的温饱阶段和追求质的富裕阶段过渡到追求体验的享受阶段；从消费结构看，情感的比重在增加，更注重追求情感上的满足和愉悦；从消费内涵看，消费者更倾向于文化、历史、科技等方面的体验及知识阅历的增长，以满足对未知领域的猎奇心理和不断提高自身素养的需求。在体验经济时代中，雄厚的物质基础使得消费者更注重对非物质文化的追求。原因正如北京大学教授郑也夫在《后物欲时代的来临》中所言：

> 人类现代消费生活中虚拟性无所不在，影视、药品、游戏、戏剧、迪士尼，等等。为什么虚拟的领地在扩大？一方面，是因为物质的需求解决了，物质炫耀日益被人们视为荒诞。另一方面，还因为实体往往有限，虚拟才能无限。[1]

体验经济与体验消费如影随形，体验经济的目的在于满足人们的体验消费需要。可以说，体验消费是体验经济的最终目的和归宿。消费者的体验来自对幻想、感觉、趣味的追求，其重点在于物品所提供的服务或文化意义，而非物品本身。体验消费的基本特征主要体现在以下几个方面。

1. 体验性

体验消费重在体验，强调亲历，注重实践。消费者重视的不仅是体验结果，更是整个体验过程，或者说，消费者看重的不是拥有某一体验消费对象，而是对于某一体验消费对象的新奇刺激的体验过程。"不求所有，但求体验"，是体验消费的重要特征。消费者全身心融入体验消费过程，获得一种新奇的消费体验或新鲜的消费感受，具有亲历性。所谓亲历，可以从亲身参与、经历和亲身理解、感受两个方面进行把握。亲身参与、经历，侧重从

---

[1] 郑也夫：《后物欲时代的来临》，上海人民出版社 2007 年版，第 112 页。

消费者对体验消费活动的身体参与、行为发出来讲；亲身理解、感受，侧重从消费者对自己所经历的消费活动的深切反思，对自己所阅读的资料的真实理解，以及对他人的消费经历的切实感悟。从消费行为来看，体验消费要求消费者亲历亲为。从消费个体来看，消费者要想感受他人的体验，必须亲自接触和领会相关体验中介材料才能获得，这是另一种意义上的亲身经历、理解和玩味，如观看电影和录像、阅读散文和小说等。这种消费体验虽然因人而异，并赋予了鲜明的个体性、独特性和差异性，但其共同的特点是亲历亲为。这里所说的亲历亲为，并不是简单地重复别人的体验消费活动，而是借助一定的媒介，从思想、思维上进行情境再现和再体验。

2. 娱乐性

著名思想家于光远先生推崇"人之初，性本玩"，提倡"活到老，玩到老"，游戏娱乐性是体验消费非常重要的特征。让消费者在参与、游戏和玩乐中感受新奇的体验、放飞的心情，乃是体验消费的题中应有之义，也是顺应人的本性自然发展的必然要求。在游戏和娱乐的时候，人们处于一种最原始、最放松的状态。同时，游戏和娱乐还可以活跃思维，激发想象力，培养人的兴趣，使人们对新生事物永远充满好奇心。游戏娱乐性是消费者获取新奇体验的重要源泉。近年来，大型商场、科技馆、博物馆，特别是主题公园、游乐场、影剧院等，被赋予了更多、更新的游戏娱乐元素，成了人们体验消费的重要场所。与此同时，电脑网络获得了飞速发展，诸如网络游戏、网络影视、网络交流、网络购物等日益成为人们进行虚拟的游戏娱乐体验的崭新平台。

3. 互动性

新鲜好奇是人的天性，参与和尝试也是人的天性。体验经济下，生产经营者提供的是为消费者量身定制的体验式产品和服务。体验强调的是顾客参与，没有顾客也就没有体验产品，顾客成为体验产品的真正主体，服务人员只是体验过程的配角，而且体验现场不一定需要服务人员的参与。体验消费中，消费者已转化为"宾客"，不再是被动的接受者，而成为积极的参与者。他们渴望通过主动参与，成为体验消费的中心和主角；他们不再满足于仅仅作为一名旁观者和欣赏者，而是渴望亲身参与和尝试，作为一个参与者和表演者，渴望亲自去体验、感受，玩一把过过瘾。

4. 创造性

体验消费中，消费者渴望充分表达自己的消费意愿和消费偏好，甚至乐意与厂商合作互动，充分发挥自己的主观能动性，积极参与体验式产品、服务、主题项目活动和体验场等的设计、创造和再加工，甚至渴望充分利用现代网络技术，直接参与到厂商的生产和销售环节中去。此时的体验消费已经不是原来意义上的纯粹消费，在某种程度上已经具有生产创造的性质，体现了消费者的个体创造性。消费者希望通过这种参与互动的创造性活动，开发出能反映其个性与喜好，反映其价值观和生活方式，能产生共鸣的"生活共感型""生活共创型"的消费对象，并以此来体现其独特的个性魅力和审美价值，获得更大的成就感、满意感和难忘的消费体验。

在体验消费中，消费者越来越追求物质产品所具有的审美价值、个性创造、象征意义、时尚流行等文化功能。商品的文化象征意义越来越浓，文化附加值也越来越大。商品的购买和消费已不仅仅是单纯的物质行为，更是一种文化行为。甚至可以说，人们消费的直接是文化，文化也是消费，满足人们衣食住行乐等都将形成一个庞大的文化产业。这些产业及服务的消费，构成体验消费的主要内容。

（三）体验消费语境下商业空间的更替

在体验经济兴起，体验成为消费重点的社会背景下，商业形态尤其是城市商业空间，必然要进行与之相适应的调整，即从对空间客体及其规律的探寻转向对空间为主体所带来的感官刺激、情感体验的研究与开发，从功能与形式的思考转向创造空间形式与情境的表达，从空间的功能使用转向空间的情感体验。现代城市商业空间不再同于传统的零售商铺，也不同于普通的超级市场，已经成为消费社会标志性的购物场所，而且其发展呈现出规模化、综合化、休闲化、人性化的多重特征，呈现出空间规模化、装潢美学化、功能综合化、休闲娱乐化等特点。消费场所不再仅仅是消费行为的一个中介，而且成为人们闲暇活动的重要平台，并且构成当代社会生活中一道亮丽的景观。

在体验消费社会中，一切都是消费品，包括文化和人的身体，商业空间环境更是消费的重要部分。消费文化的研究学者尹世杰认为，消费文化包括三方面的内容：消费环境、消费品和消费活动。因此，体验消费对商业空间环境最根本的影响，就是使其成为一种消费品——具有符号价值的消费品。虽然相对于其他显性商品来说，它表现为隐性消费品。简言之，当消费成了一种体验，对于消费者而言，已是消费品的商业空间环境必然具有新的功能——体验。商业空间环境的体验功能就像杨魁在《消费文化——从现代到后现代》中所形容的那样：

> 即使没有明确的消费目的，人们也愿意在装修得美轮美奂、富丽堂皇，商品摆放得井井有条，富于美感，舒适的消费环境中浏览、休闲或漫步。在获得一种心理愉悦感的同时，也为想象中的物质欲望和物质现实之间找到了结合点。①

体验经济中，新的消费观念和消费模式催生了现代商业空间环境的体验功能，意在创造一种人性化的开放式空间和互动式的综合性空间。通过从建筑形体、空间形态、界面形象、陈设造型到色彩光影等多方面的设计和营造，强调消费者在消费过程中对消费环境产生立体的感官享受和丰富的心理体验。

1. 打造综合性一站式的空间

体验经济时代背景下，城市商业空间不再是一个单一的消费场所，而是一个极度多元的复合建筑物。体验消费使得人们的生活方式发生变化，对精神文化需求更加多元化。人们进入商场、书城、图书馆、博物馆、美术馆等公共空间，除了购物、求知、审美、社交等取向外，还有休闲、怡情、雅兴等更多个性化需求，因此城市空间不仅要不断提升场馆环境，完善产品内容和供应方式，同时也

———————————

① 杨魁：《消费文化——从现代到后现代》，中国社会科学出版社 2003 年版，第 230 页。

要实现文化休闲资源的多样化，以及服务方式的多元化。通过业态的多样性、功能的复合型、情景的主题性，打造一个集公共性、开放性、体验性、人文性于一身的城市生活中心，以充分满足公众的多种文化休闲需求。

2. 赋予场所精神的空间

消费者不仅仅满足于物质的占有获取，更多的是在此基础寻求精神上的满足，要求商业空间不仅要满足基本需求，更要强化其对场所的认同感，注重空间场所精神的塑造。在不同的文化背景和地域区位的影响下，内部空间的设计主题应有明显的差异。不同区位、地域、文化下，体验的主题是不同的，体验的感受也是不一样的。这种富有场所精神的空间体验，不仅满足于人的基本需求，同时必须结合尺度与自然融洽相处，赋予空间的人文情怀，能够让人置身其中的互动体验式空间，在获取愉悦感受的同时也创造了城市地标建筑。

3. 构建开放性、互动性的体验空间

在现代商业空间，顾客不是被动的旁观者，而是参与者，是重要的活动主体。商家从消费者生活和情境出发，以服务为重心，以商品为素材，为消费者塑造感官体验与思维认同，以此抓住顾客的注意力，改变消费行为，并为商品找到新的生存价值与空间。现代商业空间特别强调空间的可沟通性和传播性，设计时尚，保留着宜人的休闲空间，打造一个开放的、流动的、共享的空间，让人们自由从容呼吸，并策划各种艺文活动，让人们展示自己的思想、情感、创作、创意，实现自我的满足感和成就感。

消费形态的更替催生了城市商业空间模式的改变。现代城市商业空间在体验经济和体验消费的大背景下，更注重多元性、人文性、开放性和体验性。同样，大书城作为城市文化商业空间，仅依靠图书或者单一的图书营销模式已经很难满足人们日益多元的文化体验感需求，必须顺应时代潮流和人们需求，在业态及空间上聚集多元性、人文性、开放性和体验性等特点。

二　文化战略视野中的现代大书城

当今世界，经济全球化程度不断加深，政治多极化趋势不可逆转，文化越来越引人注目，成为重建民族认同、构筑国家竞争力的核心要素的重要力量。可以说，现代大书城是文化时代的产物，更是在文化战略时代的助推中呈现出强劲的生命力。

（一）文化转向

20世纪前半期，国家发展以军事论输赢，后半期以经济论输赢。到21世纪，随着生产力水平的提高和社会经济的发展，人类已逐步迈入以文化为主题的竞争阶段，以文化作为社会发展的核心动力，以文化创新来推动知识经济，是国际化城市文化战略的共性。以文化比后劲，以文化论输赢，已经成为世界城市发展的趋势。绝大多数城市把提升城市文化品质作为孜孜以求的目标，认真研究探索如何通过文化凝聚力来增强城市竞争力。社会发展呈现明显的"文化转向"。

> 文化已经由后台走向前台，文化发展战略正由一种隐性战略变为一种显性战略，从一种依附性战略变为一种主导性战略。借用雅斯贝斯提出"轴心时期"（Axial Period）的概念，我们认为，从20世纪末到21世纪，全球化的世界经历着一种新的整体意识的觉醒和对意义的重新审视与批评，这表现为国家文化战略意识和全球文化意识的觉醒，这种觉醒必将决定着世界新的统一的建立。我们不妨将这一时代认定为一个以文化发展为轴心的时代，文化已经成为世界发展的重要轴心，一个文化轴心时代已然来临，未来成功的民族国家必然是文化强盛之国；未来人类的命运更是有赖于文化的融合与世界文化的形成。①

文化在国际社会发展中的地位不断上升，与经济、政治相互交融的程度越来越高，文化竞争力成为城市竞争力评价的综合性要素。对于中国而言，改革开放以来，中国的发展面貌日新月异，无论是经济总量的极大增长，还是社会的总体发展，其变化都是有目共睹的。从城市来说，这30多年也是中国城市发展最快的历史时

---

① 毛少莹：《全球化与文化战略时代的来临》，《南方论丛》2005年第1期。

期。而快速城市化的结果是城市人口在总人口中的比重越来越高，城市的数量也在不断增多，城市设施、城市功能和包括生产、消费在内的城市生活方式也发生了不同于以往的巨大变化。这些变化最突出之处在于文化的转向，转向对文化的重视，以文化为轴心的城市战略成为重要的选择。这当然是经济发展到一定程度的结果。特别是党中央提出科学发展观以后，中国经济经过30多年的高速发展和积累，学界、政府和社会都纷纷提出城市要注重文化建设，强调城市在软实力领域的竞争。而以经济著称的深圳在城市战略上的"文化转向"尤为突出，从率先实施"文化立市"战略，到进一步树立"文化强市"新目标，文化要素已渗透到经济社会发展的全过程和各领域。

1. 立足"文化立市"，推进"文化强市"

2003年，深圳就提出实施"文化立市"战略。十年"文化立市"战略的坚定推行，为深圳"立"起全新文化格局，一座曾被戏称为"文化沙漠"的城市，蝶变成郁郁葱葱的"文化绿洲"。2012年，在总结近十年成果经验的基础上，深圳市委市政府又做出了《关于深入实施文化立市战略建设文化强市的决定》，提出了深圳建设"文化强市"的主要目标，即实现城市精神凝聚力更强、文艺精品创作力更强、公共文化服务力更强、文化产业竞争力更强、改革创新引领力更强、国际文化影响力更强。

"文化立市"战略体现了城市与文化的本质联系，文化是城市凝聚力和辐射力的源泉，是城市特质和市民生活品质的表征。实施"文化立市"战略，不仅是文化自身发展的战略问题，更是经济社会发展的战略全局问题。"文化立市"战略的确立、实施与不断完善，使得深圳实现了一系列城市文化发展理念的转变和创新。这些新的文化发展理念，又有力地推动了深圳文化建设和发展的新实践。深圳在提出和实施"文化立市"战略时，也提出了建设高品位文化城市的文化发展新目标。围绕这一目标，深圳又提出建设"两城一都一基地"的具体目标，即将深圳建设成为"图书馆之城""钢琴之城""设计之都"及"动漫基地"，这些目标是高品位文化城市内涵的具体展开，也是建设高品位文化城市的强有力的战略支撑点。

从实施文化立市战略以来，深圳在城市文化方面，取得了很大的成绩，这不仅体现在文化事业、文化体制改革和文化产业发展等方面，也体现在城市文化发展理念的不断探索上。进一步深化文化体制改革，大力发展文化产业和文化事业，始终坚持"两个轮子一起转"，在努力将文化产业建设成为深圳第四大支柱产业的同时，把满足广大市民基本的文化需求和实现他们的"文化权利"作为出发点，不断加大对文化事业的投入，积极构建"公共文化服务体系"。进一步培育和建构城市核心价值观念体系，孕育出体现时代风貌的"深圳精神"（改革精神、开放精神、创新精神、创业精神、关爱精神、奉献精神）。2010 年深圳评选出最有影响力的十大观念，即"时间就是金钱，效率就是生命"；"空谈误国，实干兴邦"；"敢为天下先"；"改革创新是深圳的根，深圳的魂"；"让城市因热爱读书而受人尊重"；"鼓励创新，宽容失败"；"实现市民文化权利"；"送人玫瑰，手有余香"；"深圳，与世界没有距离"；"来了就是深圳人"。这些价值观念背后都有其深厚的价值资源，它们构成了一个有机的价值体系，正如国务院参事王京生先生所言：这"十大观念"反映了深圳从保障经济权利、社会权利一步步向保障文化权利的演进，这是深圳文化立市的核心价值所在，也是深圳对改革开放最重要的贡献之一。

在"文化立市"战略取得丰硕成果之后，深圳市委市政府从城市发展的总体战略出发，进行了新的考量，提出了"文化强市"这一新目标。从文化立市到文化强市，是城市发展的又一次重要转型。文化作为强势力量出现，在推动城市发展上起着更为重要的作用。从依靠物质消耗获得发展，到依靠文化资源实现又好又快的发展，就是通过文化的发展来提升城市发展的总体质量。文化强市对城市发展的推动力量更为强大，包括对经济增长的推动。强大的文化产业不仅在经济方面起着极大的作用，也能引领经济增长方式的转变。依靠创意、文化来寻找新的经济增长点，获得更高的附加值，是未来经济增长的必然选择。文化强市意味着城市的文化氛围会更加浓烈，文化生活更加丰富，文化服务更加健全。城市生活将从重物质生活转变为重精神文化生活，市民将从丰富的文化生活中获得更多的满足感。这是民生在文化强市层面上的重要体现。通过文化立市战略，深圳文化底子已经得到了较大的提升。文化强市的提出，意味着文化将实现质量上的进一步提升，文化面对市场的竞争能力和面对生活的影响能力将得到极大提升。文化强市包括两方面含义：一是以文化作为巨大的推动力与牵引力，通过文化使城市更加强大、繁荣；二是在城市的众多力量中，文化作为一种强大的力量被凸显出来，处于一种重要的地位。无论如何，文化作为一种推动力量，自身必须要足够强大，才能使得城市变得强大。

从"文化立市"到"文化强市"，在为人所熟知的"经济深圳""科技深圳"之外，一个"文化深圳"的轮廓日渐清晰。以文化论输赢，以文明比高低，以精神定成败，这既是深圳面向未来参与城市竞争做出的战略姿态，又是深圳十余年如一日不遗余力推动全民阅读蓬勃开展的朴素考量。

2. "文化深圳"的文化形态

经过30多年的发展，深圳在城市文化形态和文化发展战略选择上逐渐成熟。建设文化深圳，既需要总体上的文化繁荣，更要追求文化的品质和格调。文化深圳必须是一种融合了血性和理性的创新型、智慧型、包容型、力量型城市主流文化。2015年，时任深圳市委书记马兴瑞在《解放思想、真抓实干，勇当"四个全面"排头兵，努力建成现代化国际化创新型城市》的报告中，明确指出未来深圳要不断壮大创新型、智慧型、包容型、力量型城市主流文化。

深圳所倡导的创新型文化，国务院参事王京生在其《中国文化的历史流变与当今的文化选择》一书中给予了精准阐释："创新型文化是以创新作为城市的发展动力，打造与城市地位相匹配的文化活力。在精神文化层面，在价值观念方面，不断率先实现精神跨越、观念更新、价值创新；在体制机制方面，不断率先进行各种改革创新探索；在器物文化层面，率先提出自主创新的城市战略，使得技术创新型企业层出不穷，并且人们的生活也创意十足。"[1] 推崇

---

[1] 王京生：《中国文化的历史流变与当今的文化选择》，红旗出版社2013年版，第86页。

创新型文化，注重文化的创造力和原创精神，是深圳这座城市永续发展的强大推动力。

智慧型文化是一种相对于蒙昧、盲动的文化形态，其最重要的特征是崇尚知识，以追求理性为旨归，张扬的是人的理性，它将培育出人文气息浓郁、学术文化繁荣的城市氛围。对知识、技术、智慧的崇尚，是深圳城市发展的主旋律。在深圳最具有影响力的十大观念中，就有两条是关于读书和文化的，一是"让城市因热爱读书而受人尊重"，二是"实现市民文化权利"。智慧与知识助力于这座年轻的城市，创造着一种高尚的城市文明样式。

包容型文化，是一种具有包容心态和性格的文化。深圳作为移民城市，居民来自五湖四海，有岭南文化的传承，有中原文化以及其他区域文化的浸润，也有海外先进文化的气息。这座城市的品格应当是开放和包容，追求一种兼容并包、兼收并蓄的城市文化，以开放的资源、要素、人才市场不断凝聚文化的能量，以开放的城市品格，为观念、文化、技术的交流提供自由的空间，让各类市场主体平等竞争、相互促进、共同发展。

力量型文化，指的是一个民族文化结构中属于血气的部分。对于敢为天下先的深圳，天生就带有一种"敢闯敢试""杀出一条血路"的魄力和血性。敢闯不仅仅是指在市场经济的浪潮中勇往直前，它更多强调的是对思想及理论禁锢的突破。作为改革开放的先行者以及思想解放的先驱，必须具备无畏无惧的胆识和血气。只有这种敢于突破、自强不息、勇往直前的"拓荒牛"精神，才能创造出一个崭新的世界。

（二）文化深圳从阅读开始

倡导创新型、智慧型、包容型、力量型城市主流文化，是在路径、内涵上寻找一种有强大生命力和远大前途的新文化。而这种新文化必定诞生在一个书香浓郁、市民素质高雅的学习型城市中，必定崇尚阅读所带来的知识与智慧。因此，阅读在决定深圳城市文化形态和发展战略中，无疑是最重要的基石。全民阅读活动在构建创新型、智慧型、包容型、力量型文化的重要性不言而喻。知识为追求，只有一座城市的市民普遍将阅读作为不可或缺的精神生活，这个城市的文化才是真正有生命力、有竞争力、可持续发展的文化。

从古至今，崇尚阅读是中华民族的优良传统。国家高度重视全民阅读，"倡导全民阅读"已连续三年写入国务院政府工作报告，凸显出全民阅读在国家战略中的地位。年轻的深圳，更是秉承了中华民族文化血脉中的读书传统，始终把知识作为这个城市强大的发展动力加以培育，把爱读书、读好书作为市民的主流生活方式加以推广，并借此推动这座城市快速成长。深圳这么多年来扎实推广全民阅读，从硬件投入到软件建设，从理念倡导到活动推动，唤起了市民对阅读的热情和重视，有力推动全社会形成了浓厚的书香氛围，培养了"读书为乐"的生活方式和"读书为荣"的价值标准，使深圳从一个没有深厚文化积淀的新兴城市成为"因热爱阅读而受人尊敬的城市"。2013 年 10 月 21 日，在联合国教科文组织创意城市北京峰会和首届国际学习型城市大会举办期间，联合国教科文组织总干事伊琳娜·博科娃向深圳市颁发"全球全民阅读典范城市"证书，这是该组织授予全球城市关于全民阅读的最高荣誉，以表彰深圳坚持不懈推动国际化建设和全球文化交流合作，尤其在推广书籍和阅读方面为全球树立了典范。深圳是迄今唯一获此殊荣的城市。① 深圳这座在 20 世纪 90 年代还被称为"文化沙漠"的城市，如今成为联合国教科文组织授予的"全球全民阅读典范城市"，这是对一座以"热爱阅读为荣"的城市的最高荣誉，是高贵的坚持带来高贵的评价与肯定。

1. 全民阅读立法

2010 年，在深圳经济特区建立 30 周年之际，深圳市委市政府发布了《关于深入开展全民阅读活动、加快学习型城市建设的若干意见》（以下简称《意见》），随后深圳读书月组委会根据《意见》制定了《深圳读书月发展规划（2010—2020 年）》（以下简称《规划》），为推动全民阅读尤其是深圳读书月的全面、深入、可持续发展提供了指导和保障，在全国首次把全民阅读提升到市委市政府决策规划范畴，在全国产生了广泛的影响。

---

① 谢晨星：《深圳：全球全民阅读典范城市》，《深圳商报》2013 年 10 月 22 日第 A02 版。

2015—2016 年，江苏、深圳率先为全民阅读权利提供法制保障。深圳出台《深圳经济特区全民阅读促进条例》（以下简称《条例》）。《条例》是落实市委《意见》文件精神的一次立法行动，是对以深圳读书月、市民文化大讲堂等为代表的深圳全民阅读活动经验的总结、固化、提升，目的是以法律方式为全民阅读做一个顶层的制度设计。一方面，可以把这些年来深圳全民阅读的优秀做法和经验用制度巩固下来，为以后全民阅读持续发展提供法律保障；另一方面，通过相关法规以及创新政策，更好地推进全民阅读工作。通过阅读立法，进一步明确和规范政府在全民阅读中的行为，加大政府推动全民阅读活动的力度，为市民阅读提供更多更好的资源、产品和服务，从而推动公共阅读服务水平的提升，使深圳推动书香城市建设更具刚性和约束力。为全民阅读立法，不仅将进一步推动全民阅读的发展及市民权利保障的实现，也将进一步促进城市竞争实力、文化软实力和城市创造活力的提升。

2. 全民阅读活动

多年来，深圳积极策划组织覆盖全市的公共文化活动，形成五大系列，即节庆系列文化活动、周末系列文化活动、流动系列文化活动、社区系列文化活动、高雅艺术系列活动，初步满足了市民和外来建设者的文化需求。同时，不断打造影响广泛的本土公共文化品牌，如以促进学习型、知识型城市建设为重点的"深圳读书月"、以提高市民文化鉴赏品位为重点的"市民文化大讲堂"、以普及社会科学知识为重点的"社科普及周"、以倡导高雅艺术为重点的"文博会艺术节""中外艺术精品演出季""深圳大剧院艺术节""交响乐音乐季""中国（深圳）国际钢琴协奏曲比赛"及以面向外来务工人员为重点的"外来青工文化节"等。通过活动品牌的影响力，吸引市民广泛参与，形成深圳"活的文化、新的传统"。大规模、多层次、高品位、重实效的阅读文化活动的持续开展及活动品牌的精心培育，为阅读城市提供了丰富的软性资源，满足市民的阅读需求，保障其基本的文化权利，营造浓厚的全民阅读氛围。

深圳读书月 18 年来共举办各类读书文化活动 5500 多项，从首届的 50 项主题活动发展到第 18 届的 835 项主题活动；市民参与人数从首届的 170 多万人次攀升到第 18 届的 1500 万人次。这一全国参与人数最多、持续时间最长、影响最为广泛的读书文化节庆，由深圳出版发行集团总承办，而深圳书城是读书月活动的主要阵地。每年 11 月，深圳书城书香弥漫，满城尽说读书事，满城尽闻读书声。特别是 11 月 30 日，读书月最后的一天，"温馨阅读夜"，借鉴巴黎等地文化场地通宵开放的做法，书城通宵为读者亮灯。夜半之后，数千读者仍然汇聚书城，分享阅读带来的温馨与快乐。一场以读书为名的狂欢，一个近 5000 人的通宵聚会，10 多项的文化活动，在书城热烈上演，使这个夜晚的书城变成整座城市关注的焦点。

市民文化大讲堂是深圳开展文化交流活动的重要项目之一，以"鉴赏·品位"为主题，以"弘扬人文精神，发展公共文化，丰富市民生活，提升城市品位"为宗旨。该项目自 2005 年正式启动以来，先后邀请 400 余位国内外名家学者举办了 800 多场演讲，内容涉及历史、民俗、民生、教育、文学艺术等领域，并通过电视录播、图书出版等形式让更多市民分享。市民文化大讲堂探索出了一种为市民提供公共文化服务的新形式，构建了一个培养市民健康文化生活的新载体，开拓了一条高雅文化走向社会、走进市民生活的新途径，打造了一个文化全民共享的新模式，成为"市民文化、市民参与、市民享用"的文化殿堂。

基于"晚上八点后的生活决定了个人的竞争力"的理念，2008 年深圳书城中心城推出"晚八点·新阅读运动"，构建了一个新型的以"阅读"为核心的开放的都市晚间文化生活空间。"深圳晚八点"迄今已开展各类活动 3000 多场，直接欣赏、参与的群众逾 230 万人次，"晚上到中心书城参加晚八点活动"已经成为许多深圳人的习惯。"深圳晚八点"不仅活动本身吸引了读者，而且通过日常化活动的浸润，使读者养成阅读的习惯。

在深圳市政府的大力推动下，经过"深圳读书月"10 余年来每年通过数百项读书活动，不遗余力地对阅读文化氛围进行倡导、孵化，阅读文化和阅读习惯逐渐在民间发芽、开花。其中最具有代表意义的就是，在深圳市民中自发地涌现出一批活跃的民间阅读组织，例如后院读书会、深圳读书会、三叶草故事家族、彩虹花公益小书房、小津概念书房、读书吧、99人书库等。这些民间读书会自其成立以来，针对不同的年龄层、不同的兴趣爱好组织了各式各样的读书活动、主题活动，例如文学、电影、哲学、健康、社会、经济、亲子、心理、历史、教育等。它们通过讲座、研讨、交流、参观等各种形式，吸引了越来越多的市民加入到读书、爱书的行列中。在这些民间读书会的带动之下，读书习惯越来越自然地渗透到人们的业余生活中，因读书而发起的聚会日渐成为深圳市民一股新的社交潮流，成为市民提升生活质量、体会城市生活幸福感的重要来源。2012年，国内第一个阅读联合组织——深圳市阅读联合会成立，它是经深圳市民间组织管理局批准成立，由致力于推进阅读文化发展的单位和个人自愿结成的行业性的地方性非营利社会组织，会员涵盖学校、公共图书馆、民间读书组织及宣传媒体、出版、印刷、发行、网络阅读等行业及从事阅读研究与实践的专家学者、阅读推广人。深圳市阅读联合会是全国第一家承接政府减负、推动深圳民间阅读的公益性组织。该联合会的成立，进一步推动了深圳全民阅读实现制度化、常态化。

（三）书城建设的政策利好

文化是滋养心灵的土壤，阅读是传承文化的途径。半个多世纪前，中华书局的创始人陆费逵先生说过这样一段话："我们希望国家社会进步，不能不希望教育进步；我们希望教育进步，不能不希望书业进步。我们书业虽然是较小的行业，但是与国家社会的关系却比任何行业都大。"全国上下对文化、对阅读的推崇，必然离不开对传播知识和文化的阅读空间——书城等实体书店的高度重视。当前，实体书店面临的冲击和生存挑战是世界性的，许多实体书店举步维艰，关门歇业。部分管理不善、经营不力、模式落后的书店倒闭，虽然是市场优胜劣汰的正常现象，说明实体书店自身必须要贴近读者、顺应市场、转换思路、优化管理，积极探索转型，寻找新时期的发展道路。但与此同时，鉴于实体书店在城市文化提升和市民文化生活中担当的角色，实体书店的发展也离不开政府的强力支持。国际上多个国家主动发挥调节作用，出台扶持实体书店发展的措施。我国从中央到地方各级政府陆续出台了一系列有关战略发展、产业振兴、税收优惠、金融扶持、专项资金等支持政策，引导并鼓励实体书店的转型和升级，力度空前，如表1—2所示。

表1—2　　　　　　　　国内外实体书店主要扶持政策

国外	英国	对实体书店100年不征税
	法国	免所得税，强制网店收配送费10欧元
	日本、韩国	制定图书最低折扣，保护实体书店与实体书店平等竞争
	德国	免征所得税，并在增值税上给予优惠
	加拿大	为独立书店购置电脑设备支付一半费用
国内	国家层面	自2013年1月1日起至2017年12月31日，免征图书批发、零售环节增值税； 加大财政资金投入力度，国家财政部设立了文化产业发展专项资金，从金融扶持、实体书店、数字化转型等方面明确了对文化企业的扶持措施。2013年年底，北京、上海、南京等12个城市的56家实体书店获得9000万元文化产业发展专项资金扶持； 2014年实体书店扶持试点由12个城市扩展到北京、上海、江苏、浙江等12个省份及直辖市； 各部委出台系列政策，促进文化产业与金融业全面对接，推进银行业全面支持文化产业，推动文化产业上市融资，扩大直接融资规模，支持文化企业通过债券市场融资； 财政部联合中银国际控股有限公司、深圳国际文化产业博览交易会有限公司等成立中国文化产业投资基金，引导和带动社会资金投资文化产业； 11部委联合出台《关于支持实体书店发展的指导意见》，在涉及工商审批、项目补助及奖励、公建配套等方面提出扶持实体书店发展的意见，提出将实体书店建设纳入文明城市考核体系，至2020年要基本形成"布局合理、功能完善、主业突出、多元经营"的实体书店发展格局

续表

国内	江苏省	2015 年实施我国首部全民阅读地方法规，落实、运用国家和省有关奖励、扶持资金和税收政策，鼓励和支持实体书店延长营业时间，扩展阅读服务场所。江苏试点和支持有条件的实体书店 24 小时营业
	杭州市	以房租补贴、贴息贷款和奖励三种形式资助，年总额 300 万
	上海市	每年安排 1500 万元专项资金支持出版物发行网点建设，其中 500 万元用于定向支持各类实体书店
	北京市海淀区	设立扶持资金，以项目补贴、奖励、贷款贴息等方式安排使用，每个单位单个扶持方式所获资金不超过 50 万元
	武汉市	在文化产业发展专项资金中安排"实体书店扶持资金子项"，采取政府购买服务、奖励、补助等方式，对江城具有较高知名度、品牌影响力和鲜明经营特色、较大发展潜力的实体书店给予扶持； 规定在旧城改造、新区建设中，结合城市功能分区、群众需求等因素，合理布局标志性书城或大型实体书店。在地铁站、社区商圈配套中，引进小型实体书店，给予政策优惠； 在国家税费优惠政策之外，实体书店的水、电、气价格参照公共文化单位收费标准执行，同时推动开展无形资产质押贷款，为实体书店提供金融服务
	深圳市	深圳市政府设立文化创意产业发展专项资金，每年投入 5 亿元用于支持阅读促进活动、读书月、民间阅读组织等文化创意产业发展； 市政府将建设书城作为实现市民文化权利的重要手段之一，"一区一书城、一街道一书吧"战略被写入政府工作报告及《深圳文化创新发展 2020（实施方案）》，作为深圳市重点工作加以推进； 2016 年实施《深圳经济特区全民阅读促进条例》，通过立法形式确立每年 11 月为"深圳读书月"，4 月 23 日为"未成年人读书日"，将全民阅读基金纳入本级年度财政预算，用以扶持公益性阅读组织、培训阅读推广人、实施社区阅读及未成年人阅读等全民阅读促进活动

国内	成都市	凡成都市本地实体书店开办新店，给予一次性资金补助，依规模，一家书店补助 1 万至 3 万元； 对有偿还能力的实体书店在建设、设备更新、扩大经营规模等项目中所发生的银行贷款利息给予补贴，一家书店一年最高贴息额不超过 15 万元，贴息时间最长不超过 3 年； 对实体书店开展的各种引领文化风尚的全民阅读公益活动给予资金补助，补助金额为一项活动实际发生额的 50%，最高不超过 20 万元； 若实体书店参加书展，也将会得到补贴：参加国内书展，补助实际参展费用的 50%，最高不超过 5 万元；参加国际书展，补助实际参展费用的 50%，最高不超过 15 万元； 依据书店建设规模，一家书店奖励最高不超过 30 万元； 依据书店经营规模和社会影响，一家书店奖励 10 万至 30 万元； 若实体书店建立电子商务平台，依据项目建设规模，一个项目补助最高不超过 20 万元

资料来源：综合《深圳实体书店调研报告》及网络资料整理。

从表 1—2 可见，近几年来，国家财政部和国家税务总局等有关部委先后发文，或免征增值税留利于企业，或设立产业发展专项资金切实支持实体书店改造升级。2016 年 6 月，中宣部、国家新闻出版广电总局等 11 部委联合发布的《关于支持实体书店发展的指导意见》，将实体书店建设纳入国民经济和社会发展规划，更把扶持实体书店提到了更高的高度，为现代大书城的发展创造了极为优越的政策环境。

深圳作为"全球全民阅读典范城市"，始终坚持并践行文化强市重要战略。长期以来，市委市政府在深圳书城的建设、运营、拓展及全民阅读活动的推广等方面发挥着主导作用，在资金和政策各方面提供强有力的支持。可以预见，当今时代，是现代大书城建设的黄金时期。宏观政策环境的支持，社会消费模式的变迁，人们精神文化的需求，都热切呼唤着以"文化综合体"这种业态多元的大书城为引领，特色小书店为补充，百花齐放、相互辉映的书业市场格局，力求在城市化进程提速的快节奏中构建起大众的精神家园和居心之所。

第二章 以书筑城：书城的阅读服务

美国社会学家欧登伯格在其代表作 *The Great, Good Place* 中最早提出了"第三空间"①。他认为：人的日常生活主要分布于三个生活空间，分别是居住空间、工作空间、购物休闲场所，人的生活质量由这三者共同影响。第一、第二生活空间的逗留时间减少，第三生活空间的活动时间增加是生活质量提高的重要表现。因此，提高人们生活质量的关键是提高第三生活空间的质量。书店、书城显然属于第三空间的范畴，作为市民休闲的场所，作为市民的精神家园，必定对市民生活质量的提高发挥积极作用。

如果说书城是一座城市的"第三空间"，那么深圳书城就是深圳市民重要的"第三空间"之一。自 1996 年罗湖书城建成开业，迄今已有 4 座总面积达十几万平方米的书城（罗湖书城、南山书城、中心书城、宝安书城）屹立深圳市区，不仅成为这座年轻城市最重要的文化地标，也推进了"以读书为荣，以读书为乐"的社会风尚，潜移默化中影响着城市的人文环境和市民品格。从书海中汲取智慧、寻找快乐，在阅读过程中得到心灵的满足，成为市民追求幸福的重要途径。

深圳出版发行集团对此总结："深圳书城已成功转型为城市公共文化服务的提供者，建立了以书业为核心、以书城为阵地的新型文化商业业态，致力于为市民提供一个集阅读学习、展示交流、聚会休闲、创意生活于一身，关于文化消费和精神体验的复合式城市文化生活中心和文化综合体，成为推进全民阅读、涵养城市文明、

---

① 刘明开、傅睿：《作为市民精神家园的文化综合体——浅谈常州图书馆未来发展》，《科教文汇（下旬刊）》2014 年第 7 期。

引领社会风尚的主阵地和重要平台。"① 关于书城的独特之处，我们认为需要把握三个关键。

第一，以场所精神为书城的灵魂。书城是一个具有人文特点的场所，它能否形成强大的场所精神，是书城的关键。书城的场所建设，要强调跟电商区别的体验性，强调空间的独特性、对话功能。一个书城和其他商业空间进行较量、进行竞争，关键是能不能形成独特的场所精神。

第二，业态组合是书城的生命线。把新鲜的、有创意的、时尚的元素带入书城，使书城突破传统书店单一刻板的格局，使之更符合现代年轻消费群体的需要，吸引年轻人把书城作为社交、休闲的主要目的地，构建新的都市时尚。我们希望以书城为平台，强化图书和阅读的社交功能，以这种强大的社交功能与网络书店形成差异化，凸显实体书店的竞争优势。这是我们持续努力的方向。

第三，文化担当是书城的使命。书城永远是一个内容的供应者和阅读的指引者，这是它的基本使命。如何突破传统书业既有的边界，在新一轮的文化民生建设中担当更多的公共文化服务功能，这是书业本身需要跨界发展的关键。

第一节　书城的书：多样性的书店类型

刘易斯·芒福德认为，钟表消灭了"永恒"这个人类动态的度量和关注点，但印刷机又使"永恒"得以恢复。他甚至偏爱地说道："印刷的书，比其他任何设备都更能把人从此时此刻的控制中解放出来……印刷品使事件变得比它本身更有影响……印刷形式的存在才是真正的存在，其余的世界往往变得更虚无缥缈。"② 印刷把现在和永远连接了起来，它将个人的观点带入一个未知的王国，而阅读使人得以进入一个观察不到的、抽象的知识世界，激发了作者

---

① 《第二届中国超级书店论坛速记稿》，内部资料，2015 年 8 月 20 日。
② ［美］尼尔·波兹曼：《童年的消逝》，吴燕莛译，中信出版社 2015 年版，第 31 页。

和读者强烈而无须掩饰的自我意识，给予我们自我，以独特的个体来思索和谈话。

占绝对核心主导地位的出版物经营是书城区别于其他文化消费场所和商业购物中心的重要标志。作为一个书城项目运营成功的基础，书店的设置和经营至关重要。以深圳书城中心城为例，书店面积约 2 万平方米，占总经营面积的一半。书店业态非常丰富，既包括 1 万多平方米的综合书店（见图 2—1），中国最大、享誉华南的音乐时空主题店，又有专营外版书的益文书局、永不打烊的 24 小时书吧，以及经营古籍善本和二手书的尚书吧等特色书店。这些书店根据书城的区域功能定位，错落有致地分布在中心书城的不同区域。多种类型的书店组合呈现的方式既可以满足市民综合一站式阅读需求，又可以使少儿、大众、白领等不同顾客群分别处于相对独立互不干扰的阅读空间，同时又让整个书城空间都洋溢着浓郁的文化气息。

图 2—1　中心书城的主力卖场——综合书店

深圳书城对于书店的运营可总结为三点：一是经营面积和品种要成为书城的核心主力店；二是出版物经营空间现代、文气、雅致；三是经营业态的组合灵活多变、不断创新，可以是纯粹的出版物大卖场，可以由"综合卖场＋专业书店"构成，也可以是多个专业书店、特色书吧的集合，甚至可以含有文创、生活美学、设计等文化元素。

可见，大书城里的书店类型设置是多元而灵活的。大书城的本身可能就是综合书店，也可能是"书店+"模式，而后者涉及的领域已呈现越来越广泛和多元的趋势。与此同时，网络书店开始涉足实体书店，成为一种引人注目的新现象。

一 综合书店

综合书店所具备的功能不局限于一个纯粹的图书买卖场所，已延展到融图书、咖啡、演出、讲座、展览、创意等新形态为一体的综合性文化艺术空间。综合书店可能是一座书城的主体，典型代表是中心书城的主力卖场；也有可能是一座书城，如罗湖书城。

1996年，罗湖书城开业伊始，在运营管理中即以创建"五星级书城"为目标进行全方位的实践和探索：使用开放式自选，首创超市化管理模式；率先应用自主开发的BIMS信息系统进行连锁经营管理，打造了采购、销售、计算机、物流、营销五大业务中心，开创了新华书店系统的计算机信息化时代；创新性地设立商务中心、总服务台、邮电代办所、银行等设施，为读者提供一站式服务，引领书业风气之先，开创了全新的综合书店类型的书城模式。

随着行业形势变化、竞争加剧、硬件老化，罗湖书城在设施设备、体验空间、业态组合等方面开始显现不足。为了适应市场发展的需要，罗湖书城于2015年4月启动升级改造，7月16日新装开业，标志着第一代深圳书城的成功升级。改造后的罗湖书城将原有天花拆除，提升层高，使得空间更为通透、宽敞；原有的铁质书架整体更换为木制书架，更加贴近阅读，显得温馨而亲切，不同类型的书架围合出多层次的阅读空间，营造出浓郁的阅读氛围，让书城变身为一个温馨的大书房；灵活运用灯光效果，让空间亮起来的同时，读者的视觉感官更加舒适愉悦。

值得一提的是，罗湖书城通过紧缩式开发，置换出面积，增加了休闲体验空间、文化活动空间（见图2—2）、展览展示空间，增强卖场的丰富性、可逛性和体验感，提高人气聚合力。如随处可见的休闲座椅让读者的阅读选购更为舒适；集阅读、学习、交流功能于一身的"新新书吧"（见图2—3）使得空间体验感更加丰富多元；

签售区和青少年活动区定期开展特色阅读文化活动，为读者呈现鲜活的、高品质的阅读文化生活。卖场随处可见的主题展览展示，让读者徜徉其中，流连忘返，每次到来都有全新的体验和收获。

图 2—2　罗湖书城文化活动区

图 2—3　升级改造后增设的书吧

新装后的罗湖书城还运用微博、微信手段，实时提供资讯获取、活动推广、吧区点餐等线上线下服务，为读者提供指尖上的便利；通过"微平台"构建互动空间，实现读者和读者间、读者和书城间阅读分享的新模式。

20 年来，罗湖书城累计销售了 8000 余万册，价值 21 亿元的图书，总量相当于深圳市图书馆全部馆藏量的 20 倍；累计接待读者 1 亿多人次，举办各类活动 5000 余场次。[1] 无数人在这里读书、会友，参与公众活动，度过了温馨美好的闲暇时光，留下了难以忘怀的阅读记忆。作为深圳书城品牌的发源地和深圳全民阅读的起点，罗湖书城因为见证并记载了深圳人 20 余载的阅读热情而备受尊重。

二 主题书店

随着社会分工越来越精细，信息更替越来越迅速，人们对某一领域的知识不再仅限于泛泛地了解，而是要深入挖掘。在这一点上，综合书店往往无法满足今天的读者对书籍专而精的需要。主题书店应运而生，正是为了满足某一特定群体的阅读需求，同时也是实体书店瞄准细分市场的探索。主题书店指专门销售某一特定主题、产业、行业及其相关领域书籍的书店。此类书店主题性和专业性强，提供某一产业或行业多角度全方位的书籍及资讯，"人无我有，专精尖"是此类书店的最大特色。如大众书局的"女性"书店、电影主题书店、中心书城的音乐时空主题店、儿童青少年主题店、南山书城的主题店集群等。

南山书城经营面积 3.6 万平方米，图书经营面积达 8000 平方米，自 2004 年 7 月开业以来，共举办各类活动近千场，接待读者约 3000 万人次，售出图书近 3000 万册，是深圳的文化地标之一。[2] 2014 年 4 月，在开业十周年之际，南山书城启动改造工程，以书业为核心，重新组合弘文文化用品、书城培训以及各类文化精品等。

---

[1] 谢晨星：《罗湖书城升级改造完成今天开业，这里是深圳全民阅读的起点》，《深圳商报》2015 年 7 月 16 日第 C01 版。

[2] 魏晓薇：《深圳南山书城重装开业 变为 23 个主题书店》，《中国新闻出版报》2014 年 7 月 14 日第 3 版。

新装后的南山书城设置了 23 个主题特色书店，陈列图书品种约 15 万。7 月，修葺一新的深圳南山书城重新开门迎客。令读者惊讶的是，此前大书城宽绰单调的卖场不见了，取而代之的是一个个拥有独立空间的主题书店，文学馆、哲学书店、生活旅游书店、科普长廊、中医书斋、艺术长廊、少儿书店等，选书变得更容易。

为何把"大"书城改成"小"书店来做？这代表着深圳书城在服务上的又一次创新和尝试。大书城因其营业规模大、图书品种齐全、环境优良而受到大众的欢迎，但在大书城数十万品种的图书中找到自己想要的书，读者常常有大海捞针之感。而到了周末，大书城里熙熙攘攘的景象，让一些想在书城里安安静静看会儿书的人望而生畏。这也成为大书城服务的瓶颈。

为突破这一瓶颈，进一步提高服务质量，重新装修后的南山书城创新书店业态，对大卖场进行重新定位，以主题书店的集合体形式来重新组合，采用精耕细作的"专业书店"运营模式，缩减大卖场的规模，强化主题书店形态。南山书城的营销策划人员表示[1]，新装后的南山书城，由一个个具有独立空间的主题书店构成，这些主题店聚合同类图书，免除了读者大海捞针般的选书烦恼。

此外，中心书城的音乐时空也是典型的主题书店，是华南地区最具规模和专业水准的音乐主题店（见图 2—4、图 2—5）。该书店的经营面积 1500 多平方米，推崇"让聆听成为享受"的理念，分为音乐、影视、听书、音乐图书四个馆，以不同的载体呈现近 3 万个品种的音乐出版物，组合有博兰斯勒钢琴、懒人听书等项目，定期推出精彩纷呈的特色主题展和音乐沙龙活动，给读者提供更多的体验。2016 年，中心书城对店内封闭的音乐图书区视听室进行改造，变为开放空间，更名为爱乐坊，主要陈列音乐赏析、普及类图书，为音乐爱好者创造了一个温馨的小书坊。

---

[1]　谢晨星：《深圳书城南山城全新亮相 23 个主题书店重装登场》，《深圳商报》2014 年 7 月 14 日第 B05 版。

图 2—4　中心书城音乐时空，华南最具规模和
专业水准的音乐主题店（1）

图 2—5　中心书城音乐时空，华南最具规模和
专业水准的音乐主题店（2）

三　书吧

书吧是近些年流行起来的一种读书场所，在经营书籍的同时为消费者提供更舒适的阅读、交谈环境。书吧集图书馆、书店、茶馆或咖啡馆的特点于一身，人们可以在喝茶、喝咖啡、聊天的时候翻翻时尚杂志、流行小说，在舒缓的音乐中放松身心。《中国青年报》社会调查中心对2160人进行的调查显示，被调查者中67.3%的人表示身边有人经常泡书吧。经常"泡书吧"的会是什么人呢？调查中，68.8%的人认为是"文艺爱好者"，59.0%的人认为是"白领"，58.1%的人表示是"大学生"。[①] 为了迎合"文艺爱好者""白领""大学生"的文化需求，书吧开始成为书城、购物休闲场所的热门业态，成为青年人扎堆的阅读空间。在中心书城内，有两家书吧值得一提，一家是24小时书吧，一家是尚书吧。

（一）24小时书吧

位于中心书城的24小时书吧，从2006年11月1日开业至今，已跨过整整10个年头。这家中国内地坚持了最久的24小时书店，已有9.6万个小时不熄灯不打烊的纪录，有"深圳十大书吧"的美誉。

2006年，当深圳这座全力推动全民阅读的年轻城市，在位于城市CBD的中心书城辟出一隅，开设了24小时书店"星光阅读栈"时，有家中央媒体报道——"我们不敢说，这家书吧之于深圳，就像埃菲尔铁塔之于巴黎，是一座文化地标。但我们不能否认，这家书店和它的守望者，是这个不满30岁城市小小的基因"[②]。从开业那天起，天花板上的灯就再也没有熄灭过，书店成为许多爱书人流连忘返的"家园"。国务院参事王京生对24小时书吧深情寄语道："即使整座城市都沉入了黑夜，这盏灯也为你亮着。"这句温暖人心的话语已成为24小时书吧的标识语（见图2—6）。

[①]　http://baike.baidu.com/link?url=OYCY9Qf6PChBeg4XVcxYA4J-FkGGTIwqVe-jbezHJ393plOe6po-GipuocWP9zqZR4WAYGNFXSzk6fILvkE2_HK. 百度百科。

[②]　姜梦诗：《深圳"24小时书吧"：中国内地坚持最久的24小时书店》，《晶报》2015年1月4日第A6—7版。

图 2—6   24 小时书吧中的读者

　　无论是在刚苏醒的清晨、热闹的午后，还是静谧的深夜，24 小时书店总在为人们守候，照亮这座阅读不夜城（见图 2—7）。陪伴阅读者的，还有挑灯夜读的守夜人。在 24 小时书吧工作过 7 年的蓝天海，每年有三分之一的时间上通宵班，迄今已陪伴读者度过 700 多个深夜。"在白天，深圳是个热闹的都市，到了深夜，这座城市恢复难得的宁静，当所有读者专注看书时，就是这座城市最美的一刻。"

　　2011 年 8 月，星光阅读栈"升级"为 24 小时书吧，从一家单纯的书店转换成一个阅读生活场所——读者可以买书读书，可以找个角落安静地进行书写创作，也可以约朋友清谈，还可以参加讲座等文化交流。以撰写诚品书店文案成名的李欣频是书吧首场阅读主题聚会的嘉宾，她认为"中心书城已经成为展现深圳生活方式的一个文化场所。从诚品书店走出过林怀民、赖声川等知名的中国台湾文化人，希望也有深圳名家诞生于这个文化空间"。一位在深工作的中国香港设计师在书吧创下了连续待 7 天的纪录，一周之后，店

图 2—7　读者在夜色中的 24 小时书吧

员们虽然只知道他姓李，但彼此之间已有了更多的默契和微笑。

作为深圳唯一一家通宵营业的书吧，"24 小时书吧"是一个亲切、包容、开放的场所。它既是舒适的，又是优雅的、独立的，同时也是开放的。书吧在白天是一个优品书店，在夜晚则是由一本本书围合而成的私密领地。在合适时，这里也可以开展主题阅读聚会或创意展览。它可以是一个人的，也可以是一群知己的。读者钟芸感慨，"这是我在深圳最喜欢的地方，地处城市心脏位置，小小书吧让市民能够全天候与书约会，快乐栖居"。

即便是在台风肆虐、停工停课的恶劣天气里，24 小时书吧也不曾熄灯打烊，仍然为城市的爱书人、流浪者提供温暖的庇护场所。2017 年高考作文题的山东卷就引用了 24 小时书吧的故事：

　　某书店开启 24 小时经营模式。两年来，每到深夜，当大部分顾客离去，有一些人却走进书店。他们中有喜欢夜读的市民，有自习的大学生，有外来务工人员，也有流浪者和拾荒者。书店从来不驱赶任何人，工作人员说："有些人经常看着看着就睡着了，但她们只要来看书，哪怕只看一页、只看一行，都是我们的读者；甚至有的人只是进来休息，我们也觉得自己的工作是有意义的。"①

作文题名为"24 小时共享书店",要求考生根据自己的感悟和联想写文章,可见 24 小时书吧对涵养城市文明,抚慰个人心灵的人文情怀已经深入人心,引起广泛关注。

(二) 尚书吧

2006 年,深圳书城中心城开业,尚书吧同步开张。这是深圳书友共同谋划的一个爱书者的据点,创办之初就走上与传统书店截然不同的另类路线——以"古旧书 + 红酒"为组合模式。尚书吧以古籍、善本、经典出版物、二手旧书、精选书籍、主题杂志等的展销、收藏、交流活动为主;同时,经营红酒、餐饮、茶饮,"以酒养书"。读者可以随性、舒适地读书、品酒,书与酒相得益彰。尚书吧恰如其分地演绎着书与人、人与酒、酒与书的故事。

尚书吧的第一位客人是著名文学理论家陈子善,后来他每次来深圳都要来此寻书访友。开业第一天,店里所有关于陈寅恪的书就被卖光了。业内人士表示,"中心书城作为一个卖新书的地方,也需要有卖旧书的业态,这是一个有益补充"②。

实际上,除了经营旧书、红酒和餐饮,尚书吧更是深圳书友的一个"根据地"。古籍爱好者逢周末聚集在店里交流淘书心得,书友展示各自淘来的古籍善本、介绍淘书经过或普及版本知识。尚书吧还举行旧书交流,任何人都可以在这里免费摆摊,前提是只能卖二手书和正版。许多来深圳的作家、文化名人在这里分享阅读心得,不少外地书友慕名而来。

2016 年,尚书吧新装改造,新增了西式餐饮,并专门开辟出观影空间。由深圳书友、影评人及电影爱好者共同谋划的"尚书吧电影学堂",由杨争光、梁二平出任总策划,深圳"碟王"崔建明主持,著名影评人王樽驻吧主讲。该学堂是一个公益性质、影友之间的内部交流平台,除了围绕电影定期开展主题沙龙、观影分享会及讲座外,将拓展系列电影衍生品,比如电影书籍展、电影主题旅

---

① http://edu.sina.com.cn/gaokao/2017—06—07/doc-ifyfuzny3528267.shtml.
② 苏秦:《尚书吧它已经发展为一个文化空间》,《书都》2016 年第 9 期。

游、电影服装秀等。同时，立足更深入的电影比较学的探讨研究，透过不同年代、不同版本、不同类别的电影比较，梳理时代的印痕和科技的发展进程，感悟电影的魅力。

作为深圳唯一一家获得中国独立书店创新奖的书店，尚书吧"古旧书＋红酒"的经营模式在深圳仅此一家，别无分店。只要是对藏书稍有兴趣的深圳人，都知道中心书城南区有一家专卖旧书的尚书吧。十年之间，它已经发展成一个独特的文化空间。

四 多功能组合："书店＋"

过往 20 年间，大书城飞速发展，很多大书城成为城市的文化地标；20 年后，在"互联网＋"、文化创意产业及跨行业的融合发展成为主流的新时代，书城里的书店业态也在不断进化。形式上，不仅仅止于综合书店大卖场、主题书店、书吧在书城空间的铺排，在各书店内部也从纯粹的书向多载体多元素丰富扩展，阅读与咖啡、文创、旅游、电影、科技、音乐、亲子等各种元素相叠加，层出不穷。"书店＋"的模式在行业里渐渐走红。

在"书店＋"模式里，择几位代表者概述如下。

（一）书店＋生活美学

美学专家刘悦笛在引进"生活美学"的概念时曾说，"在全球化的境遇里，人们正在经历'当代审美泛化'的质变，它包含双向运动的过程：一方面是'生活的艺术化'，特别是日常生活审美化的孳生和蔓延；另一方面则是'艺术生活化'，当代艺术摘掉了头上的'光晕'，逐渐向日常生活靠近，即'审美日常生活化'"①。

把审美生活化，让生活审美化，是中心书城打造城市文化生活中心的策略之一。2010 年，中心书城在二层的南北区连接处新辟了一条千余平方米，文化、商业、艺术与设计跨界合作的创意长廊，又称"CROSS"空间。这个以创意艺术为主题，集展览、沙龙、文化资讯等于一身的充满趣味的创意空间，营造了一个创意产业、创意群落与公众交流沟通的平台，深受读者的欢迎，每到周末和节假

① 刘悦笛：《日常生活审美化与审美日常生活化——试论"生活美学何以可能"》，《哲学研究》2005 年第 1 期。

日，活动缤纷，人头攒动。这条长廊的设置代表了一种新锐的生活态度和审美方式的融合，某种程度上就是营造一种独特的、新鲜的、互动性的"生活美学"，让创意产品、创意活动、创意思维代表的审美元素与市民的文化生活彼此交织和渗透，给读者带来极具美学意识的文化体验。

放眼全国书业，在"书店＋生活美学"方面的佼佼者，还有诚品和方所。苏州的诚品生活定位于"一座人文阅读、创意探索的美学生活博物馆"，其中书店的面积只占到1/4，文创平台、潮流生活、风格美学、创意设计、视觉实验室等其他元素的较重占比，打破了人们对书店的固有印象。方所则是书、服饰、文创等品类的集合店，"文青范儿"、小众化的路线让方所的书籍与众不同。成都方所的书店面积达2000平方米，占半壁江山。方所一直贯彻创始人毛继鸿统一的"东方审美"，即有美感、有创意，能满足生活需求，能创造生活乐趣，这既是贯穿混业经营的核心理念，也是他坚信的客户的核心需求。

（二）书店＋设计

中心书城在创立之初就定位于三大功能：一是公共文化服务平台，二是创意项目孵化基地，三是城市文化生活中心，给市民提供了一个集阅读学习、展示交流、聚会休闲、创意生活功能于一身的空间。为了凸显定位中的设计功能和孵化创意项目，2008年7月，"iMART创意市集"进驻中心书城。2010年，中心书城创意长廊空间里积聚了许多在"iMART创意市集"上脱颖而出的原创品牌，一个个摊档演变成一个个小店铺，在中心书城的平台上孵化成功后，进而形成品牌连锁店，被特邀进驻深圳大型商业中心。这里既有韩湛宁、张达利等深圳著名的平面设计师的创意小店，又孵化了若姆、无感、花期等一批深圳年轻人原创设计品牌。

2011年，以手工DIY为亮点的"创意手工街"在北区诞生，这里成为包含泥塑、手绘陶瓷、拼布、魔方等以手作为特点的手工加原创的天地。经过几年的孵化，从2015年至今，"手工一条街"从无人问津到门庭若市，吸引了络绎不绝的亲子家庭，做手工的孩子们在这里乐此不疲。通过这两个设计类型的空间，中心书城滋养了大批创意产品的欣赏者、消费者，激发了创意意识，营造了创意氛围；以创意文化、设计理念塑造、引领、影响读者，用设计改变生活；契合了中心书城"体验式书城"的特点，深化了体验感、现场感和互动性。经过多年的培育，中心书城逐渐成为创意理念萌发、创意项目孵化、设计产业发展的平台。

在业界以"书店＋设计"著称的还有叶一堂（Page One），成立于1983年，总部位于新加坡，目前在大中华地区是非常有影响力的中、英文及艺术设计书店。叶一堂坚守本色的同时顺势改变，主打原版、设计类书籍，店铺装潢年轻时尚且极具个性。每一家店都有其独特的设计，从纯书店经营转型为多元文化交流空间。Every book begins with page one——每本书都从第一页开始，这是 Page One 名称的由来。它还有一个别致的中文名字"叶一堂"，有"外文书店里的'诚品'"之称。

（三）书店＋杂货店

一些书店另辟蹊径，把杂货店的概念引入书店，开创出"书店＋杂货店"的新模式。由深圳书城投资控股有限公司与开封市政府联合开发的"开封中心书城"就将实践这一模式。在开封中心书城一层，其图书售卖区与全进口超市"吉吖咪"实行无缝连接。书籍陈列以推荐阅读区、人文社科、生活闲暇、经济管理、部分设计美学、幼儿读物为主；"吉吖咪"则定位为艺术会员进口商品主力店，售卖图书周边与文化、时尚品牌紧密联系的商品。项目运营策划的立足点在于，以"书"作为贯穿整个综合体消费场景设计的基础元素，营造"书店＋杂货店"的业态气氛。该项目业态的创新组合模式，将成为中原地区艺文书店标杆。

有书店变身杂货店的，也有杂货店转型为书店的，无印良品就是其一，正在把自家的"杂货店"改造成书店或者是有"书"的店。2015年，无印良品在九州福冈市的博多运河城店，最吸引人之处便是"MUJIBOOKS"（无印良品书店）的粉墨登场。全店一共3万余册图书的售卖阅览区，依照相关主题与同类商品并至一处。例如，在售卖旅行用品的区域，当你在挑选完洗漱袋、收纳包后，或许也会有兴趣拿起一本与目的地相关的游记翻阅，以至于最终一同放入无印良品自家的旅行箱。在 3 万余册书中，没有畅销书，大部分在呼应"如何文艺且小清新地过日子""简单而高质量的生活"这类 MUJI 式主题，聚焦吃穿住行的日常生活以及由之产生的所思所感。

同年底，全球最大的无印良品旗舰店上海淮海 755 店开业。图书的可销售数量不过 3 万册，从一楼到三楼，无论服装、绿植、家具，各商品区域内，书"见缝插针""无处不在"。书架没有传统的"人文社科"等分类，只分"衣、食、住、行、育、乐"六大主题。

（四）书店 + 新媒体空间

移动互联网的快速发展，智能手机的普及，忙碌的都市生活，为听书类产品带来了发展的契机。"听"成为一种新的阅读方式，听书软件成为新的阅读载体。"听书"与"读书"矛盾吗？深圳书城给出了答案。

2016 年 11 月，腾讯旗下最大的听书类 APP 软件——懒人听书进驻中心书城音乐时空主题店，新设"懒人听书好书留声"专区，启动了"好书留声——聆听读书月好书"项目，开启了新媒体空间入驻实体书店的新范式。"懒人听书好书留声专区"共设有 4 个板块：十大好书、十大童书、懒人精选、人文社科，提供 22 台配套的聆听设备以及舒适的座椅。"好书留声——聆听读书月好书"项目是深圳"懒人听书"与深圳读书月合作，在深圳出版发行集团旗下中心书城音乐时空落地的体验式、公益性项目。

项目将坚守 10 年的"十大好书"以及新晋的"十大童书"评选出的 100 多本优秀书籍，转化为有声读物，无偿提供给读者倾听。懒人听书的合作方表示，这些资源是专家和读者千挑万选且经过岁月洗礼的文化精髓，值得通过新媒体加以传承。"好书留声"是从"读图时代"向"听书时代"过渡的新形势下有声读物的产物，不仅为读者听众提供更加丰满的感官体验，满足听书读者的需求，同时以"互联网 + 阅读"的新模式来推广全民阅读。

中心书城音乐时空店的负责人表示，光顾"好书留声"专区体验的顾客非常多，许多读者在购书之前希望坐下来听一听，挑选一番后再做决定。"听书"这种新形式，无形中也带动了实体书的销售。

（五）网上书店的线下版

网上书店开设实体书店，在 2015 年出现端倪，饮"头啖汤"的是亚马逊；2016 年，在中国，当当网也抢滩传统书店零售业，这从侧面生动说明了实体书店的魅力、活力及存在的必要性。

2015 年 11 月，亚马逊在西雅图大学村开了第一家实体书店，名叫 Amazon Books。从消费者层面来说，亚马逊的线下书店自带线上营销的基因，呈现出三大与众不同的亮点：首先，承诺价格优势。亚马逊书店内所有图书不注明价格，店内价格和亚马逊官网售价连接，顾客只需使用手机应用或店内安置的扫码机即可进行价格查询。其次，用户诚意推荐。亚马逊书店里的图书不注明价格，取而代之的是显示图书的综合评分，外加一则书评人的推荐。图书以专区形式进行归类展示，比如"本月畅销书""本周最多预定图书""用户最多收藏图书""拥有 4.8 颗星以上评分"等。这些归类来自亚马逊官网收集的用户数据，利用这些数据可以根据受众群体和地区进行针对性营销展示。最后，打造线下体验馆。除了图书，店内还主打科技产品。主要以亚马逊自主研发的电子设备为首选，主推以智能家居为核心的智能设备，包括智能音箱 Eco、电视盒子 FireTV、平板电脑 FireTablet、电子书阅读器 Kindle 等。继西雅图之后，据英国《金融时报》报道，亚马逊还将在芝加哥、波特兰、圣迭戈和纽约市开设实体书店，亚马逊在全美的实体书店总数将达到5 家。

2016 年 9 月，梅溪书院 & 当当梅溪书店开业。作为国内首家 O + O 实体书店，当当梅溪书店由步步高集团和当当共同打造，24 小时经营，实行当当线上线下同价经营。梅溪书院位于长沙梅溪新天地城市综合体东南面，经营面积 5000 平方米，共有图书 4 万余种、12 万册，根据当当网大数据选品，优选文学、小说、历史、艺术、童书、建筑、自然科学等 40 个品类图书。特别开设当读、阅享当下、当当书湘榜等特色栏目，个性展示当当网五星推荐优质图书、湖湘文化和湖南地区畅销图书。书店定位为集书店、咖啡、艺术空间、展览、讲座等于一身的文化社交场所。

步步高集团董事长王填介绍①："当当梅溪书店是全国第一家O＋O书店，是价格与当当网同价的24小时实体书店，是一个互动的、智能的、时尚的书店。"梅溪书院不仅仅有书店、讲堂，还有咖啡、展览，每月将安排举办国内外众多文艺、文创、文化活动，拟打造一个超级文化IP。当当CEO李国庆表示②，网上书店代替不了线下社交，当当O＋O实体书店依靠"互联网＋"既突破了传统书店时空的限制，又突出了线下社交和文化体验，为互联网时代的阅读和文化生活提供了一个更适合读者的解决方案。当当网还表示计划在三年内开千家实体书店，涵盖mall、超市书店、县城书店等多个类型。

第二节　为读书所做的服务

实体书城始于书，但远不止于买书卖书。书城里的人，围绕"人"开展的阅读活动和阅读服务，人与人之间的交流互动，是书城之所以首先成为阅读服务提供者的安身立命所在。作为文化综合体，书城应当是市民精神栖息和心灵共鸣的场所。对于书城经营者而言，要努力通过打造立体化阅读，通过书城空间与文化活动的交相辉映，让读者与书、读者与作者、读者与读者之间的互动交流成为可能，让阅读和参与活动变成一种人文社交的语言。

为读者提供服务，首先要对自己的读者"画像"，也就是做消费者的市场调查。据2015年年初戴德梁行对中心书城顾客的调查显示，中心书城读者的年龄构成以少年儿童和18—35岁的青年为核心群体，两个年龄段合计比例超过了70%；受访者中，男性读者和女性读者比例比较均衡；读者职业构成分析中，公司职员和学生的比例分别为38.85%和16.55%；在月收入方面，大约有36%的读者收入在3000—10000元，与当地平均收入相当；读者的学历构成

①　灿朝：《步步高携手当当打造全国首家O＋O书店》，中国商网—中国商报2016年9月8日。
②　同上。

以大专、本科为主，两者合计约占 60%。顾客满意度调查显示，受访者对于中心书城各种服务以及表现满意程度较高，"非常满意"的受访者达到 27%，"较满意"的受访者达到 64%，没有受访者持否定态度；在受访者中，84% 的人表示中心书城是自己在市内最常光顾的书店，说明读者忠诚度较高，显示出中心书城在深圳的绝对领先优势。

总的来说，中心书城的顾客以青年和少年为核心群体，受教育程度和社会收入水平较高，满意度和忠诚度也较高。面对这样的群体，书城的经营者和员工"为读书所做的服务"必须是有知识含量且多元多样性的服务。

通过不断的实践，深圳书城的经营者探索了几种服务模式：一是以读书指引提供阅读方向；二是以文化活动提供多元化思维和体验；三是为家庭和亲子读者群体提供定制服务；四是为增加用户体验而延伸的"阅读+"服务。

一　以读书指引提供阅读方向

"一座读书活动开展得这么好的城市，理应在全国书业中掌握话语权，在图书阅读和销售中发挥引领作用，这是一座一流书城应有的抱负。"① 做内容的提供者和阅读的指引者，书城成为引领公众阅读生活、建设书香社会的重要阵地。满足市民阅读需要，做阅读的指引者是书城的第一核心角色。经过多年的经营实践，深圳书城形成了提供阅读指引力、便利性、现场感和个性化服务的优势，并通过多种方式和途径争做优秀内容的指引者：一是通过"深圳书城选书""深圳书城选碟"呈现为读者推选好书的专业精神；二是采用名社专架陈列为好书找读者；三是各书城重视精选品种，表达"卖好书，卖好好书"的态度；四是通过推行"三金工程"（金牌买手、金牌店长、金牌导购员）持续提升图书采销环节的专业性和服务水平。

（一）深圳书城选书：为书找读者

面对年出版品种动辄 50 万种，新书近 30 万种且质量良莠不齐

---

① 翁惠娟：《中心书城：一个富有活力的"文化场"》，《深圳特区报》2011 年 11 月 20 日第 A01 版。

的出版现状，以及受制于极大供给与终端架位极为有限之间的突出矛盾，如何帮助、指引读者与好书相遇相知，如何更好地了解并服务好读者、懂书爱书，参与城市阅读生活的建设，必然成为书店经营者面临的严峻考验。从另一方面说，也是书店经营者面临网络书店的巨大挑战时采取的差异化策略。

为强化实体书城的指引力，提升深圳书城品牌知名度和核心竞争力，2011 年 7 月，深圳出版发行集团推出了一项旨在提供读书指引的阅读品牌活动——"深圳书城选书""深圳书城选碟"。"在资讯爆炸的时代，我们缺的不是信息，而是筛选信息的工具。在出版繁盛的时代，我们缺的不是阅读，而是指引阅读的主张。深圳书城选书（选碟），选的是一种阅读的主张。"项目以"每月十本好书（碟），指引阅读的方向"为宗旨，迄今为止历时 6 年多，已连续推出 78 期，共计选书 780 种。

榜单在深圳各大媒体、深圳书城各大连锁店及深圳书城在线平台、官方微博、官方微信"深出发"及各大书城的自媒体上发布，覆盖影响读者达百万人次以上，成为读书界、出版界、发行界关注的焦点，已形成一定的品牌效应。总结其成功经验有二：一是依托深圳书城丰富的实践经验与两岸三地出版界、新闻界、学术界专家的专业眼光，从海量图书中精选新品，推荐给读者，为广大读者的阅读提供指引。二是坚持"读者够得着的品位"，每月精选的 10 本人文社科类或音乐类出版物，有较强的可读性、人文性和前瞻性，并举办形式多样的配套活动。

（二）金牌导购：为读者找书

有榜单的指引还不够，人的指引也不可或缺。实体书店接触客户最多的是导购员和店长。深圳出版发行集团一方面在卖场终端推行"金牌导购"和"金牌店长"计划，另一方面严把图书采购关，在采购环节推行"金牌买手"。

2012 年 8 月开始，深圳出版发行集团在深圳各大书城推出"金牌导购员"服务，培养和选拔业务能手。经过集中业务考试、现场导购测评、综合业务考核等环节，深圳书城各卖场从几百位导购员中选拔出十来位"金牌导购员"，分布于中心书城、罗湖书城、南山书城、宝安书城等四大书城，在各门类书籍和音像制品卖场为读者提供专业指引。这些"金牌导购"一改过去"堆码服务员"的形象，不仅对所卖书籍的基本情况十分了解，还能指出同类型书籍的差别并推荐给顾客，甚至能够分析某类书籍销量增减的原因和应对措施，做到"为读者找书、为书找读者"。例如，"金牌导购员"朱芳（见图2—8）分管教辅书，对图书情况信手拈来。她指出，教辅书看似重复，实则有侧重，不同出版社出版的教辅书侧重点不同，有的贴近教材，有的注重发散思维。除此之外，她还能够对某一本书在各大书城的销售情况和往年的数据进行双向对比，分析销量增减的原因。

相比网络书店，实体书店是有服务的。导购员直接与读者接触，他对书的了解程度和服务水平直接决定着社会对书店的评价。只有增强导购员的专业感，才能让顾客对实体书店产生依赖，与网络书店相抗衡。导购员要做懂书的专家，拥有了鉴别好书的眼光，才能成为读好书的引导者，从而放大实体书店的优势，向专业书店靠拢，使书城不仅是卖书的场所，更成为读书光荣的场所。①

图2—8 中心书城的"金牌导购员"朱芳服务读者的场景

---

① 谢晨星：《个性化指引为实体书店添活力》，《深圳商报》2012年12月21日第B01版。

随着"金牌导购员"的成功推广，深圳出版发行集团又推出"金牌店长"评比，加强在卖场管理中"生产队长"的标兵作用。2016年3月开始，中心书城举办每月一期的"每月荐读：书里书外，我来荐书"的荐书活动，由中心书城的多名"金牌店长"和"金牌导购员"为读者推荐好书，和读者分享自己的阅读心得，为广大深圳读者带来"有温度"的阅读指引和需求导向。

（三）深圳讲书会：共赏好书的故事

2015年初，面向书城内部业务人员的"深圳书城讲书会"升格为"深圳讲书会"。举办地点从封闭的多功能厅、会议室扩展到书城大台阶、对外活动空间等，更加开放亲民。讲书会面向大众读者、民间阅读组织负责人，以及深圳书城采购、营销及管理人员，内容涵盖当前重要出版选题、重点畅销图书及行业发展趋势等知识，拓宽了从业人员的视野，形成爱书、懂书、荐书的新风尚，同时也向读者做了积极推荐。讲书会的主讲嘉宾都是全国知名出版社的社长、总编或资深教授，如三联书店原总编辑李昕、中华书局出版社总编辑顾青、北大著名教授谢冕和东方卫视著名主持人骆新等，都亲临深圳参与讲书，社会反响热烈。

（四）选书帮：图书馆服务延伸至书城

与图书馆结盟，为读者提供便捷的借阅服务，是实体书店的另一服务读者的手段。经过市场调查，目前图书馆的读者出现了三种困境：想读的书被人捷足先登，只能等还回再借；想看的书图书馆还未采购；逛书店看到好书可是又不想花钱买。为解决这些困境，深圳市福田区图书馆与中心书城联合推出"选书帮"服务，将图书馆的服务触角延伸至书城，让读者在书城选书，即选即借，实现阅读零时差，让读者更快捷地借阅新书。读者只要在中心书城，通过"福田图书馆"微信号里的"选书帮"服务应用，就能借阅中心书城的新书。

"选书帮"的推出，于读者而言，省去馆员采购、编目、典藏等工序时间，让读者能更快借阅到新书，先"读"为快。作为深圳最大的书城，中心书城的图书种类繁多，有效保障了市民读者选择图书的广泛性。于图书馆而言，由读者自主选择图书，让读者参与到图书馆文献资源建设中来，可以建立基于读者需求的馆藏文献库，优化馆藏结构，从而有利于提高图书借阅率。

自 2016 年 10 月底"选书帮"上线以来，读者使用"选书帮"借阅图书已超过 5000 余册，使用读者人数也将近 2000 人次，好评如潮。福田区图书馆馆长宇叶红表示[1]，"选书帮"是市民读者参与图书馆馆藏建设的平台，今后还将不断采取措施鼓励市民读者参与选书、荐书。如加入积分制规则，向高质量图书荐书人适当放宽选书权限，鼓励市民读者多选好书；"选书"与"读书"相结合，打造"选书帮"社区，为有着共同阅读喜好的市民读者提供阅读分享与交流的平台；打造"选书榜单"，让读者通过榜单了解阅读热点等。据了解，目前"选书帮"在福田区公共图书馆理事会文献资源建设委员会的指导下已进入二期开发阶段，以读者需求为导向，该项目将带来更多新功能。

二　以文化活动提供多元化思维和体验

经营网络书店 20 年的亚马逊首次开设线下实体书店，且实体店的图书售价与网站相同。有业内人士认为，此举或许起到了加速器的作用，加速传统书店的优胜劣汰。但更多人认为，线下实体店的存在更有实际意义。不少实体书店的经营者在应对电商风波之时，主要钻研如何把客户体验内容做精做透。西西弗文化传播公司营运总监欧小飞认为[2]："品质性和体验性是实体书店的核心竞争力，通过复合形态合作，为提高读者阅读的体验性而存在的书店，才能持续存在。"

那么，书城如何增强体验性呢？伯德·施密特（Bernd H. Schmitt）博士在他所写的《体验式营销》一书中指出，体验式营销是从消费者的感官、情感、思考、行动、关联五个方面，重新定义、设计营销的思考方式。为了增强客户线下的个性化体验，经过反复的探讨与实践，深圳书城经营者认为销售模式的更新、再造，

---

① http：//www.szftlib.com.cn/article/view/id-5646.html.

② 郑炜：《亚马逊开了线下书店　如今书店业盛行"体验式营销"》，《每日商报》2015 年 11 月 9 日第 5 版。

是新一代书城转型突围的希望所在。现在的书城早已不是单纯卖书的地方，而应该是一个提供文化综合服务的休闲场所。实体书城应该从传统书城转型为体验式书城，最终成为读者的文化生活中心。文化活动正是客户体验的重要载体之一，是实体书店优于网络书店的重要组成部分。因此，在这种思路的指引下，作为深圳书城旗舰店的中心书城跳出原有思维，从"卖书"的传统思维扩展为"卖其他"，其载体就是以阅读活动为核心，每年高达800场的公益文化活动。

（一）从卖书变为卖时光

陈思和曾经说过："书店应是文人或学者知识的发散地。"[①] 因此，在书店里，书不买也可以读，而读者在这里所消费的是"闲聊、约会、休憩的时光"。

例如，"深圳晚八点"。深圳晚八点的最大特点是没有门槛、多元、包容、开放。策划的理念基于"看一个人有没有竞争力，要看这个人晚上8点在干什么？看一个城市有没有竞争力，要看这个城市的晚8点在干什么"[②]。自2008年启动以来，"深圳晚八点"每晚8时与市民相约，每年为市民奉上365天免费的文化盛宴。栏目固定，时间固定，内容每天不一（见图2—9），已持续举办9年，迄今共开展3000余场活动，欣赏参与群众逾230万人次，影响辐射达300万人次。实际上，"深圳晚八点"卖的是晚上8点至9点半的闲暇时光，中心书城已经整整"卖"了9年。

再如，"沙沙讲故事"。该项目起源于2007年少儿书店员工开展的一个小型故事分享会，后来扩展为全市千余家幼儿园、一万多个家庭参与的全市性故事大王比赛，迄今已举办11届，辐射达千万人次，成为深圳学前儿童的品牌文化活动。"沙沙讲故事"卖的是"孩子们在阅读中成长的童年时光"。

又如，"牵手名家"。简而言之是名家见面会，中心书城连续8年在寒暑假举办"牵手名家"作家签售会，邀请知名的儿童文学作

---

① 转引自方勤《从卖书到卖时光，深圳书城的体验式营销》，《出版商务周报》2016年4月14日。

② 从玉华：《记着：晚八点见》，《中国青年报》2009年10月31日。

图2—9 "深圳晚八点"栏目海报

家、畅销书作家举行现场签售会，受到小读者的热烈欢迎；企业包销书籍，为销售助力。"牵手名家"卖的是"和作家名人面对面交流的假期时光"。在贩售"与作家名人面对面的假期时光"过程中，我们也充分发动粉丝经济，以粉丝社区为营销手段增值情绪资本，从消费者的情感出发，企业借力使力，达到为品牌与偶像增值情绪资本的目的。2016年10月3日，"伟大的安妮"携她的漫画团队共13名作家做客中心书城，现场人气爆棚，吸引了近6000名粉丝，共销售6000册新书，打破中心书城多年的签售纪录。2016年国庆，安妮团队再次做客中心书城，现场共销售8000多册新书，再一次刷新中心书城的活动销售纪录。两次签售会的成功，足见粉丝经济的威力。

（二）从卖书变为卖创意/资讯

在知识经济时代，创新是知识经济发展的动力。书城应是一个智慧碰撞、灵感激发、知识交汇的地方。提供富有创意的资讯，增加商品的文化附加值，将大大增加读者的黏性和忠诚度。活动是载体，资讯是内涵，创意无疑是书城的品牌生命力所系。

从2014年开始，中心书城开设"小小建筑师"的公益栏目（后更名为"童筑未来"建筑公开课），由著名建筑师冯果川授课，通过影像、模型、游戏等方式，针对7—12岁对建筑感兴趣的孩子，进行建筑学公共教育，辅以工作坊开展互动。该项目开了儿童建筑教育的先河，通过两年的打造，已成为"深圳晚八点"的重要组成部分，为书城聚集了相当一部分对建筑有浓厚兴趣的小读者。

（三）从卖书变为卖社交方式

实体书店提供的是一种充满创意的、有内涵的和文化味的社交方式，营造以书城为根据地的社交圈子，对吸引"90后""00后"读者尤为重要。在中心书城24小时书吧举行的"深夜真人图书"活动，就是卖社交方式的极好范例。

该活动取名"深夜真人图书"，融合了"深圳"与"深夜"（契合其举办地"24小时书吧"）的概念，与24小时书吧共生共存。这是深圳首次引进"真人图书"的新概念——阅读的方式是真人书和读者进行面对面的双向交流。活动的宣传语是：一个人就是一本书，一本书就有一段故事。相较于通过书架取阅、单向交流的传统阅读而言，"真人图书"阅读则是读者通过"真人图书书单"在网上订阅，读者与真人图书之间展开的双向现场交流。每一轮的"阅读"时间为40分钟，提倡多元分享。

2013年8月24日下午2时至25日凌晨2时，中心书城与乐创益社区、城市画报合作了首场"深夜真人图书"分享活动（见图2—10），50本类型多样的"真人图书"同日"上架"，在12个小时内与上千名读者分享了各自独特、精彩、深具启发的生命故事。这些真人图书包括：香港乐坛天后谢安琪、"黑暗中的对话"视障教练、8000米高峰攀登者、自闭症儿童学校创办人、同性恋者的母亲等。

图2—10　在24小时书吧举办"深夜真人图书"活动的场景

从 2013 年 8 月至 2014 年 8 月，"深夜真人图书"以 24 小时书吧为根据地，开设 8 个专场，陪伴了 3854 名读者。读者遇见了 135 本真人图书，共同度过了 49 个小时的深夜阅读时光，开辟了一种前所未有的社交方式，受到"90 后"的追捧。此后，"深夜真人图书"走向高校书吧——坐落于南方科技大学的"麒麟书吧"，也深受莘莘学子的欢迎。

（四）从卖书变为卖思维方式

通过专家的指引，让读者更加理性地看待现实生活，培养一种独立的、科学的思维方式。例如，在健康领域，2014 年 3 月起，"深圳晚八点"开设"健康会客室"，推出中医、西医、心理健康三个系列，邀请名中医、名西医、心理咨询师，论述生理卫生、养生保健、心理咨询等健康话题。2015 年 6 月 7 日，"健康会客室"首次举办心理咨询行业协会专家义诊，引起轰动。策划"健康会客室"这档晚八点是希望读者培养一种对待健康的"健康"的思维方式，认识到"健康的一半是心理健康""世界不是身在何处，而是心在何处"等观念。

2012 年 3 月起，周日"深圳晚八点"新开了"每周学点经济学"，邀请专家和老百姓聊深、聊细、聊透经济学的方方面面，从投资、理财、置业上升到如何认识深圳现阶段城市发展状态等意识层面的问题。"经济学作为一种独特的思维方式，与生活中的各种决策息息相关。我们希望这档栏目的受众，能久而久之，学会一种经济学思维方式。让老百姓像经济学家一样思考，从而更加深入理性地认识现实生活。"策划者如是说。

（五）从卖书变为卖生活方式

独立的、科学的思维方式，落实到日常生活中，就是生活方式。2014 年 4 月，在深圳市阅读联合会的资助下，中心书城开办了绘本阅读的专业品牌——"童书帮帮堂"，每月一期，邀请绘本创作界、出版界名家，民间阅读推广人举办读书会，故事妈妈和孩子们表演绘本剧，讲述如何通过绘本来帮助家长解决在教育中遇到的问题和困难，全年共 12 期。三年以来，已邀请阿甲、方素珍、余治莹、卢彦芬、敖德、张大光等名家做客书城，连续获得深圳市 2014 年度、2015 年度全民阅读推广活动优秀项目奖、组织奖等荣誉。这个栏目无形之中普及了亲子阅读理念和科学育儿观，倡导家长陪伴孩子即亲子共读的生活方式。

此外，中心书城发起"幸福书单"爱心捐助图书活动，初衷是把慈心善行落实到日常生活当中，使之成为公民的一种爱心表达、社会责任和生活方式。2014 年 1 月迄今，中心书城已联合社会各界向贵州省德江县煎茶镇发起"幸福书单公益行动"，呼吁深圳的小朋友买一本书，或捐出二手书，送给大山那边的小朋友。此后，中心书城继续呼吁市民向贵州、青海省等老少边穷地区捐助图书，迄今已捐助万余册爱心图书。该项目获评为深圳关爱行为"深圳市百佳市民满意项目"。

三　为家庭和亲子读者群体提供定制服务

通过不断的市场细分，书城经营者逐渐确立自己的主要读者服务对象，开始为特定读者群体提供个性化定制服务，这对书城的服务水平提出更高的要求。具体而言，定制服务的前提是有一个特殊的服务群体，其内容是依托一个组织（如会员机构），借助一定的手段和方法（如实体空间和网络平台等），提供一系列的推荐指引、品牌活动和优惠举措，来吸引和专门服务于这个群体，满足乃至于挖掘这个群体的深层次需求。

以中心书城为例，未来十年将着力打造"深圳书城亲子阅读中心"，为其主要受众群体——家庭读者、亲子读者提供更优质的服务。为此，中心书城开通了"深圳书城亲子阅读中心"微信服务号和亲子阅读卡的申请通道，开辟了"趣阅岛""榕树湾"两个亲子阅读空间，打造了 2016、2017 深圳读书月"年度十大童书""深圳亲子阅读中心十大工程"等系列性、品牌化的亲子阅读活动（见图 2—11）。

图 2—11　中心书城创建的"深圳书城亲子阅读中心十大工程"

（一）确定特定的服务对象

为什么要在中心书城建设一个专门的平台为亲子读者提供特定服务？亲子阅读中心的建立基于如下原因：其一，随着独生子女政策的放开，如何对下一代实行素质教育，推动未成年人的健康成长，成为全社会关心的话题。作为城市文化生活中心，中心书城担当着青少年教育的舞台作用，是学校教育、家庭教育之外的"第二课堂"。

其二，近年来实体书店无惧电商挑战，强力反弹，尤其是少儿图书销售持续快速增长，如2012—2016年，中心书城少儿文教类书籍年销售增长率达10%，占总销售比重近四成，充分证明了亲子阅读在实体书城版图中的重要性和成长性。

其三，服务好以孩子为核心的家庭群体，既是书城的责任和需要，更是关系到城市未来发展，深入践行全球全民阅读典范城市的要求。每逢节假日，中心书城聚集大量的家庭读者，客流量高达3万至5万。2014年读书月期间，英国剑桥大学艾伦·麦克法兰教授参观中心书城时，被小朋友们沉浸阅读、自信表演的画面震撼，不由得感叹："我仿佛看见十年后的深圳将是这一群快乐孩子的天下。"

其四，经过十年的孕育积淀和精心打造，中心书城已经形成了一系列以阅读为核心、以亲子为受众，蔚为壮观的品牌活动，形成了一整套行之有效、跨界集成的资源整合机制和运行机制，为建设亲子阅读中心奠定了坚实的基础。

（二）为特定读者成立会员机构

2015年11月5日，"深圳书城亲子阅读中心"揭牌，旨在为深圳市民搭建一个亲子阅读的体验中心、交流中心和展示中心，为全国出版单位、民间阅读组织、儿童教育专家搭建亲子阅读活动的重要平台。中心书城将立足现有系列儿童阅读活动品牌，继续为家庭读者营造富含文化内涵和能量的亲子阅读空间与平台，持之以恒地培养广大儿童的阅读习惯，打造"中国最大、最具影响力的亲子阅读中心"，引领全国亲子阅读活动发展方向。

未来3—5年，中心书城将围绕以下4点为深圳亲子家庭打造更多高品质、专业性、原创性、趣味性的亲子阅读活动：（1）整合更多专业权威性的教育资源，精心打造现有亲子阅读品牌活动。（2）为深圳的亲子家庭定制"亲子阅读卡"，让父母和孩子享受更多的购书优惠，畅享快乐亲子阅读时光。（3）根据情况，最大化利用线下资源，尝试开办亲子教育及活动网站。（4）未来3—5年，将活动向更专业的方向推进，在政策允许范围内尝试涉足学前教育培训，甚至将学前教育培训提升到开办亲子学校。

（三）开通线上平台，打造网络社区

2016年4月23日，在首个"深圳未成年人读书日"之际，"深圳书城亲子阅读中心"服务号暨"亲子阅读卡"上线，该服务号为家庭读者提供童书指引、荐读特惠、亲子活动抢"鲜"知免费玩、乐学生活一站式体验的全方位服务和时尚前沿的用户体验。同时，该服务号也是"亲子阅读卡"（虚拟卡）的载体，为持卡人提供一对一童书阅读指引、最低至7.8折的出版物荐读特惠、低至5折的商户优惠等专享服务。

> 中心书城的负责人表示，这是"深圳书城亲子阅读中心"挂牌后，中心书城将"线上服务号＋线下会员体验"相结合，为家庭读者打造一站式、便捷化、个性化的阅读生活的重要举措，是新媒体时代"互联网＋阅读"在实体书店延伸的新模式，也是中心书城建设智慧书城的有益尝试。①

此外，"深圳书城亲子阅读中心"服务号未来将推出积分兑换、自助书吧、书童服务等更加多样化的线上线下服务，为亲子家庭搭建一个"大手牵小手，快乐阅读，健康成长"的开放平台，借此将中心书城打造为一个充满童趣和创意的阅读乐园。在这个乐园里，家长和小朋友能便捷地使用新媒体，玩转精彩纷呈的亲子阅读活动（见图2—12），享受温馨、快乐、有趣、高附加值的亲子阅读时光。经过一年半的打造，"深圳书城亲子阅读中心"服务号已吸引了近8

---

① 李福莹：《深圳书城亲子阅读中心服务号上线》，《深圳晚报》2016年4月24日第A04版。

万粉丝的关注，推出的活动均为孩子度身定制，贴近亲子读者的需求，活动的点击率非常高，报名情况非常火爆，许多活动一推出几乎是秒杀。

图 2—12 参加亲子阅读中心活动的孩子

（四）开辟实体空间，提供专属活动场地

2016 年 11 月，中心书城地下一层儿童青少年店的两个新空间——"趣阅岛"和"榕树湾"正式亮相（见图 2—13、图 2—14），为"深圳书城亲子阅读中心"开辟了专属空间和重要阵地，倡导通过一系列的亲子活动体验，推广亲子阅读理念，增进亲子间的互动，关注孩子与家庭的共同成长。

"趣阅岛"占地 120 平方米，主要面向 0—12 岁的孩子及家庭，陈列生命教育、性别教育、挫折教育、情商教育、亲子共读等 20 个书单 400 种书籍，"阅芽计划"的推荐书籍以及深圳读书月年度"十大童书"的入围童书；提供优质童书、阅读指引、亲子活动、阅读课程、父母课堂等与阅读、成长有关的整体服务。

"榕树湾"占地 80 平方米，以"大树"形状的书柜为造型，主要面向 0—9 岁的孩子及家庭提供优质绘本、阅读指引等与绘本阅读相关的服务。陈列品种丰富的精装绘本约 700 种，绘本以系列出版物或获奖作品来呈现，比如爱心树系列、信谊系列、凯迪克奖、丰子恺奖、安徒生国际大奖书系等。

　　从 2016 年 9 月试营业至 11 月正式营业，两个月内，"趣阅岛"和"榕树湾"发展势头喜人。"趣阅岛"开设了四个板块：科普类的"小小大发现"、阅读类的"阅童年"、艺术类的"艺口童声"、手工类的"DIY 工作坊"等 22 场公益活动，惠及读者近 1500 人，深受家庭读者喜爱。"榕树湾"两个月内共接待读者 3500 人次，销售同比增长 45%。基于两个专属空间和开展的系列亲子活动，中心书城获颁"深圳市科普教育基地"的称号。

图 2—13　"深圳书城亲子阅读中心"专属空间："趣阅岛"

图 2—14　"深圳书城亲子阅读中心"专属空间："榕树湾"

（五）打造品牌活动，引领阅读风向

为亲子会员提供的品牌活动必不可少。一类是特殊活动，如推出"小小阅读推广人"公众服务日、举办童书评选等活动。2016 年开始，中心书城和深圳晚报社承接了深圳读书月"年度十大童书"评选活动。在深圳市文明办等有关部门和中国图书馆学会阅读推广委员会的指导及福田区人民政府的特别支持下，联合国内童书界、教育界、阅读推广界、图书馆界、出版发行界的专家学者，每年用近 4 个月的时间，评选一份具有专业性、公信力、影响力的权威书单——深圳读书月"年度十大童书"，于读书月期间对外公布，并在全社会展开推广。

童年需要关爱，阅读需要指引。"年度十大童书"评选秉承的宗旨是"以少儿阅读为基础，以专家评选为主导，打造年度权威华文童书榜；以评带读，以榜促阅，引导少年儿童阅读行为"。评选结合专家眼光、儿童视角和市场检验三个标准，着眼适合儿童阅读的童书，突出引领作用，而不仅仅是受欢迎的程度。具体来说：符合儿童视角，体现儿童的价值观念；有专家的专业眼光，评选的是有品质的优秀童书；能接受市场检验。三个标准缺一不可。这是深圳读书月"年度十大童书"与其他童书评选的不同之处。

这一活动在评选的 4 个月里，受到全社会的强烈关注，其中，罗湖书城、中心书城、南山书城、宝安书城四大书城设立了"十大童书专柜"和竞猜活动；通过"深圳书城亲子阅读中心"服务号会员专区投票和竞猜的读者也络绎不绝，2017 年度线上线下收集的选票超过 10 万张，受到广泛关注。在"年度十大童书"揭晓及颁奖典礼上，国际儿童读物联盟原中国分会主席、中国出版工作者协会原副主席海飞先生对活动给予了高度评价。他说："这是我第一次走红地毯，幸福感爆棚。我参加过许多颁奖典礼，从没有为出版人设过红毯。这个红毯是对出版人、作者的礼遇。深圳是一个引领阅读的城市，深圳读书月'年度十大童书'评选是深圳的创造，也是深圳人的品牌。"入选童书及颁奖礼情况具体见图 2—15、图 2—16。

图 2—15   2017 深圳读书月 "年度十大童书" 获奖名单

图 2—16   2017 深圳读书月 "年度十大童书" 颁奖礼

另一类是常规活动。2006 年以来，中心书城已经形成了一系列以推进青少年阅读和成长为目标的品牌活动，统称为 "深圳书城亲子阅读十大工程"。依据功能和受众群体，该工程主要分为两大类：（1）少儿活动的舞台，主要针对学龄前儿童、青少年的身心特点，为其开展的教育类、阅读类活动，包括"沙沙讲故事""童筑未来建筑公开课""假期第二课堂""童心版真人图书"和"幸福书单"公益行动。（2）父母教师的交流平台，包括"育儿讲堂""童书帮帮堂""中国亲子阅读论坛""家长有约"等阅读和育儿类活动。

四　为增进读者体验而延伸的 O2O 服务

"众里寻他千百度，我要的书在何处？"对于爱逛书城的深圳人来说，在偌大的书城里迷路是常有的事。2016 年 7 月 12 日，深圳出版发行集团在中心书城南区大台阶举行"掌上书城发布仪式"，市民可通过手机 APP "掌上书城"随时随地知晓库存，清晰地接收图书方位地图，定制私人书单，书城从此变得触手可及。这是集团根据市委市政府工作部署，落实市委宣传部发布的《深圳文化创新发展 2020（实施方案）》，加快传统媒体和新媒体融合发展，建设数字书城的重要举措和重大项目之一，致力于为读者打造掌上阅读文化生活空间。

"掌上书城 APP"以中心书城、罗湖书城、南山书城、宝安书城四大实体书城为依托，是融图书查询、智能导购、书单定制、文化活动、会员服务、掌上销售等功能为一体的移动应用，也是国内首个通过移动互联网提供实体书店及书城文化综合体服务的移动应用。"掌上书城 APP"为读者量身打造五大功能（见图 2—17）：读者无论在何时何地都能了解深圳四大书城的库存情况，同时可以通过银联、微信、智慧卡等多种支付方式实现购买功能，享受快递送书到家的服务；智能导购和书城导航功能，可以为读者定制私人书单，并提供在书城购书时的清晰方位指引，让读者更加方便快捷地查询到图书所在书架；掌上书城汇集了"深圳晚八点""罗湖书生活""文明乐读一小时""全民品读会""牵手名家""读书会""讲书会"等深圳最新公益文化活动信息；掌上书城还提供会员服务、阅读交流两大功能。这五大特色功能，把实体书城的服务延伸到线上，实现了线上线下一体化。

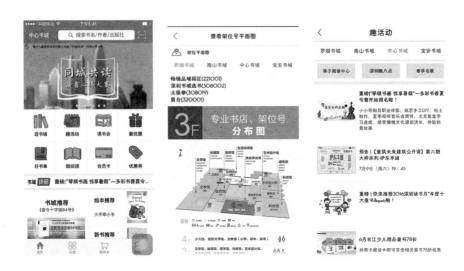

图 2—17　"掌上书城 APP"界面

"掌上书城 APP"目前推出的是 Ⅰ 期功能，未来 Ⅱ 期、Ⅲ 期工程将逐步完善并丰富移动客户端，实现在手机上预订图书 POD 按需印刷、在线阅读电子书、听书、演出展览票务服务、文创产品、停车缴费、点餐付费等多种功能。

第三节　书城的人文精神

有特色、有创意的书城是一座城市的文化地标，体现了当地的知识、情感和美学状况，是一道亮丽的风景线。作为一种具有浓厚人文气质的载体和每个城市必不可少的公共空间，书城的设计各具风格，别具创意。可以说，以"书和阅读"为中心的书城设计呈现了每个书城中书与读者，乃至书城所在的城市与书之间独一无二的关系。

一　精心设计造就独特的人文空间

现场感和空间体验感是实体书店区别于电商的突出优势。静态的实体建筑、建筑空间的活动利用，以及人们由此产生的联想、体验、解读三要素，构成了一个有性格的空间，呈现一种独特而内在的场所精神。

（一）大台阶：中国最美的风景

2010 年，著名央视主持人、新闻评论员白岩松携新书《幸福了吗》做客中心书城时，他评价中心书城："这是我第一次见到能让读者坐在上座的地方，这点很难得。一个能让读者坐下来的书城，是有希望的。我希望这里能开拓更多这样的空间。"① 2015 年，白岩松携新书《白说》再次做客中心书城，现场吸引了 2000 多名读者（见图 2—18）。白岩松由衷地感慨："我觉得深圳书城中心城是中国最好的书城之一。我去其他书店，我与读者的交流是面对面，只有在深圳的中心书城，我是仰视读者的。中心书城的大台阶是最美好的风景之一，我一直这么认为，今天终于有机会可以表达。"② 他说，中心书城大台阶这一开放的讨论空间是极具"创意"和"有趣""公开化"的，可以让作家和读者之间更真诚地近距离交流互动。同时，这也是实体书店的不可被替代之处。

图 2—18　白岩松读者见面会现场

① 童宇丹：《白岩松"中心书城的大台阶是最美的风景之一，只有在这里要仰视读者"》，"深圳书城中心城"微信号 2015 年 12 月 7 日。
② 同上。

　　中心书城的成功，离不开开业之初的定位与策划。而把南北区大台阶打造成深圳人文化生活的大舞台，除却先进的理念，更重要的是坚持。开业之初，中心书城就旨在打造城市的公共文化平台，一个集"阅读学习、展示交流、聚会休闲、创意生活"于一身的新型复合文化生活空间，同时也是一个创意项目的孵化培育平台，一个发展文化产业的优质平台。为了连接被福中一路分割的书城南、北两区而巧妙规划设计的大台阶自此成了天然的活动舞台。"大台阶的设计，南区与北区的连接体，用台阶的形式打造一个休息的平台。我们特意为大台阶安装了木地板，让市民可以更加舒适地在此阅读和休息。""中心书城搭建好一个文化活动的舞台，灯光、音响设备、人力支持等配套齐全，通过不断地举办文化活动，构建了一个行之有效的文化活动体系。"①

　　自2006年11月中心书城开业10余年来，书城南北区大台阶因其"兼容并包"的特质，逐渐变成鹏城文化活动"集散地"，像磁石般吸引全国各地的文化人到此开讲。一时间，群贤毕至，文风昌盛。从开业迄今，中心书城已接待的名人名家包括阎崇年、莫言、吴小莉、王立群、易中天、赵忠祥、白岩松、曹文轩、林清玄、周国平、马家辉、毕淑敏、八月长安等逾千位。如今，大台阶作为鹏城特定的文化符号，已然成为深圳人精神生活的后花园、人文生活的大舞台（见图2—19）。"大台阶"也成为之后新建的深圳书城，甚至全国越来越多的其他书城、书店在设计中主动添置的必备元素。

图2—19　中心书城的大台阶，每有重大活动，这里就密密麻麻坐满了读者

---

① 刘莎莎：《大台阶渐成文化大舞台》，《深圳特区报》2010年7月5日第B5版。

（二）大跨度、大平层：空间与空间的对话

作为新一代文化创意书城的首个样板，在空间设计上，宝安书城整体建筑设计突破以往书城空间相对封闭的惯常形式，更加注重空间的对话沟通与呼应，有意识地采用或设置大中空、大跨度、大台阶，增强了楼层间的交流守望，促发各种元素在空间内自由流动，为市民营造立体、友好、丰满的空间体验（见图2—20、图2—21）。"现代书城如何能产生一个最大的共享能力，空间设计是非常重要的。空间和空间之间具有对话功能，这种共享能力非常强。然而传统的书城，楼层和楼层之间基本上没有太大的共享性，彼此是隔绝的。所以在宝安书城设计的过程中，特别注意空间和空间之间能够互相对话，能够互相产生一个互动的力量，这是宝安书城设计方面的主要特点。"① 这一设计主要借鉴法国巴黎的奥塞博物馆，并参考了中心书城大台阶式的开放阅读空间，与深圳书城前几代书城相比，既有延续，更有创新。

图2—20 宝安书城大跨度、大中空的空间格局（1）

① 转载自《构建以书城文化综合体为平台的公共文化服务主阵地》，"深圳书城中心城"微信号2015年8月26日。

图2—21 宝安书城大跨度、大中空的空间格局（2）

又如巴西圣保罗伊瓜特米（Iguatemi）商业中心的 Cultura Bookstore 书店，以开放、多层次、相当宽敞的阅读空间著称，由 Studio MK27 工作室设计。书店由原来的文化图书馆（the Livraria Cultura）改造而来，共4层，占地 2500 平方米，和一座图书馆相当。最上面的两层通高空间被四面墙上的大书架包围起来，通过一侧的可供坐卧休息的大台阶连接到二层连廊。中间区域用于休息和喝咖啡，整个空间包括天花采用木质材料，整体性很强，显得干净而温暖。在这片书籍的海洋中，顾客可以穿过中庭的咖啡空间，坐在内侧的大台阶上。上部的两层高的空间四周均环绕内嵌有 LED 灯光的大型书架，因为是大平层，这面会发光的"书墙"显得格外震撼。这里可以承担举办演讲、沙龙等公共活动的功能。

设计师希望将 Cultura 书店设计成为一个"21世纪的书店"，希望能够吸引周边购物的人群来书店阅读、买书、交友，其突出的特点是开放式与连续性。鼓励顾客在买到自己心仪的书后可以在这里短暂停留，阅读或休息，或与朋友小聚聊天。"这不仅仅是一个商店，我们追求的是，顾客来这里不仅仅是为找到一本书，也希望他们能够在这里停留，哪怕只是随便逛逛。"①

（三）书籍迷宫：营造时空隧道

用书籍迷宫的形式营造时空隧道，是获誉"上海最美书店"——钟书阁的设计特色。2013 年 4 月营业的闵行店，不仅成为申城引人注目的文化地标，还被视作中国实体书店转型的一个示范。陀螺书架、镜面吊顶以及英式古典风的台灯既展现了钟书阁闵行店的鲜明个性，又与泰晤士小镇店的风格相呼应。据悉，钟书阁闵行店内运用大量玻璃元素装修，使得图书看起来更多，打造出"万花筒"式的繁华世界、尖顶配合上面的灯，则使得整个空间有种时光隧道的感觉。

钟书阁泰晤士店的设计个性则更为凸显。占据着泰晤士小镇的一个街角，钟书阁共两层，600 平方米。设计师将两层设想成两个世界，在首层，设计师着重营造被书海包裹的阅读体验，让公共书店具有私人书房的自在和自由。首层的主要空间被书架格成九间书房，又称"九宫格"，这九间书房组成书籍的迷宫，指引路径的则是澄净人心的知识。联系上下两层的楼梯间被彻底改造，它成为书店的正入口，是门厅，更是殿堂。书籍不仅陈列在两厢，更铺就在地上，地面是书架，读者必须轻轻地踩在上面，不自觉地表现出对书籍的敬意。二层的中心是白色书籍的圣殿，在镜面天花里，弧线上升的书架在虚像的另一面和实像闭合成一个完全意义圣殿，也像是苍穹，蕴藉着"书籍让你和久已遗忘的灵魂有了重新认知的机会，在这里你看到了天堂"的意味。从简约教堂吊顶洒落的日光，礼赞的是书籍和它们背后凝聚的智慧。

2016 年 4 月末，钟书阁杭州店的开业引起了全城追捧。大门入口处，是占据了书店四分之一面积的"森林阅读区"，从一根根由书架柱构成的白色"森林"间穿过，柱子上星星点点的灯光会全部亮起，有一种步入梦幻之林的感觉，还可以坐在"森林"间的沙发上休息、看书。环幕阅读大厅整面墙用书填充，像个书籍梯田，天

① 胡莹：《爱不爱读书，你都不能错过这个很厉害的书店》，《好奇心日报》2014年 10 月 30 日。

花板镜面下效果非常震撼。1000 多平方米的钟书阁杭州店，有 200 多平方米的环幕阅读大厅，整面环形包围的墙，全部用书籍填充，在天花板镜面的作用下，像是通向天空的最高处。镜面设计营造出的魔幻效果，让好奇之客前去一探究竟。在这家书店里，书籍本身也是很好的装饰物。

（四）藏经阁：地域文化的延续创新

2015 年，成都方所被 *Architectural Digest*（安邸国际版，以下简称 AD）列入 2015 年世界最美 15 座书店榜单，在介绍这座落户成都的书店时，AD 提到成都方所的"藏经阁"空间构想，及其运用木、铜、铁、石等天然材质构筑室内空间的原始方式。

成都方所位于远洋太古里负一层，紧邻大慈寺，这样的环境给设计师朱志康"地下创奇藏经阁"的灵感，寓意将全世界从古至未来的知识都搬于此。成都市民表示，细数成都的书店，毗邻大慈寺的方所与这座城市的气质更为契合。建于公元 3 世纪至 4 世纪之间的大慈寺，是三藏法师玄奘出家的地方，后来才有了去西天取经的故事。"因为在大慈寺的地下，又是玄奘取经的出发点，所以自然想到概念为'藏经阁'，空间的设计自然会变成像是敦煌石窟里神秘又神圣的收藏宝藏的地方。"朱志康表示。[1]

在整个地下空间的入口处，设计师创造了一个陨石造型的"方舟"雕塑，通过低调幽暗的入口，仿若就能抵达一个通往未知世界的地下圣殿。贯穿始终的还是"藏经阁"的概念。在这里，设计师将文化与智慧比作浩瀚的宇宙，在整个空间运用了星球运行图、星座图等元素，超过 5000 平方米的超大空间，搭配着粗壮的水泥柱子顶起的 9 米挑高与 100 余米的廊桥书架，木头、混凝土、钢材、铁件……所有的材料都是最原始朴实的呈现，也为整个书店注入了探索苍穹般的想象力，走进书店，似乎就像是要开启一段寻宝之旅。高低纵横的铁铸廊桥、无限延伸的图书立柜、堆叠层层的阶梯打造出一个多维空间，传统的三维空间概念被消弭。在这里，以往空间中单一的水平线垂直面被打破，从任何一个角度均可上下左右

---

① 胡莹：《在成都，这家书店长得像个藏经阁》，《好奇心日报》2015 年 4 月 8 日。

看见另一个空间的存在。"藏经阁"的概念于是被激活，一个立体式、阶梯式的图书殿堂就此呈现。

2015年5月，方所书店第三家门店重庆店正式开业，空间设计上突出表现了重庆地貌特征与人文特质。整个空间的设计围绕"山城"概念而行，重重起伏的山峦、峡谷、迷雾成为空间创作的源泉。方所书店的空间设计观照所在城市文化，为读者架起生活与文化的桥梁，创造一个与所在地文化进行交流与互动的公共文化空间。

二　一座书城点亮一座城市

（一）书城是城市的文化客厅

白岩松在深圳的签售会上曾提到一句话——"书籍是人类最伟大的发明，而书店是一个城市的精神地标"，他表示高度认同。他认为书籍、阅读和书店，对于一个城市来说意义很大。"茶馆宁静了，书店消失了，全是餐馆，你认为你的孩子将来会生活在一个什么样的环境之下呢？实体书店，最重要的是一个城市的精神、灵魂、气质和一种氛围，它在不知不觉中培养了越来越多的孩子，让他们知道这个城市里最美的风景应该是什么。"[1]　因此，他认为书城就是一座城市的文化客厅。

作家龙应台说过，一个城市是需要有"公共客厅"，作为一个荒凉大城市里的温暖小据点的。因为"没有容许逗留的地方，人们到哪里去'相濡以沫'，培养小区情感？没有小区情感，又哪里来的对这座城市的文化认同？"[2]　她举的例子是欧洲的咖啡馆和酒吧，认为在欧洲这就是"小区文化"，是人们关于"家乡"与"文化"概念里很重要的一环。其实这个说法也适用于书店。以旧金山著名的"城市之光"书店为例，这个创办于1953年的书店至今还在，它的与众不同之处就在于，从开始创办，它就立志成为一个社区交

---

①　童宇丹：《白岩松"中心书城的大台阶是最美的风景之一，只有在这里要仰视读者"》，"深圳书城中心城"微信号2015年12月7日。

②　谭山山：《每座城市都应该有一间好书店 这是一个城市的气质》，《新周刊》2008年4月15日。

流中心。人们来到这里，会看到著名的金斯堡，周围则是小丑表演。可以想象，这里该具有多大的凝聚力。国内一些著名的书店如北京的三联韬奋图书中心、万圣书园、单向街书店，也具备了类似的功能。

诚品书店之于中国台北，就是台北的"城市文化客厅"。诚品早期是吸引城市精英分子的，还因此产生了"诚品世代"的说法，广告人孙大伟就曾说"我的青春，我的金钱，全都奉献给诚品了"。到了后来，尤其是1999年诚品敦南店成为"夜夜不打烊"的书店之后，诚品吸引的已经不仅仅是城市精英，还有这座城市寂寞的人群。人们在这里约会，夜猫子们在这里打发时光，正像一位网友所说，"台北还有哪个地方，在凌晨1点，能同时容纳好书及正妹两种性感物？"在《岩松看台湾》节目中，台湾东森电视主播卢秀芳也说，东森新闻总监张玉玲常常工作到半夜3点半，碰到第二天早上要开会，回家睡觉肯定起不来，于是就到诚品去消磨这些垃圾时间。还有单身OL抱着猫到诚品门口来认识同好，寻求慰藉。所以，台湾《远见》杂志主笔江逸之的概括是：诚品改变了城市的作息。①

中心书城之于深圳，毫无疑问是深圳这座年轻的城市令人骄傲的"文化客厅"。作为深圳书城的品牌旗舰店，她创造了一种全新的体验式书城业态和书业跨界的运行模式，成为城市的文化客厅和文化地标，形成一种独特的场所精神。

中心书城有其他书城不可替代的优势，原因有几点：（1）中心书城在深圳文化版图上的位置（见图2—22），坐落在深圳CBD的北中轴线上，与深圳图书馆、音乐厅和市少年宫比邻，中心书城从开业之日起就扮演着"公共文化服务提供者"的角色，满足读者日益增长的文化生活需求，对美好生活的向往。（2）建筑规模大，为"体验式书城"的构建提供了可能。中心书城的建筑面积8万多平方米，经营面积4万多平方米，空间极为开阔，可容纳众多的项目和业态组合，为打造首家体验式书城提供了客观条件。（3）市民的

---

① 谭山山：《每座城市都应该有一间好书店 这是一个城市的气质》，《新周刊》2008年4月15日。

文化生活需求在增加，文化领域的消费力在增强，精神体验的诉求在增多，为中心书城打造体验式书城提供了受众基础。

图 2—22 中心书城地理位置得天独厚

（二）书城引领城市的文化品位

夏尔·丹齐格在其著作《为什么读书》中提到自己的亲身经历。他说，"每到一个国家，我都会去那个国家的书店，即使我不讲该国语言。（巴黎）一个城市有那么多家书店，因而有那么多的读者，这样的城市不是我们得立刻逃避的城市"①。2016 年年底，在庆祝中心书城十周年庆时，一个别开生面的对话会在书城南区台阶举行，主题是"一座城改变一座城"，第一座"城"指深圳书城（中心城），第二座"城"指深圳，即一座书城改变一座城市之意。一座书城的精神风貌影响了一座城市的精神风貌。十年来，中心书城与深圳这座城市共同成长和兴盛，进而影响了城市的文化属性，最后成为这座城市的文化地标，引领着城市的文化品位。十周年庆时，还有一句标识语"十年了，可以叫作故乡"，这句话应和了深圳这座城市的观念——"来了就是深圳人"。某种程度上，深圳书城让来自五湖四海的移民在这块热土上，因为阅读和文化追求，找到了精神的家园，异乡变成了故乡。

深圳的中心书城，台湾的诚品书店，北京的三联书店，南京的

---

① ［法］夏尔·丹齐格：《为什么读书》，阎雪梅译，广西师范大学出版社 2012 年版，第 224 页。

先锋书店，西安的万邦书店……每提到一座城市，首先想起的就是这里的书店，很多书店已经成为本地的地标。一座城市的面貌如何，很大程度上与这里的书店有着一丝隐秘的关系，这是书店的"副作用"。每座城市至少都应该有一间好书店。

对很多爱书之人来说，一座城市有没有好的书店，是他们判断这座城市是否有吸引力的重要标准。① 很难设想，如果巴黎没有"莎士比亚"、纽约没有"高谈书集"、旧金山没有"城市之光"、北京没有"万圣"、上海没有"季风"、南京没有"先锋"、中国台北没有"诚品"，它们的魅力是不是会因此打折扣——日本女作家新井一二三说，自己曾认真考虑过是不是要搬到中国台北，理由是中国台北有诚品书店而东京没有。在新井一二三那里，书店是一个能令人产生幸福感的地方，并因此发出"生活在这座城市，真有福气"的感叹。

面对中心书城，国际设计大师卡斯特曾有这样的感慨："这座巨大书店对于深圳的意义，好比卢浮宫对于巴黎的意义。"② 联合国教科文组织总干事伊琳娜·博科娃在第十二届深圳读书月的贺信中表示，"我非常欣赏深圳为促进图书业发展所做的积极努力……至今，我的脑海中还清晰地保留着我两次参观中心书城的美好印象"。大运会期间，博科娃来深，一天两次逛中心书城：一次是参观，一次是闲逛；一次是 1 小时，一次是 3 小时。这座位于深圳 CBD 的世界上单层面积最大的书店，让她流连忘返。世界书商主席法兰克瓦女士在参观后说："在欧洲，几乎看不到深圳中心书城这样棒的大型实体书店，在深圳的书店里，频繁举行的各类文化活动，也让我感到新奇。这是我在欧洲这么多年的梦想。"③更多名家眼中的中心书城印象见图 2—23、图 2—24。

---

① 谭山山：《每座城市都应该有一间好书店 这是一个城市的气质》，《新周刊》2008 年 4 月 15 日。

② 翁慧娟：《中心书城：在城市中心与书相约》，《深圳特区报》2011 年 3 月 30 日第 A5 版。

③ 翁慧娟：《中心书城：一个富有活力的"文化场"》，《深圳特区报》2011 年 11 月 20 日第 A3 版。

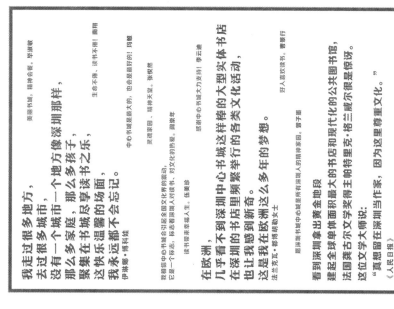

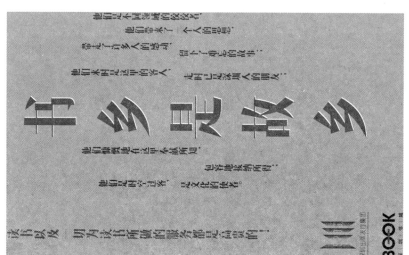

图2—23　名家眼中的中心书城印象（1）

区别于传统书店的一个重要之处，在于中心书城“不仅仅有书”。
针对不同群体、不同需求而组合的项目，围绕着“书、阅读和文化”的主线，
和谐地分布在这个平台上，形成了一个文气、包容、时尚的文化码头。
《深圳商报》

祝中心书城成为世界最好书城。马瑞芳

悠悠万事、读书唯大。李庐峰

这座巨大的书店对于深圳的意义，
好比卢浮宫对于巴黎的意义。
比尔·卡斯特

深圳市中心书城：深圳的精神家园！杨红樱

智慧使人喜悦，真理使人自由！傅佩荣

人生有价值的事情并不多，读书是一件。李亚平

是3D深圳的书香体现，是深圳的文艺综合体。
它将“读书月”日常化，文化活动全年无休，
更有“二十四小时书吧”成为深圳的精神灯塔和永不熄灭的求知象征。
《南方都市报》

深圳书城中心城，感谢你们为人民为读者带来知识与力量！阎维文

希望中心书城能发挥桥梁和支柱的作用。阮次山

让书成为大家的“爱人”。沈敏特

美丽丰富的深圳书城。盛可以

午后从莲花北村出发，在浓厚的树荫下悠闲地走过莲花山，来到中心书城。
这个角度的深圳，可以和世界上任何一个迷人的城市媲美。于夫长

中心书城将永远留我心中。傅伟

当国内多家书店倒闭，
引发人们对于“实体书店还能走多远”的猜想时，
中心书城，让人们看到了实体书店的希望。
《深圳特区报》

天堂的模样大概就是书城的模样。刘敏文

坐拥万卷书，面对千重浪。莫言

让大家多一个空间、多一点梦想、深圳书城中心城－起飞！林怀民

我们住在海边，但很少认真的看一看海。
想一想海与我们的关系与世界的关系，与未来的关系。梁爱

中心书城大台阶是中国最美的风景之一，
在这里我们需要仰视读者！
白岩松

在书城中制造差异，发现陌生。梁文道

祝中心书城：传播文化美丽！小米

祝中心书城生意兴隆。天下霸唱

心灵美、人则美，家庭好、人则好。崔健

祝愿深圳变成文化之都，而深圳书城成为文化之都的紫禁城！张贯京

中心书城，装上书的翅膀飞上云，飞向自在逍遥的所在。林清玄

中心书城：读书、读书的中心，读书人的聚会中心。周友聪

深圳晚八点最大的特点是
没有门槛、多元、包容、开放。
看一个人有没有竞争力，
要看这个人晚上8点钟在干什么？
看一个城市有没有竞争力，
要看这个城市的晚8点在干什么。
《中国青年报》

传播文化、构建和谐。王立群

读书、爱书、爱书城。韩湛宁

南国芳菲地，深圳有书城。易中天

中心书城，成为展现深圳生活方式的一个文化场所。李欣频

深圳书城中心城一日一书！王泽

阅读是向内打开自己的内心，向外打开广大世界的奇妙旅途！郁雨君

深圳书城深圳文化之城，深圳书城是我们心中最美的知识殿堂。贾平凹

深圳晚8点在全国书城是绝对领先的，我从来没有看到一个传统书店像中心书城一样，
以这样的频次坚持做系列公益文化活动。鲍鹏山

图 2—24　名家眼中的中心书城印象（2）

　　书城推动阅读，阅读引领城市，这不仅是一座城市的文化态度、文化追求，更是面向未来的志向。在深圳人的心目中，以中心书城为代表的深圳书城不啻为深圳文化的丰碑，书城因其独特的现场感、体验感以及所塑造出的场所精神成为深圳人阅读生活中不可或缺的部分。人与书的情感，书与人相伴的感觉，人与纸质图书美好的文化记忆，都是温暖人生的力量。书城中，人与人为书而相聚的快乐，更是难以替代。每到节假日，书城内人山人海，人们沉浸在阅读之中，神情如此平静，如此沉迷于内心，却分明能感受到他们又像是一个个充满热情的火球，内心沸腾、跳跃、全神贯注（见图2—25、图2—26）。

图2—25　周末中心书城综合书店的"阅读一景"（1）

　　文化是一座城市的灵魂，书城其实就是一座城市鲜活的文化窗口。伴随着深圳书城20多年的发展壮大，深圳读书月18年的高贵坚持，深圳不断将全民阅读引向纵深。深圳这座以经济高速发展著称的城市，同样"因为热爱阅读而受人尊重"，为世人瞩目。最新的数据统计显示，深圳市民日均读书时长超过60分钟，是全国平均

图2—26 周末中心书城综合书店的"阅读一景"（2）

值的 3 倍；市民人均年图书消费超过 380 元，连续 20 年蝉联中国城市第一；藏书家庭的比例高达 88%。2013 年，深圳市荣获联合国教科文组织授予的"全球全民阅读典范城市"称号。[1]

（三）书城是城市文明的避难所和复苏地

对于一些城市而言，一家书店可能还会成为这个城市文明的避难所和复苏地。著名的莎士比亚书店之于巴黎就是这样。2015 年 11 月 13 日晚上，法国市中心一家餐馆遭遇持枪者袭击，正在进行的一场德法足球友谊赛场外发生爆炸。当时巴黎街头枪声与尖叫不断，莎士比亚书店成为 20 位陌生读者的临时避难所。据美国《新闻周刊》17 日报道[2]，巴黎恐袭当晚，警笛声取代了游客在户外书架翻阅和角落里街头艺人表演的声音。在巴黎发生 6 处恐怖袭击后，法国进入警备状态，警察告诉巴黎人待在室内。莎士比亚书店也关闭了大门，但它成为黑暗里的避难所。莎士比亚书店的现任负责人亚当（Adam Biles）在美国《新闻周刊》的书面声明中说："袭击当晚，我们也按警察说的关上店门，让顾客待在里面，直到他们感到能安全离开了。"住在书店楼上的居民、作家哈里特（Harriet Ali-

---

① http://hefei.house.qq.com/a/20160530/022083.htm.

② 罗昕编译：《巴黎遇袭时，还有莎士比亚书店是温暖的》，《澎湃新闻》2015 年 11 月 20 日。

da Lye）也待在书店里。她在英国《卫报》写下了自己的心情：
"在书店里，我们是安全的。窗户都关上了。"

历史上，莎士比亚书店一直以为落魄作家提供安身之处为人称道。比如 1922 年，当其他出版商都不愿出版读物，唯有莎士比亚书店的第一任主人丝微雅·毕齐（Sylvia Beach）为乔伊斯出版了巨著《尤利西斯》。之后的店主乔治·惠特曼（George Whitman）也曾被《泰晤士报》评为"一个善良的、有魅力的父亲般的形象"，因为在他经营书店的一生中，收留过 4000 个左右需要帮助的人。很多年轻作家借住过书店，其中有艾伦·金斯堡、格雷戈里·柯尔索、亨利·米勒、威廉·巴勒斯……他们被称为"垮掉的一代"，有着热爱流浪的躁动的心和用自己的文字征服巴黎的远大抱负。书店成了从英语国家初来乍到巴黎、怀揣文学梦、不名一文却还在迷惘的创作初期的年轻作家的栖身之处。这里经常聚集许多法国文学家和艺术家，同时也是美国作家登陆法语社会的重要窗口。美国 BuzzFeed 网站在报道中也称，莎士比亚书店的传统就是——"成为许多人安全的港湾，一处可以躲避现实的温暖的地方"①。作家杰米·福特（Jamie Ford）最近刚去了莎士比亚书店，他在推特上赞叹了这家"临时避难所"。他告诉《赫芬顿邮报》："它本就有一种公共精神，所以我并不奇怪它会为陌生人开门。更重要的是，它提醒我们在那样一个糟糕的夜晚，美好的人性依然存在。"

（四）书城是城市文化输出的重要载体

当城市的文化影响力和辐射力足够强大，备受推崇时，作为先进文化和商业模式的代表，书城又会成为城市文化输出的重要载体之一。深圳出版发行集团旗下的深圳市书城文化投资控股有限公司，就承担着将享誉国内的"深圳书城"模式输出至全国各地的责任，每年尤其是文博会、读书月期间，会大量接待并受邀与行业内外及各地政府有关部门进行合作洽谈。在各地市委市政府的支持下，目前在筹建的异地书城包括开封、合肥、萍乡等地，进入概念

---

① 罗昕编译：《巴黎遇袭时，还有莎士比亚书店是温暖的》，《澎湃新闻》2015 年 11 月 20 日。

设计的有哈尔滨，在拿地阶段的包括广东河源、湖北荆州等地市。

2018 年年初，开封中心书城即将开业运营。项目位于开封市城乡一体化示范区六大街以东、郑开大道以北，规划总面积 11.8 万平方米，由地下二层停车场（其中负一层局部为商业）、1—3 层裙楼及 4 座塔楼组成。其中 1—3 层裙楼和地下二层部分总共约 2.8 万平方米的商业面积将整体规划定位为新型书城文化综合体。

正在建设中的合肥中心书城，总建筑面积达 10 万平方米，是目前深圳书城的升级版，将打造成为安徽业态最丰富、体验感最强的"文化万象城"和安徽最大的公共文化生活中心。深圳市委常委、宣传部长李小甘表示，深圳书城落户合肥是两市加强文化产业项目深入合作的一项重要成果。"深圳书城"作为深圳市一张重要的文化名片，是城市公共文化服务和文化品位的重要体现，深圳市委市政府积极支持深圳出版发行集团将"大书城小书吧"模式输出深圳，发展到全国。① 合肥市委副书记凌云在致辞中认为，合肥中心书城的建设，符合"大湖名城，创新高地"的发展战略，是以文化创意产业带动城市社会经济转型升级的有益尝试。合肥中心书城作为安徽最大的公共文化生活中心，对于弘扬优秀文化传统、推进和深化全民阅读活动，对于提升合肥作为长三角世界级城市群副中心的地位以及实践国家创新型试点市的使命，具有极其重要的意义。

① 玄通：《"深圳书城"落户合肥》，《深圳特区报》2016 年 5 月 27 日 A3 版。

第三章 因人而城：书城的人间烟火

希腊语中，"休闲"为"Skole"，拉丁语为"Scola"，意为休闲和教育，从词义中看出"休闲"是以一定的受教育程度为前提的，认为发展娱乐，从中得益，并与文化水平的提高相辅相成。法国罗歇·苏也对"休闲"一词进行深入剖析。"在拉丁语中，我们同样能找到这种排斥关系，因为，Otium（休闲、闲逸）的反意为 Neg-otium（字面意为事务、商业、劳动）。"① "休闲"是指"必要劳动之余的自我发展"，休息、消遣的成分很少。可见"休闲"是积极的、区别于其他娱乐的有社会价值的"娱乐"，具有独特的文化精神底蕴。②

当今社会，科技的进步使人们的闲暇时间普遍增加，从而使大众休闲取代精英休闲蓬勃发展起来。同时，随着人们收入和生活水平提高，需求结构也发生巨大变化，人们从果腹需求中不断解放出来，更高层次的社交、自我实现、文化消费等需求日益凸显，且呈现个性化、多元化趋势。

商业综合体不可否认始终保持着其敏锐的洞察力，捕捉着变化与趋势，并适时地进行转型创新。商业百货、购物中心根据消费者的兴趣、态度、嗜好、情绪、知识和教育等背景，纷纷打造具有鲜明的主题特色的多元化休闲消费场所。把商品作为"道具"，服务作为"舞台"，环境作为"布景"，使顾客在融零售、餐饮、娱乐为一体，统一规划、经营、管理的商业设施中得到美好的体验。③

对于实体书店而言，紧跟变化、转型创新势在必行。相比传统

---

① ［法］罗歇·苏：《休闲》，姜依群译，商务印书馆 1996 年版，第 18 页。
② 参见百科词条，"休闲"（https：//baike. baidu. com/item/休闲/81977？ fr = aladdin）。
③ 李翔宇：《消费文化视阈下当代商业建筑设计研究》，博士学位论文，哈尔滨工业大学，2011 年，第 9 页。

书店，仅依靠图书或者单一的图书营销模式将很难适应市民综合性的文化需求和休闲体验，必须对书店进行重新定位。书店不仅是一个抽象的知识空间，同时是一个具体的生活空间，应把书店还原为生活空间，使书店变成人们休闲生活的一部分。与商业综合体相比，书城不仅仅提供一种休闲方式，更重要的是追寻"休闲"一词的应有之义，倡导积极的休闲，引导有品位的文化生活。

深圳书城遵循"围绕生活提升，贴着地面飞翔"的理念，崇尚的是一种够得着的品位，以出版物经营、阅读生活为主导，在空间营造和业态组合上不断创新。因人而设城，书城的生活配套功能得到极大丰富。深圳书城不仅是阅读、购书的空间，更是积极休闲的生活空间，既有书香，更有人间烟火。

第一节　从生活出发：书城的空间构建

对一座建筑而言，比建筑更重要的，是它提供了一个怎样的体会世界的场所结构，和这种场所结构启动某些事件的可能性，将勾带起一种怎样的生活。建筑师王澍认为造房子就是在建造一个世界，"一个世界"的核心就意味着里面的生活方式要发生变化。"无论是历史的还是现代的，造房子的人面对的都只是砖、瓦、水泥、钢材和木材，面对的是门、窗、墙、柱，这都只是些普通的材料而已。我的工作重心在于把这些普通材料编织成一种世界的可能性……让一个场所，让可能出现在那里的人活生生地复活。"[1] 诺伯舒兹在《场所精神：迈向建筑现象学》一书中也指出，人的基本需求在于体验其生活情境空间是富有意义的，艺术作品的目的则在于保存并传达意义。而建筑作为艺术作品，其意义在于根据不同的情境提供不同的解决方式，借以满足人在实质上和精神上的需求。因此场所是具有清晰特性的空间，是生活发生的空间，不只是庇护

---

① 王澍：《造房子》，湖南美术出版社 2016 年版，第 177 页。

所。① 诺伯舒兹和王澍都意在说明建筑要融入生活，满足人的物质和情感需求，就像庭院要有鸡飞狗跳的童年，厨房不能失去油盐酱醋的熏陶，窗口不乏欢聚倾谈的灯影，阳台需要春花秋月的演绎。否则，建筑空间将只剩下冰冷的材料与空洞的堆砌。建筑空间只有赋予了场所精神，才会提高辨识度，绽放独特的吸引力和认同感。

要辨识城市公共空间特性，城市中的店铺、橱窗、Logo 标识以及人们在其中的欢声笑语传达出的一系列形象，提供了最直接的城市形象，并生动地反映出这座城市的经济实力、生活品质和社会活力。早在 1960 年杜瑞尔写道："如果你想慢慢了解欧洲的话，尝一尝酒、乳酪和各个乡村的特性，你将开始体会到任何文化的重要决定因素到底还是场所精神。"②

书城作为城市公共文化生活空间，已不仅仅是购书和阅读消费的场所，而是成为与人们的生活密切相关的集合式空间。不同于一般性的以售卖营利为主要目的的商业空间和商业卖场，现代大书城围绕阅读构建书生活，它不仅要求经营场所具有独特的阅读内涵和丰富的文化属性，还要求从生活出发来塑造以人为本的场所，这就进而要求建筑空间在整体上具备打造流动共享的特性，并通过内外部空间的衔接，集聚活力，释放凝聚力和影响力，将书城提升为"新文化""新体验"的文化休闲场所，增强市民对空间的认同感、归属感。现代大书城在提升人们的生活品质的同时，也在不经意间塑造着人们的生活方式。

一　整体上打造流动共享的空间

（一）流动空间

书城对空间的重视虽然起步较晚，但也得益于商业购物中心和消费者对空间消费的日益青睐而逐步开化起来，并在文化和商业的结合地带越来越自如。书城定位为大众化、零门槛、市民"喜闻乐

---

① ［挪］诺伯舒兹：《场所精神：迈向建筑现象学》，施植明译，华中科技大学出版社 2010 年版，第 3 页。

② Lawrence Durrell, *Spirit of Place*，转引自［挪］诺伯舒兹《场所精神：迈向建筑现象学》，施植明译，华中科技大学出版社 2010 年版，第 18 页。

到"的公共文化设施，因此特别强调空间的流动，能呼吸、可沟通、易传播。在空间设计上，应展现开阔、流畅、方向性强的特点，避免过度切割，使空间过于零碎，破坏气场的流动性。人可以在建筑内自由、便捷地行走到任何区域，包括垂直流动和平层流动。

以深圳书城中心城为例，它的设计时尚、文气、经典，空间布局犹如水墨画中的留白，保留着宜人的休闲空间，这个空间是开放的、流动的、共享的，让人们可以自由从容地呼吸。中心书城二层回廊、中厅连廊（见图3—1）将整个建筑跨度近400米的南北两区连接起来，人们可以毫无阻碍地到达书城任何一个角落，自由地游逛其中。同时，它突破了夹层和首层相互间的封闭状态，增强了空间的对话沟通和交流守望。中心书城还组合应用了长达200米的玻璃廊桥和两部观光电梯，将书城大挑空的建筑空间围合出一个富有活力、自由流动、相互呼应的场域，类似于巴黎19世纪20年代兴盛的拱廊。瓦尔特·本雅明在《巴黎，19世纪的首都》中提到："拱廊是新近发明的工业化奢侈品。这些通道用玻璃做顶，用大理石做护墙板，穿越一片片房屋……光亮从上面射下来，通道两侧排列着高雅华丽的商店，因此这种拱廊就是一座城市，甚至可以说是一个微型世界。"[1] 拱廊、回廊和玻璃廊桥这些设施将原本零散、分散的小店面有机地串联在一起，促发各种元素相互自由流动，营造出一个整体上流动的空间。

（二）共享空间

从居住分享到自行车分享，从用品分享到知识分享，从设施分享到资源分享，无不预示了一个全新的"流量时代"来临，分享成为一种新的权利。当代文化建筑中除了一些基本的功能空间外，用于公共活动的共享空间越来越受到重视。所谓共享空间，是指文化建筑中对城市公众开放，承担一定城市职能并具备城市空间属性的特殊的建筑公共空间。它为公众提供休息、活动、交往的场所，是人们交流交往、发生社会活动的重要空间。可以说，共享空间是文

---

① ［德］瓦尔特·本雅明：《巴黎，19世纪的首都》，刘北成译，商务印书馆2003年版，第96页。

图 3—1　中心书城二层中厅连廊

化建筑社会化和城市化的具体表现，因其具备建筑空间与城市空间的双重属性与双重空间职能而在城市空间体系中起着重要的作用。半层书店创始人韩晶在《半层书店：塑造城市社会新共同体的微小实践》中指出，类似书店这样的既具有消费特性又具有公共特性的城市地点，将以其模糊的双重角色，开始成为未来大都市日常生活中共享空间的重要构成。

书城的共享空间形态大致可以分为以下几种。

1. 书城内部的共享空间

这类共享空间完全归属于书城这一文化建筑单体，它没有与周围建筑发生横向的联动关系，因此空间的独立性较强。中心书城的空间规划格外注重这类共享空间的打造，如开阔挑高的中央通道横跨书城东西两侧，成为集散综合书店客流，协调综合书店、音乐时空主题店和其他商业项目空间组合的有效工具。衔接南北两区的二层中厅和大台阶，不仅调节、促进了书城各功能区域间的客流平衡，是整体文化建筑中的交通节点空间，还是读者在书城建筑内的心理过渡、行为转换场所，使书城中的人能够更自由地选择自己的行为方式，同时也为人的交往行为提供了合适的场所。分别位于南北两区的一圆一方两处庭园，取"天圆地方"之意，直通天面，接引自然光和绿色植物景观，这一设置使空间在此处出现自然的迂回，让读者在此停留和交往的时间加长，相互交流的概率更大。它诠释了内与外、高与低、轻与重、打开与关闭、无目的的漫游，通过行动与静止、从暗到明或从明到暗、偶遇实体的实感和空间的空虚的一系列关系，书城建筑也因此变得更有趣味和吸引力。

2. 书城文化群落中的共享空间

以中心书城为核心的书城文化综合体群落包含多个功能相对独立的部分：音乐厅、图书馆、当代艺术中心和博物馆，规划者以"诗、书、礼、乐"四个面积各 1 万平方米的绿色文化公园构建了这一文化综合体群落中的共享空间（见图 3—2）。这些共享空间连接贯穿五个文化建筑单体，将它们整合成一个有机的组群，形成功能和形态的互补。同时也为以书城为中心的文化建筑发挥最大的社会作用，为吸引顾客频繁到访提供了保障。

图 3—2 书城文化群落中的共享空间

当文化建筑中的共享空间承担了城市客流的集散职能，这些共享空间就成为城市空间体系中的链节。随着中心书城项目成为深圳最具文化魅力和公众吸引力的平台，它横跨于其上的福中一路也日渐从书城的共享空间之一转变为中心区车水马龙、川流不息的交通枢纽，是城市交通体系中的重要一环。此外，中心书城在屋顶设计有宽达 25 米、长达 400 米的步行轴（见图 3—3），两侧常年布满绿色植物，屋顶的覆土层中草坪和树木郁郁葱葱，不仅是市民观赏景物、放松休憩的共享空间，更是连接莲花山公园、中心书城、市民中心和市民文化广场的城市交通步行系统。中心书城仿佛置身深圳一个巨大的文化院落中，"午后从莲花北村出发，在浓厚的树荫下悠闲地走过莲花山，再穿过音乐厅、图书馆，来到中心书城——这个角度的深圳，可以和世界上任何一个迷人的城市媲美"①。书友"千夫长"的这段描述，道出了许多深圳人的同感。类似的案例还出现在德国斯图加特国立美术馆新馆的设计中，詹姆斯·斯特林在该馆的设计中将步道、庭院和城市道路网络相结合，使建筑恰如其分地填补进了城市体系，这种空间组织使建筑形成一种与城市机理相融的群体结构。

图3—3 深圳书城中心城屋顶步行轴

共享空间是建筑空间里最有活力的部分，功能空间和辅助空间在这里相遇，室内外空间在这里碰撞。正因有空间链节的存在，内部空间不再相互孤立，共享空间将这些各自分散的空间加以整合，建筑的生命机体因此通畅起来。② 通过分享空间的打造，实体书城从一个消费区隔之所转化为一个消费和谐之所，从一个精致小众的绅士化地点转化为一个朴实包容的邻里中心。

二 内部空间组合营造以人为本的活动场所

人在建筑中的行为需求决定了室内空间的划分和组织。这种思

---

① 翁惠娟：《中心书城：在城市中心与书相约》，《深圳特区报》2011年3月30日第A5版。

② 黄丰明：《建筑共享空间形态设计分析》，大连理工大学，硕士学位论文，2006年，第2页。

想也体现在了建筑室内功能设计观念的变革：按照人们多目的活动的使用要求，室内空间从单一走向多样，从固定走向灵活，从封闭走向开放，空间性质从独立走向统一。正如法国蓬皮杜艺术中心的设计者罗杰斯所言及的，"把该中心设计成一个艺术与文化的室内广场正是设计的初衷……人们按照自己的兴趣随时加入不同的圈子中去"。①

书城要打造以人为本的场所，须根据人的兴趣以及行为需求在功能链接和流线畅通的基础上将独立的空间组织成一个整体有序、富有变化的空间组合。深圳书城总体设计要求包括：一是遵循宽敞、明亮、清朗、雅致的整体风格。二是根据书城的主题定位、建筑形式及所在区域人文特点等因素进行特色化设计。三是根据经营及功能需求合理划分空间，重要点位融入艺术元素，通过色彩、道具等多种表现手段进行点缀性设计，注重细节刻画，使整个书城空间具有层次感、灵动性。四是经营空间设计应把握处理好各区域、业态与项目之间的关系，相互之间衔接紧密，过渡自然流畅且有趣。五是公共空间设计避免单调，具有观赏性、趣味性和便利性，淡化公共空间与经营空间的界限，注重客流动线的洄游性和昭示性，便于顾客流动、识别方位和融入环境。

在细节处理上，书城专业管理团队基于顾客的需求、行为和心理，着眼于好的客户体验感与客户满意度规划设计服务项目、业务流程和服务方式：人性化的卖场布局、专业化的品类管理、智能化的查询终端、WLAN 免费无线上网服务等，使顾客需求得以方便、快捷地满足；精心编制的背景音乐和灯光模式更是因季节、天气、日子、时段的不同而呈现别样的韵味；在节庆时，通过展览、动态活动等营造浓郁的节日氛围，使顾客愉悦地徜徉其中，并引发美好的联想和情感，从而使书城成为顾客向往和流连忘返的场所。

此外，书城通常运用穿插、过渡和邻接的方式，重复反映在建筑序列空间中，并且突出以人为本的理念。空间布局模式因建筑内部功能的差异性会存在很大不同。各功能空间相互组合时，要满足

---

① 戴琼：《从城市生活出发——市民文化中心建筑设计研究》，硕士学位论文，重庆大学，2013 年，第 39 页。

主次和层次的变化。任何一种空间组合模式须保证使用空间和其他功能空间的衔接流畅、便捷，同时应按照逻辑顺序合理安排空间关系来协调差别性与整体性。[①]　常见的组合模式有以下几种。

（一）中心扩散式组合

中心扩散式组合一般在中心设有一个主导空间，次要空间分层布置。中心扩散式组合是一种稳定的向心式构图，它运用规则的形式，将次要空间在中心空间周围聚合，处于中心的主导空间一般为相对规则的形状，空间体量足以使次要空间集结在其周围。次要空间的功能、体量可以完全相同，也可以不同，以适应功能和环境的需要。中心扩散式组合既能将相对独立的空间联系起来，又可将视觉焦点汇聚在中央广场，很好地分配和疏导人流集散。

中心书城就是典型的中心式组合。从外部空间来看，中心书城位于城市 CBD 文化综合体群落的中心位置，音乐厅、图书馆、艺术馆和博物馆在其周围聚合。书城作为连接其他文化场馆设施的核心空间，在整个综合体群落中起到集散消费客流、产生情感共鸣的重要作用。从内部空间来看，中心书城中分别位于南北两区的综合书店和艺术设计主题店可视为两个主导空间，围绕其周边，次主力店、创意品牌空间渐次排布，点缀其中，共同组成丰富的空间形态。同时，作为市民重要的公共活动空间，南北区大台阶成为一道亮丽风景线。中心书城里创造了一种节奏，并引导人流进入相关区域，从而促进读者的阅读、交流与休闲、娱乐。混合消费与主题化配合使用，使得效用更大。主题化让个体鲜明，混合消费让集体活跃。中心书城形成了一个"场"，正如《场所精神：迈向建筑现象学》描述的："场的特质是由中心，或一个规则而重复的结构的特质所决定。许多场相互作用时将产生复杂的空间结果，各式各样的密度、张力和动态感……"[②]

（二）叠加式组合

有别于中心发散式组合，叠加式组合的内部核心空间通过竖向

---

① 王玮璜：《探析消费转型下的城市商业综合体内部空间设计理念》，《中国包装工业》2015 年第 6 期。

② ［挪］诺伯舒兹：《场所精神：迈向建筑现象学》，施植明译，华中科技大学出版社 2010 年版，第 59 页。

叠加的方式进行衔接，建筑相对整体而集中。这样的组合模式往往位于区域中心或城市副中心的密集地段，除了便利的交通条件外还需丰富的城市资源。为了提高空间的使用效率，叠加式组合常以中庭空间为节点，利用自动扶梯和电梯等垂直交通方式营造空间的层次感。常见于单体独栋的书城建筑，电梯往往位于建筑中心，空间环绕电梯井布置，平面非常紧凑，这样上层空间和下部空间分区明确，并能克服平面空间组合中服务路线过长的弊病。在每一楼层中，主力店和次主力店进行有机组合，形成一个各有特色的空间。这种叠加式组合方式以深圳书城宝安城以及南山城为典型案例。

（三）流动线性组合

重复空间的线性序列就是流动线性的组织方式，具有一定的灵活性。各空间按功能分区依次水平延伸扩展，空间之间呈流线形，它表达了一种方向性，具有运动、延伸和增长的惯性特征。流线形组合不仅交通流线独立、通畅，而且空间引导性强，适合建在开阔而平坦的地段。合肥中心书城即将采用这种组合模式，为市民提供开放式多元化的服务。

无论是哪一种空间组合，都不能忘记空间只是背景，"书与人"才是核心。在书店，人能克服孤独感，最大限度地将个体性放大为一种公共性，人到了书店能与环境发生一种共鸣。因此，深圳书城一直在最大限度地拓展公共空间，如大通道、大平台、多功能厅、茶馆、咖啡馆等。在书城的改造和建设过程中，努力将书业的使用空间改造为公共空间，在书架之外增设大量的公共空间，更注重公共空间和交流功能，重视共享空间的构建，为空间中可能发生的书与人之间的故事创造可能。

三 外部空间链接城市生活

外部空间既是共享型公共空间，也可以作为联系性的交通空间。外部空间作交通空间的特性在于多向性，即同时汇集多条流线并完成转化，使顾客可以顺畅地从一个区域进入另一个区域。典型代表即为广场、连廊、庭院等，对于促进公共生活帮助颇大。最有代表性的是贝尼尼的圣彼得广场，简单地包含一种纪念性柱廊所界定的一个卵型空间。卵形的轴线很清楚地被界定出来，而且在中央有显著的方尖碑，让人们同时体验到包被与方向性双重主题。柱廊以最简单而最具强调的方式包被空间，同时让"内部"能与周遭的世界相沟通。圣彼得广场基本的空间结构与罗马的竞技场非常相像，广场具有的节点的功能与竞技场也很相似，广场成为人类新的集合场所。

与此相似，深圳书城中心城作为一座共享型的生态建筑，在满足功能需求的同时，最大限度地实现建筑、人与环境的和谐。整个建筑的核心更像是搭建了一个可供发生活动可能的骨架，邀请人们聚集、共享。为了最大限度促进内外部空间的和谐交互，日本建筑师黑川纪章创造性提出"灰空间"的理论，即介乎于室内外的过渡空间，如庭院、走廊等，并将其放在重要的位置上，一定程度上抹去了建筑内外部的界限，使两者成为一个有机的整体。空间的连贯消除了内外空间的隔阂，给人一种自然有机的整体感觉。黑川纪章在其建筑作品——深圳书城中心城中就大量运用了"灰空间"这一理论，首层设有可供游客漫步的柱廊，二层连绵迂回的观景平台，有效地衔接书城内外空间，让人既置身于人声鼎沸的书城之中，又创造了一个彼此呼应且避免干扰的独立空间。与此同时，人们在这里观看别人，也在被别人观看，人们在这里观景，与景物间又保有适度的疏离。这恰如美国建筑师波特曼所说的那样，人们喜欢看变化着的景色，"一些人喜欢看别人胜过别人看他自己，另外一些人喜欢登上舞台，充当游行队伍的一员"[1]。在他的建筑设计理论中，设计空间应该为人看人创造机会，从而达到"人看人"的效果。

外部空间要求其能够组织免费开放的活动并且提供多种活动所需要的多功能空间：能够允许体育活动、玩耍、交往和娱乐；能够组织一定的临时活动，如节日欢庆、小规模的展览、展销等；能够进行选择性的活动，如休息、约会、社会交往。深圳书城充分挖掘其外部空间的潜力，为不同年龄阶段的人提供了不同的活动可能。如年轻人聚集表演街舞、轮滑，老年人广场舞表演、锻炼身体，还

---

[1] 李耀培：《波特曼的"共享空间"》，《建筑学报》1980 年第 6 期。

有为青少年儿童设置的创意活动，流浪歌手表演、志愿服务 U 站、自由开放的咖啡馆等，链接了深圳城市生活特色，为人们参与多样性的文化活动提供了可能。

第二节　够得着的品位：书城的业态组合

大书城是一个融阅读、文化、商业、设计、创意、展览为一体的融合空间，可以同时满足市民购书和进行文化休闲活动需求的综合性文化设施，是城市的文化符号。这就要求大书城不仅要提升图书销售空间的文化品位，而且要精心挑选，有序组合入驻项目和品牌，以形成互为补充的协同效用，将书城打造成为实现城市与人、文化与商业、生活与艺术、知识与情感的交汇、沟通与互动的平台，成为提高城市文化品位、提升市民文化涵养的公共文化生活空间。多年来，深圳书城在运营中十分注重整体运营，重视入驻项目和品牌的挑选与管理。一是对入驻项目按关联度进行圈层分类，分为核心层（包括图书、音像等出版物销售）、紧密层（包括教育培训、文具、创意文化等项目）、外延层（包括餐饮、咖啡等配套服务）三类；二是优先选择核心层、紧密层项目入驻，确保书业和文化的内核；三是对餐饮、休闲等外延层企业，则通过提高品牌知名度和管理规范门槛进行筛选；四是对入驻企业的品牌形象进行把控，确保书城整体品位；五是加强对项目入驻后的营运管理。通过这种以阅读生活为核心的业态组合，深圳书城形成了一个融文化、创意、艺术、生活为一体的跨界综合体，释放出强大的空间魅力，激发了书城活力与创造性。这不仅提高了书城的收益和入驻商家的经济效益，更重要的是营造了一个高品质的城市公共文化空间，润物无声地滋养着城市的文明素养。

深圳书城功能组合丰富多样，崇尚的是一种"够得着的品位"，充满人间烟火。尚书但不唯书，除了传统的图书销售，书风、茶韵、咖啡香，书城内到处洋溢着"扑面而来的生活气息"。人们可以品茶、阅读、社交、赏美食、喝咖啡、看表演、听讲座、看展览、欣赏传统文化等，一整天，一家人尽可以在这里享受高品质的文化生活，在高节奏的工作生活中释放疲惫，放飞心灵，沐浴文化。正因如此，大量爱阅读、好文化、追求品质生活的人们齐聚于此，自然而然便融入艺术与创意之中，得到潜移默化的浸润与滋养，将创意因子和文明风尚深植于人们日常生活中。深圳书城因此成为创意激荡的平台，成为接受文化熏陶的首选地，成为引领社会风潮的坚定力量。

一　书城的业态规划理念与原则

（一）理念

深圳书城以"书香引领生活，创意改变未来"为理念，追求业态的创新提升和功能的丰富拓展。以阅读为核心，通过书业和全民阅读活动形成差异化优势，打造独特的文化场所精神，进而通过价值转移，提升书城商业项目的附加值和盈利能力，形成书业与商业的有机结合及良好互动。借此建立以书业为核心、以书城为阵地的新型文化商业业态，创建融阅读学习、展示交流、聚会休闲、创意生活为一体的，关于文化消费和精神体验的复合式城市文化生活中心和文化综合体。

"围绕生活提升，贴着地面飞行"，书城与生活紧密联系在一起，紧贴生活而略高于生活，以创意为引领，以人文为内涵，以生活为底子，打造"积极的休闲"和"能动的生活"。各种项目既要融入整体商圈，把握好文化性和商业性的平衡与相互协同，又要形成自身的特色，最大限度地让书无处不在，构建独特的吸引力，同时立足顾客需求，注重文化品位和生活气息、美学风格协调统一。

（二）原则与要求

基于书城的定位，深圳书城的业态规划以出版物运营为核心进行圈层扩展，通过功能规划和项目品牌的精心组合，达到客流共享、功能互补，呈现全新的阅读生活，构建书城高效运转、功能复合、效益突出的生态系统。

1. 书香文化突出

书城功能业态规划和项目组合特别注重文化品位，讲求书业与关联项目的和谐统一、文化格调与运营效益的和谐统一、新书城与现有书城的和谐统一及当前效益与持续发展力的和谐统一。"尚书而不唯书，谋利而不唯利"，既是基本原则，也是打造书城魅力的指导思想。

2. 多元复合功能

书城的业态及项目组合按核心层、紧密层、关联层三个层次进行规划。三个层次通过在空间的合理安排、有机组合，实现书城阅读学习、聚会交流、文化休闲、创意生活等复合功能，以创造更多顾客到达书城的机会和可能，产生客流与项目的聚合放大效应，从而实现良好的社会效益和经济效益。

3. 公共服务凸显

书城是城市精神文明建设的主阵地，是承载全民阅读、素质教育、满足市民交流学习需要的重要文化场所和公共文化服务平台。一方面，它致力于传承优秀传统文化，引领先进文化风尚，拥有超大面积、多种形态的出版物展售空间，融合学习用品、文化用品、各种类型的青少年培训项目，担当着满足市民文化需求，增进市民尤其是青少年阅读提升及交流学习的社会责任；另一方面，书城非常重视、擅长并长期坚持举办各类公众文化活动，"以文化人"。书城已然成为城市公众文化活动重要的提供者和公共文化服务体系不可或缺的组成部分。

4. 创意汇集孵化

书城是集知识、文化、创意和生活于一身的文化综合体，在满足市民文化生活消费的同时，不断追求新的业态组合和呈现形态，既有开阔大卖场又有温情小空间，既有书风茶韵亦有咖啡香，既有创意美学小店亦有艺术展览、创意市集、论坛沙龙等畅想活动，动静相宜，推动着人与人、人与创意、创意与创意、创意与产业之间的相遇、激荡、交融和提升。书城既是知识的集散地、文化的活动场和思想的交汇处，又是创意孕育孵化、汇聚集散的独具魅力的文化创意空间。

5. O2O 构建智慧书城

面对互联网尤其是移动互联网已经融入进而深刻影响着人们日

常生活的新浪潮，书城亦须与时俱进，应发挥自身优势，加快业态升级，加大与新技术的融合力度，线上线下联动打造智慧型书城。继续强化深圳书城云书城、微商城、掌上书城、数字书城等项目建设，促进线上与线下互连互通，同时加快提升卖场的智能化、信息化水平，实现免费 WiFi 全覆盖，完善查询、咨询、购买、场景营造、客流自动统计、顾客流向及消费结果大数据分析推介等移动增值、数字体验服务，打造具备互联网思维、一体化的书城移动互联系统，进一步提高实体书城的体验感、现代感和对目标客户群的吸引力，保持新时期的引领地位。

二 书城的业态结构

（一）核心层——出版物阅读空间

它是书的主角和灵魂，也是书城区别于其他购物中心的标志，主要提供图书、音像制品等出版物的零售和展示，包括综合书店、主题书店及特色精品书吧、数字阅读体验店等多种业态。通过专业的出版物运营，塑造书城空间的人文气质，为书城平台赢得美誉并扩大影响力，吸引大量客流集聚，使书城能够更好地发挥城市文化生活中心和公共文化服务平台的社会作用，同时也使书城平台上以书业为基础的项目组合更具活力和价值。

（二）紧密层——创意多元体验空间

它紧紧包裹着书业核心层，在形式上构成书城的次主力店群，主要功能是为顾客提供多媒介、全方位的文化学习和关联服务，如文化影视、动漫体验、文化艺术和学习培训等。目前，深圳书城平台上的相关项目主要由深圳出版发行集团下属的华夏星光、弘文、培训等公司的主要业务构成。

（三）关联（配套）层——关联配套服务空间

它是书城的外延关联层，由大小不一、功能互补的多种店面构成，布局在主、次主力项目之间，提供文化精品展售，餐饮、银行、便利店等生活配套服务，增强书城空间的亲和力和顾客黏度，提升书城平台的复合功能，有利于延展顾客的逗留时长和消费选择。

深圳书城的业态组合结构见图3—4。

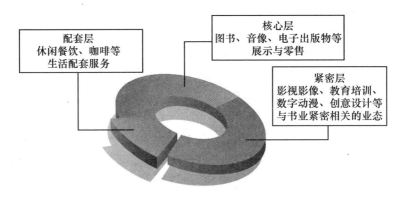

图3—4   深圳书城的业态组合结构

三   书城的业态配比

随着书城模式的持续探索和实践,第一代书城单一的出版物大卖场模式逐渐蜕变成第四代的创意多元复合型功能模式。为开发消费者的潜在文化消费需求及提升书城的亲和力,关联拓展项目的比重在逐步增加,同时深圳出版发行集团自营项目(书业、弘文、培训)也由原来占总经营面积80%精简到现在的50%左右。目前,集团自营项目与关联拓展项目约为1∶1的比例已成为新常态(见表3—1),是"深圳书城文化综合体"业态配比的重要参考标准。同时,各书城根据所处文化商圈的特点和目标客户群的差异,对各层次业态比例进行灵活调整。

表3—1   深圳书城业态构成情况   单位:平方米

书城类型 业态构成		城市中心	城市副中心				外溢发展
		中心书城	罗湖书城 (M层以下, 不含M层)	南山书城	宝安书城	龙岗书城 (在建)	合肥书城 (在建)
核心层	出版物卖场	10519	5200	5200	3690	4538	19000
紧密层	文具、动漫	1231	1900	1365	1200	737	8500
	电影院	无	无	1600	2200	2069	6500
	培训	412	无	1162	430	575	4000

续表

书城类型 业态构成		城市中心	城市副中心				外溢发展
		中心书城	罗湖书城 （M层以下， 不含M层）	南山书城	宝安书城	龙岗书城 （在建）	合肥书城 （在建）
外延层	文化精品、 餐饮、娱乐 及配套	10277	1386	8125	9190	4953	10000
总经营面积（实用）		22439	8486	17452	16710	12872	48000
核心层面积比		46.9%	61.3%	29.8%	22.1%	35.3%	39.6%
紧密层面积比		7.3%	22.4%	23.6%	22.9%	26.3%	39.6%
外延层面积比		45.8%	16.3%	46.6%	55.0%	38.5%	20.8%

注：表中统计数据均指各书城可经营面积，不含公共活动空间和后勤空间。

四 书城的业态组合

业态组合是书城的生命线。在选择项目时，通常遵循以下原则：

首先，遵循形式差异、功能互补的原则。形式差异是指在一定市场容量下，在最大程度满足顾客不同需求的前提下，尽量不要组合同一类别的项目，形成同种差异。例如，主力书店与24小时书吧同种而不同形式的存在即遵循了这个道理。功能互补指的是满足顾客各种消费体验，提高消费兴趣。例如，艺术设计书店与收藏类项目相邻组合，就是属于功能互补。在一组零售店之后，安排餐饮店，满足顾客逛累了之后可以休息的需求，即消费心理上的互补。

其次，在遵循"形式差异、功能互补原则"的基础上，注意"跨业为邻"。现代商业不再特别强调同一行业聚集，而是强调满足顾客的消费心理，强调可逛性，经常把各个功能的品牌混杂在一起，但要求多是同一档次的项目。这样排布可以使各个品牌相互映衬，满足具有同等消费能力消费者的各种需求，有时甚至可以创造需求。

以深圳书城为例，其业态组合除了图书等核心层产品销售，教育培训、创意文化等紧密层文化项目外，还提供了餐饮、咖啡、休闲、娱乐等配套服务，以及举办图书推荐、讲座展览、音乐欣赏、文艺沙龙等公益文化活动。深圳书城不仅是图书卖场、阅读空间，更是文化的万象城。在书城这个宽松自在的综合文化空间，人们可以阅读、观影，也可以与孩子亲子共读、合作创意 DIY，与朋友家人分享美食、品茶喝咖啡、参与艺文活动，甚至闲逛发呆。过去在图书馆、美术馆、剧院、音乐厅等文化场馆才能享受的文化活动，现在书城文化综合体中可一并实现，这里几乎涵盖了所有与文化相关的东西，读的、看的、演的、玩的等，人们的多种文化休闲需求，在这里得到一站式满足。

深圳书城旗舰店——中心书城的业态组合及排布成为行业内外竞相研究，希望得以引鉴的典范。中心书城经营面积 4.2 万平方米，包括地下一层、夹层和地上一层共三层空间。地面建筑以福中一路为界划分为南北两区，两区通过跨福中一路的中厅连廊连接。书城的业态组合采取的是典型的围绕书店为核心，进行圈层布局的方式。书店包括综合书店大卖场、音乐时空和艺术设计两个主题店、24 小时及益文书局、尚书吧三个特色书吧，并呈岛式布置在南北达 378 米长的书城大空间内，形成一条"以书为中心"的主轴线（见图 3—5）。其他的项目均在主轴东西两端进行落位，建构起以书业带动配套商业、以阅读串联创意生活、多种业态有机融合的格局，生发出无限生机与活力。有商业界人士撰文小结了中心书城之于大型实体书店如何向体验式文化 mall 转型的可资借鉴处。①

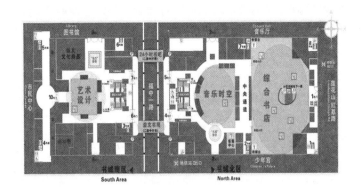

图 3—5　中心书城书店分布

---

① http://down.winshang.com/ghshow-1683-2.html.

借鉴1：通过中厅连廊和大台阶带动人气。在南北区连接处（中心书城二层中厅）设置了一个千余平方米的"CROSS"跨界空间，并借助地势设计出南北两个大阶梯，以创意艺术为主题，是集展览、演出、沙龙、文化活动举办于一身的多功能空间，成为整个书城人气的中心。

借鉴2：以创意为主题延展多元文化，吸纳各阶层人群。"CROSS"跨界空间的创意文化，配合散布南北区的各种充满艺术感的创意小店、画廊、创意市集，以及咖啡店、风格餐厅、茶馆等，再加上经常举办的各种艺术创意交流活动（见图3—6），使书城成为创意产业、创意群落与公众交流沟通的平台，创意交流激荡的据点。多元的文化氛围，吸引了各阶层的人群。

图3—6　中心书城晚八点举行的艺术展演活动

借鉴3：丰富新鲜的文化活动，持续吸引消费群体关注。中心书城开业10年，共接待读者超过7000万人，举行了7000多场活动，拥有一大批忠实的观众。通过公益活动晚八点、沙沙讲故事、童书帮帮堂等系列活动（见图3—7）吸引广大市民和家庭参与。通过举办文化生活、民俗文化、艺术设计等各类展览，书城持续吸引消费群体的关注、参与。

借鉴4：各业态有机结合，从读书的地方变成聚会之所。将书吧、咖啡与茶，品牌简餐，创意精品，数码科技，运动休闲，配套服务各个功能业态成功组合，包括星巴克、costa、面点王、味千拉

图3—7　中心书城活动现场

面、可颂坊、仙踪林、必胜客、Adidas等知名品牌，提供多元化的消费体验，将中心书城变成一个聚会休闲、参与文艺活动的休闲场所（见图3—8至图3—11）。

在深圳书城的引领和示范下，全国各大书城运营者也在纷纷试点书城文化综合体的建设。如南昌红谷滩文化综合体以书城为纽带，将电影院、休闲、娱乐、培训、艺术品展示交易等融为一体。苏州凤凰文化广场借鉴文化消费综合体的模式，以具有全新布局和室内设计的新华书店作为主力店，以会员制多厅影院、主题动漫城等特色文化业态作为依托，配套各类餐饮、服饰零售、创意产品零售，在文化融入商业的同时挖掘商业中的文化，将文化与商业进行有机的融合，探索"一站式文化体验和消费"。

图3—8　书城的创意小店和聚会之所（1）

图 3—9　书城的创意小店和聚会之所（2）

图 3—10　书城的创意小店和聚会之所（3）

图 3—11　书城的创意小店和聚会之所（4）

第三节　创意引领：书城的紧密层业态

一　书城的光影天地

（一）一个电影消费繁荣的时代

随着居民收入增长带来消费升级，文娱服务类消费支出占比也不断攀升，其中影视消费行业呈高增长态势。根据国家新闻出版广电总局电影局公布的电影市场数据，自 2010 年我国电影票房规模突破百亿大关后，每年以 34% 的复合年均增速稳步上升，2015 年达到 441 亿元，成为继美国之后的全球第二大电影市场。作为电影放映的主体，随着电影市场的飞速发展，影院数量和银幕数量也得到稳步增长。2015 年全国新增影院 1200 余家，新增银幕 8035 块，平均每天新增银幕 22 块。2015 年年末，全国可统计银幕总数达到3.16 万块，10 年间数量翻了 10 余倍，进一步接近北美银幕数量。在电影的市场化中，银幕数量对于电影票房的促进作用显而易见。2015 年，全国城市观影人次达 12.6 亿，比 2014 年增长 51.08%，[①]

观众平均年龄 21 岁左右。可以说，电影成为青年人的伙伴。

（二）一场泛阅读引发的书影故事

"泛阅读"是随着科学技术的发展而对人们提出的要求，同时也随着传播媒介的创新发展而为人们提供了选择和条件。从早期的竹片、羊皮卷，到纸张和电子技术，这只是记载人类知识的载体发生变化，阅读的本质仍然是行游诗人荷马的沉吟："愿于光明中死，不在黑暗中生。"这光明，就是知识。阅读就是对知识的理解。由于知识载体的变化，我们已经进入泛阅读时代，就是从原来单纯的纸质阅读或者说传统阅读，已经进入多维的电子媒介阅读。电影不仅是这一大阅读范畴的组成部分，而且越来越成为主导阅读经验的重要手段。不少中外名著由于电影的投拍重新获得当下阅读的追捧，并促使了传统书籍的畅销。并且在书和电影两种叙事逻辑中，我们获得了更为广阔的思考。也就是说，电影其实与书城售卖的音像制品提供的影像阅读相似，同样作为一种重要的阅读媒介，差别可能只在于同时观看人群的多少，在于观影更具有社交、分享的消费体验。因此，它实际上承载并拓展了传统音像制品的需求维度，理当是我们所倡导的全民阅读的组成部分。[①]

根据国家文化考察调研的信息显示，近年来公众阅读时间和读书数量日益下降。国民的平均阅读水平低于世界文化强国水平。这一判断的基本认知就是基于比较狭小的传统阅读，而不是大阅读理念。中国互联网技术的发展，中国电脑和手机用户已经是世界第一，中国的电影票房收入也是除美国之外的全球第二大票房市场。这表示我们在大阅读方面的分析样本还有很大的空间。目前为了推进国民的平均阅读水平的提高，国家已把阅读立法列入 2013 年国家立法工作计划，起草工作小组已草拟了《全民阅读促进条例》，并于 2017 年 4 月向全社会发布了征求意见稿。据悉，数字等电子媒介的阅读已被纳入全民阅读种类进行推广。"书城＋影城"正是基于这一认识，并希望成为创造一种新阅读可能的探索者。

---

① 伍晓鸣：《"深圳书城选片"活动即将推出》，深圳新闻网—深圳商报 2013 年 11 月 22 日。

（三）一场"书城＋影城"的盛宴

深圳出版发行集团在"改造提升传统书业，探索发展新兴业态"经营理念的推动下，积极探索"书城＋影城"模式。2012年1月，与文化央企华夏电影发行有限公司合作，共同注资成立深圳华夏星光影业有限公司，成为行业第一家直接注资投入影院建设运营的书业集团。"书城＋影城"并不是一般意义上一个书城业态和影城业态的简单相加，而是蕴含着深圳出版发行集团对泛阅读时代的判断。未来书业的发展必须以大阅读为中心，逐步从传统的书业，延展至电影、游戏以及数字产业的全产业链形态，继续承担起城市全民阅读推广计划实施者和引领者的角色。"书城＋影城"的复合经营模式突破了单体书城或单体影城发展的瓶颈，充分展现影业和书业融合的优势，互为支持，良性互动，为公众提供更为便捷的综合文化服务。

1. 艺术格调、星座影厅

华夏星光国际影城第一家店于2012年10月正式营业，位于书香浓郁的南山书城七楼。影城坐落在南山优质生活圈内，比邻茂业百货、海雅百货及海岸城等繁华商业区，是一个文化、时尚、休闲的生活聚集点。5年来，它的经营状况稳步发展，票房业绩次第增长，全新的经营模式得到社会各界的赞誉。影城设计别致，美国大峡谷的设计概念给人置身湛蓝星空、幽深谷底的特别体验。洒脱澄明的光纤吊灯，简约时尚的软座沙发，让人倍感舒爽。影厅以12个星座命名，将星座与营销相结合，独特构思，时尚感强烈。走廊两侧墙面装潢精心雕琢，错落的镜面和着柔美的灯光，折射出穿透时空的力量。

最难能可贵的是，除了大堂空间外，影城另辟设置了50平方米的星光小寓、150平方米尚影吧、350平方米大露台，用于会员和观众休憩、讨论、等位的公共场所。在充满艺术格调的尚影吧，观众可以弹琴、看书、喝咖啡、上网……在观影之余，尽可以随性尽情地挥霍时间，享受乐趣。书城中的影城成为年轻人追求文化品位、崇尚艺术价值的一块文艺空间。

2015年5月，华夏星光国际影城宝安店开业，位于集团旗下第四代创意书城——宝安书城。宝安影城的设计风格延续南山影城"峡谷—夜空—星光"的基调，在大堂和部分公共区域采用光纤星光加立体天花的穹顶效果，同时又有相当程度的创新突破，更着重光线的使用和不同材质的质感搭配。大堂区域大理石地面采用了长达数十米"灯带—玻璃—鎏金—白桦木"的西斯廷风格混搭，再加上金属透镜组成的电影人物壁画，使影院的文艺氛围更加浓郁。整体上看，宝安影城的设计理念在保证功能性的同时最大化体现了影城的美学价值，同时更为强调节能减排的应用，契合宝安书城"创意品位"的概念。影城与宝安书城一起，通过不间断举办丰富多彩的文化活动，共同为打造深圳西部文化高地提供平台，贡献力量。

2. 文化领地，凸显价值创意

华夏星光国际影城南山店地处南山商业文化中心，一公里范围内，有太平洋影城天利名城店、保利文化广场嘉禾影城及海岸影城三家云集，呈多足鼎立之势，可谓竞争激烈。而华夏星光南山店摒弃了单一放映商业影片的模式，以独特的文化创意优势成为主流影院中的"另类"，彰显出差异化的竞争能力。书城里的影城，让纸质阅读、影像阅读、活动沙龙便捷地荟萃在同一个空间，成为时尚阅读的风景线，使书业为核心的多元文化产业得到提升。华夏星光组织的艺文活动品牌主要有以下几种。

（1）"光影星期五"。近几年随着商业电影兴起、戏剧艺术衰弱、版权保护制度日益完善，经典艺术逐渐成为一种小众的趣味。但艺术的繁荣程度、市民的认同感和欣赏水平，是衡量一个城市文化品位的重要标准。因此，深圳政府在构建公共文化服务体系的过程中，采取了各种有效措施，通过提供多方位、高层次的服务，努力提高市民的艺术修养。为此，华夏星光国际影城策划并承接了"光影星期五"品牌项目，即每周五下午免费放映公益艺术电影活动，由市委宣传部宣传文化基金资助。自2011年实施以来，优选放映了众多表现人间真善美的本土优秀影片、纪实感人影片、原创微电影及国外优秀经典作品，受到众多艺术电影爱好者的青睐。放映前后，更以"光影星期五"星光看电影、星光读电影、星光品电影来拓展更广泛的电影文化空间，同步举办如"从伊朗电影看深圳原创电影之路""另一个世界的表情——漫谈中外地铁电影"等大师讲座、电影论坛、电影海报创作活动，来丰富和延展优秀电影作品的启示。免费放映艺术电影并叠加沙龙讲座的模式，有效提高了观众对艺术电影的鉴赏，引导开发了艺术电影的市场潜能，成功将艺术电影打造为另一张深圳的城市文化名片。

（2）"深圳书城选片"。它以推广影像阅读、提升艺术修养为理念。华夏星光影城在借鉴集团"深圳书城选书"和"深圳书城选碟"的成功经验后，策划推出"深圳书城选片"活动，为电影爱好者提供一个展映、鉴赏、评论国内外优秀影片的交流平台。观众不仅可以一览当期热门电影的详细介绍、各个影片的票房排行，还能了解国内外最热门的相关影片信息。同时，为了体现专业性和指引力，在其运作机制上特邀相关资深影评、选片人组成"影评人俱乐部"，并建立相关评选机制，对当代影片进行系统的归类、筛选，然后推荐给各位读者与影迷作为观影的价值信息。在宣传、传播上积极与媒体建立互动、联系，提高书城品牌的认知度和关注度。"书城选片"专题是"书城＋影城"模式下的产品创新，是"深圳书城选书、选碟"系列的延伸，是又一项颇具消费导向和文化意义的板块，也是探索关联文化业态融合、提升书城文化附加服务的表现。

华夏星光影城与社会的脉动紧密结合，通过"光影星期五"艺术电影鉴赏、"深圳书城选片"优质影片推介、电影文化沙龙活动的推广，努力创造出既具书香特色又具影像阅读文化的景观。作为一间有艺术追求的影院，它持续邀请文化创意界与电影界人士参与论坛、展览、座谈、出版等各项文化活动，积极与国内策展团队、艺术家、出版界沟通交流，开创出一个又一个独具人文创意的栏目，受到深圳时尚人群的欢迎。北京大学博士生导师、中文系教授李杨先生，赞扬道："当一个城市拥有了自己的艺术影院时，就意味着深圳这座城市的文化需求与艺术鉴赏力都迈上了新台阶。"

从书开始走到电影，从书城开始走入影城，这是一种新的生活方式，而这种生活方式正在被越来越多的人接受。如果说深圳书城为此做了努力，如果说华夏星光为此做了探索，这些都成为通往新生活方式的必要途径。书的高尚滋养电影的华丽，电影的视听又落实书的想象。这是一场名副其实"书城＋影城"的盛宴。

（四）一次惺惺相惜的合作

"书城＋影城"被称为惺惺相惜的合作。书与电影，两种文化业态的联手，是一种文化赋予另一种文化更深刻的含义，是一种文化为另一种文化注入更鲜活的生命力，其实质为文化大融合。而文化产业融合是未来发展的重要趋势，"书城＋影城"正在全国热烈上演（见表3—2）。

表3—2　　　　　　　　　国内"书城＋影城"结合表

时间	示范案例
2009 年	新华文轩与四川太平洋院线采用"租金＋保底"的方式合作，以"文化百货"的经营理念将成都购书中心打造成集购书、观影、娱乐、餐饮、休闲于一身的现代文化商城
2012 年	由深圳出版发行集团和华夏电影发行有限责任公司共同注资成立深圳华夏星光影业有限公司。同年，其首家门店在深圳书城南山城开业
2012 年	湖北省新华书店（集团）有限公司和湖北省电影发行放映总公司联合推出新华银兴国际影城品牌，并建设了湖北十堰店、深圳店等影院
2012 年 9 月底	安徽新华发行集团加盟中影国际影城院线联盟，斥资千万元打造的合肥华仑影城在华仑文化广场试营业，由合肥新华书店有限公司运营。改造后的合肥市四牌楼新华书店引入电影院线
2013 年	内蒙古新华发行集团与大地院线联合投资成立内蒙古大地新华影院建设有限公司。其推出的首家影院大地新华影城 2014 年 8 月开业
2014 年 4 月底	山西新华书店集团与保利影业签订院线合作项目，计划用 5 年时间在山西省内的新华书店建立 28 家电影院。同年 7 月，保利万和电影院线汾阳国际影城在山西省汾阳市新华文化广场开业
2015 年 5 月	继深圳书城南山城店后，深圳华夏星光影业有限公司深圳书城宝安城店开业（此条为笔者根据实际开业时间添加）

资料来源：李明远：《书店＋影院：新华系深入挖掘文化消费潜力》，《中国新闻出版报》2015 年 2 月 10 日。

1. 高度融合与可持续性

"书城+影城"发展模式，是指以书城为基础，配套影城，将书的元素与电影的元素进行充分结合，包括：一是实体空间的融合，即在书城中建设影城；二是内容的融合和互动，充分利用书城的文化资源和平台，举办影视评论、电影沙龙等活动，播演艺术电影、微电影等专题影片；三是产业链的融通与结合，如将电影脚本、评论等作为与书城的上游内容，编辑成书在书城发行，或将书城出版和发行的好书挖掘出来，变成电影脚本，可投资制作拍摄成电影等。电影制作、电影发行与图书出版、图书发行在"书城+影城"模式中可以实现有机结合，打通书与影上、中、下游的整个产业链条，形成书业与影业新的模式和增长点。比如，电影《山楂树之恋》的成功运营就体现出一个完整的产业链的运作，从小说销售到电影发行，电影宣传反过来带动小说的畅销，产业之间互相融合、互相推动；《我叫刘跃进》将图书和电影捆绑在一起营销，"同台唱戏"，设计了"观书赠礼"和"观影赠书"活动，达到了双赢效果，同时汇聚了卖场的人气。双赢案例还有诸如《了不起的盖茨比》《致我们终将逝去的青春》《归来》《起风了》《三体》和《小时代》系列等，不胜枚举。"书城+影城"业态的融合，有利于行业产生放大效应，实现可持续发展。

2. 可复制与对外输出性

一是在业态属性上，电影与图书同属文化产业，有着天然渊源，目标群体在一定程度上有所重合，并能起到相互促进的作用，提供购书、观影等一站式文化消费服务，有利于促进书城、影城互动式发展，更有利于满足市民多元文化需求。二是在物理空间上，书城作为城市的文化中心越来越受到政府和市民的关注，在书城的基础上配套影城及相关活动，按照"书城到哪、影城到哪"的原则，将影城伴随着书城对外输出，既丰富了书城的内涵，又拓展了新的增长点。因此，"书城+影城"模式在属性、空间、配套活动等方面具有对外拓展、输出的复制性和发展空间。

3. 积极的休闲性和充分的便利性

现代人的文化需求和文化休闲方式多元化，有人喜欢安静地读书，有人对观影有浓厚兴趣。城市文化中心，一方面要满足市民业余时间的休闲需要，提供一站式、便捷性的多重休闲选择；另一方面须注重文化品位与空间体验，承担着对市民素养的提升和教化的功能。"书城＋影城"所引领的正是一种积极能动的休闲方式，它将静态的阅读与动态的影视相融合，同时配合观影活动，再加上创意市集、新书签售、影迷见面会、工艺礼品展览等，形成一个多层次、高品质的文化交流平台。这有利于培养积极向上的市民文化，便于人们以亲切、动人的方式体会生活魅力和感受文化滋养。

4. 兼顾公益性与经营性

书业作为微利行业，如果没有政府的大力支持，难以获得大发展。目前各地在建设书城和书城运营过程中，各级政府给予了土地资源减免税政策、运营补贴等方面的大力支持。书城因而具有重要的公益性职能，承担着城市公共文化服务体系建设主力军的责任。电影行业是一个纯经营性产业，完全遵循市场的发展规律，是一个现代、时尚、潮流的产业。事实证明，传统书城如果缺乏现代商业及时尚元素加入，很难做活，也难以积聚人气，但进入纯商业领域，文化品味难以得到很好的体现。因此，为了使书城更好地推动公益性与经营性的有效互补，将书城与影城有机结合，在书城平台上拓展影城，一方面，增加了书城现代、时尚的元素，从经营角度注入活力，带来新的激励性元素和机制；另一方面，通过活跃的影视活动促使更多的人参与到书城的活动中来，将书城的公益性与经营性相结合，有利于实现社会效益最大化和经济效益最优化。

二　书城的教育舞台

希腊人发明了"学校"的概念，但在希腊语中，"学校"一词的意思是"闲暇"。这反映了一种典型的雅典式的信仰：他们认为闲暇时，一个文明人自然会花时间思考和学习。①

教育对于一个国家、一个民族的重要性不言而喻。按照阶段，

① 〔美〕尼尔·波兹曼：《童年的消逝》，吴燕莛译，中信出版集团 2015 年版，第 13 页。

教育可分为家庭教育、学校教育和社会教育三种。家庭教育以其先天性、不可替代性在教育中发挥着重要的基础作用。学校教育因其内容的系统性、形式和组织的严密性在教育中占据着绝对的主体性地位。与家庭教育和学校教育相比，社会教育则发挥着补充和延续的作用。然而，随着社会经济的发展，信息技术的日益发达，社会教育发挥着越来越重要的作用。现代社会教育的发展趋向一种活的教育，能够协调社会教育力量，可培养学生积极参加社会活动的能力，将分散的、自发的社会影响纳入正轨。它的实用性、丰富性、独立性、形象性的特点日益凸显。它具有其他教育形态不可比拟的特殊作用。

作为知识空间、社会教育载体的深圳书城，致力于传承优秀传统文化，引领热爱阅读、求学问道的良好风尚，同时吸引了丰富的教育资源和优质的培训品牌进驻书城平台，通过专业化、个性化的服务，满足成人、青少年各种不同类型的提升和成长需求，使书城变身为社会教育的大舞台。

（一）深圳书城引领热爱阅读、求学问道的良好风尚

书城是崇尚阅读之所，阅读是学习的主要途径。深圳市委常委、宣传部长李小甘在"书香中国万里行·深圳站"启动仪式上指出："书籍是人类进步的阶梯。只有更多的人热爱阅读，从成年人到青少年，从机关干部到广大市民，大家都热爱读书，崇尚读书，这座城市才会焕发出无穷的动力和魅力。阅读不仅关乎城市的长远发展，也关乎市民的文化福利。我们要努力使广大市民可以便利、舒适地阅读，让'多读书，读好书'成为深圳新的生活时尚。"（见图3—12）强调了阅读对个人、对城市的重要性。

深圳书城始终积极参与城市阅读生活建设，致力于引领城市热爱阅读、求学问道的良好风尚，打造充满活力的学习交流平台。诸如，通过"深圳书城选书""三金工程"（金牌买手、金牌店长、金牌导购员），不断提升专业服务水平，提供优质内容出版物，为读者做专业的阅读指引。长期坚持开展"深圳晚八点""全民品读会""亲子阅读""讲书会"等读书交流活动，引导充满智慧和正能量的阅读潮流。书城不仅仅是内容贩卖者，还是知识提供者、阅

图3—12 深圳市委常委、宣传部部长李小甘在
"书香中国万里行·深圳站"启动仪式上致辞

读指引者；书城不仅是静态的图书卖场，还是智慧的扩散者、文化
的传播者和教育的活力空间。

（二）深圳书城打造保留童年时光的成长乐园

媒介文化研究大师尼尔·波兹曼在《童年的消逝》一书中不无
伤感地指出：

> 新媒介环境在同一时间向每个人提供着同样的信息，完全
> 不可能保留任何秘密，侵蚀了童年和成年的分界线。通过电视
> 和网络媒介，成人世界的战争、冲突、性爱和暴力正源源不断
> 地入侵到儿童世界，儿童被迫提早成年，童年正在消逝。①

书中指出，电视是娱乐、表演，它抛弃抽象，把一切变得具体
化。电视等电子媒介迫使人们把孩子式即刻满足的需要和对后果漠
不关心的接收方式视为正常。我们的孩子还没有提问，就被给予一
堆答案。波兹曼分析认为当前的媒介已经削弱了家庭在塑造儿童价
值观和情感发展上的作用，传统的以亲密、依赖和忠诚为特点的亲

---

① ［美］尼尔·波兹曼：《童年的消逝》，吴燕莛译，中信出版集团2015年版，第
110页。

子关系因此丧失。为此，他发出了"限制子女暴露在媒介前的时间、仔细监督子女接触的媒介的内容并持续为他们提供有关媒介内容的主题和价值方面的批评"等疾呼。

"我们生活在一个高度复杂的、以电子为中心的社会。印刷品会使一切事情的速度减慢下来。"在数字信息汹涌而来的时代，书城提供的种类齐全的纸质出版物，超大面积的阅读空间，为家庭和孩子保留了一抹书香，让世界慢下来，在某种程度上也让"童年"消逝得慢一些。

基于书城文化综合体的功能复合性和平台集成度，深圳出版发行集团精心运营旗下各书城。建一座书城，更像是同时建设了演艺中心、图书馆、美术馆、少年宫等好几座大型文化设施。在此基础上，为了更好地服务于书城的核心客群——家庭和孩子，倡导和推广"亲子阅读"理念，深圳中心书城推出了"亲子阅读中心"的新项目，通过荐读、活动、定制服务等，打造孩子们阅读思考、表演竞技、展示才华的乐园。伊琳娜·博科娃曾多次参观中心书城，对此深有感触。在深圳获得"全球全民阅读典范城市"称号的颁奖现场，她充满感情地说道："我走过很多地方，去过很多城市，没有一个城市一个地方像深圳那样，那么多家庭那么多孩子，聚集在书城尽享读书之乐，这快乐温馨的场面，我永远都不会忘记。"

波兹曼期待的世界是"对儿童热情友好，并感到对儿童未来负有重大责任的"，并称那些坚持记住童年的人将完成一个崇高的使命，将帮助延续人道传统的存在。深圳书城积极担负社会责任，为青少年提供远离屏幕、快乐成长的童年乐园，推动家庭建立和谐亲子关系，正是在实践着保存童年的努力和探索。

（三）深圳书城打造汇集教育培训资源和品牌的优质平台

随着人才竞争的加剧、终身学习理念的深入人心，职业技能培训成为"刚需"，大有市场。同时，学前教育、儿童阅读、中小学生培训市场也正如火如荼。目前，实体书店转型发展的方向之一是由产品销售渠道转型为综合文化服务平台提供商。引入或涉足教育机构、培训品牌，是书城进行转型的一个尝试。其主要原因在于双方拥有共同的目标客户。书店的主力客户群与培训机构的目标客户高度重合，能够通过这种方式为读者提供更多价值。教育培训机构能够充分利用书城的人流、网络布点以及书城的影响力；书城平台则通过引入有意义、有价值，能够丰富中小学生课外时间的教育培训机构，实现书店服务的延展。教育培训同时也能为书城品牌文化，增添科学、互动、创意的元素。两者共生互补，共同成长与发展。[1]

深圳书城凭借其平台聚合能力、社会影响力以及专业的运营能力，吸引了丰富的教育资源和优质的培训品牌进驻书城平台，如英孚教育、赣冠培训等。同时，深圳书城开创了自有教育品牌——书城培训，通过专业化、个性化的服务，满足成人、青少年各种不同类型的学习提升的需求。

深圳书城培训中心成立于 1999 年，是深圳出版发行集团旗下的国有全资综合性连锁培训机构，培训课程囊括成人教育和青少年素质教育两个方面。近年来，书城培训顺应时势，聚焦少儿培训，成立书城培训青少年成长中心。这是针对青少年成长、为学校教育做有益补充而专门设立的素质教育培养基地，依托书城品牌优势，整合优秀师资力量，专注于课程体系的打造，专注于教学的优异呈现，专注于提供超乎预期的服务，有针对性地对孩子进行德、智、体、美、能全面教育，打造"一站式青少年素质教育专家"。目前教学范围辐射罗湖、福田、南山、宝安、龙华、龙岗六区，共设 9 个校区，教学面积 16000 余平方米，年培训学员 4 万余人。经过多年努力，各项课程不断成熟。书城培训中心多次被评为全国优秀教育机构和最值得骄傲的深圳本土著名教育培训品牌。

书城培训青少年素质教育课程包括绘画、少儿英语、舞蹈、器乐、跆拳道、小主持、少林功夫、机器人、书法等。各项课程秉承"玩中学、学中玩"的理念，形式新颖，杜绝填鸭，将教学与组织策划的大型演出和活动结合起来，与书城打造"亲子阅读中心"的各项增值服务连接起来。通过组织各种类型的社会实践活动（见图 3—13），邀请家长和孩子积极参与其中，锻炼孩子的表现力和沟

---

[1]　穆宏志：《书企抢滩培训产业"抓小抢大"》，《中国出版传媒商报》2014 年 5 月 20 日。

通力，提高孩子的综合水平，培养孩子融入社会、品味生活的
能力。

图3—13 书城培训的小学员参加活动

三 书城的创意空间

知识经济时代，文化创意产业已成为新一轮国际竞争的落脚点，
是各国展示文化软实力的最佳舞台。其对国家发展意义重大，对提
高民众生活品质也是如此。随着时代的发展，人们生活品质和审美
情趣的提升，物质消费正在快速地向精神消费转变，消费者更注重
品质消费，对文化消费品的内涵、个性，甚至是独一无二的存在要
求更加突出。因此，时尚、个性化、具有文化内涵的创意产品，越
来越受到欢迎。

创新历来是深圳有别于内地其他城市和区域的精神气质。多年
来，深圳出版发行集团坚持创新发展，运用书城的规模和体量，成
功开创了新型复合式文化创意生活空间的模式，引领业界风骚。书
城内囊括书店、影城、艺廊、创意空间、文化精品等丰富业态，提
出并践行"活的文化 新的传统""品味文化无边界""现在流行
到深圳书城聚会""阅读生活不打烊""晚八点 新阅读运动"等关
于阅读、文化、生活的理念，把一个大众的书城与"大众创业、万
众创新"的双创时代密切相连，俨然就是文化创意产业的汇集地，

为创意、创新、创客、创投的"四创联动"营造了一个积极而鲜活的平台。

（一）聚合多彩创意项目，成为创意激荡的平台

深圳书城围绕出版物与阅读、文化与生活规划"跨界"空间，组合的深圳艺廊、弘文艺术、印象映画、无感陶艺、动漫天下等有影响力的创意项目，以及咖啡店、概念餐厅、茶馆、旧书吧等，成为创意交流激荡的据点。而书城所聚合的大量爱阅读、好文化、追求品质生活的人们，又为创意、设计类项目提供了充裕的创作者、欣赏者和消费者。在这里，人们没有心理门槛，自然而然便融入艺术与创意之中，得到潜移默化的浸润，将创意因子深植于人们日常生活，成为创意激荡的平台。

1. 创意品牌——弘文

弘文诞生于 1998 年。作为深圳出版发行集团文化创意产业板块中的重要构成单元，弘文背靠强大的国有文化资源，深圳书城巨大的目标消费群体，邻近中国港澳等得天独厚的天时地利优势，成为连接文化产品与市场的桥梁，成为文化创意产品零售连锁企业的领先品牌。作为一家连锁商业平台，弘文以传统文化为根，以现代创新文化为魂，构建自己的商业模式，卖的不仅是产品，更是文化、生活方式和人生态度。它秉持"六艺功成，智在自在"的价值主张，打造城市文化社交空间、市民文化产品消费与创意空间，是一个有灵魂、有温度、承载梦想的文化创意商业平台。弘文的商品以国际、国内中高档品牌为主，是深港台知名文化创意产品乃至世界知名文具品牌的集大成者，部分进口品牌在大陆只有弘文有售。它经营 5 万多个品种，涵盖文化创意产品、文具办公用品、IT 数码产品、精品礼品、文房用品、美术设计用品、乐器体育用品、动漫数码等 10 多个大类，对学生家长老师、年轻白领、文化人士等各类消费者以及设计创意等从业者都具有很强的吸引力。近年来，公司抢抓机遇，加快转型，依托新华书店平台发展，利用集团和深圳书城品牌优势、"书城＋文创"的理念，在目前传统书业受到新媒体挑战的情况下，实现了在互联网支撑下向文化创意企业的成功转型。它从一个大型文化用品零售商发展成为一个有完整产业链整合能力的文化创意企业，致力

于做文创产业高端产品的供应商、品牌的输出商、服务的提供商和平台的集成商，打造深圳乃至全国规模最大、品种最全、专业性最强的时尚文化产品零售连锁企业。

弘文品牌在全国文创业和新华书店系统多元化发展领域引起关注，继成功走出深圳后，2016年6月实现跨省发展，目前在深圳、珠海、湛江、佛山、云南等地拥有10多个品牌连锁店（见图3—14）。

图3—14 弘文发展历程

　　十余年来，弘文时尚、创新、专业、有趣的形象受到市民大众的广泛认可。此外，弘文也是城市公益性文化活动的重要举办者和参与者。每年坚持举办各种与文化创意相关的沙龙、论坛、展览、推介、比赛活动，尤其是围绕国家级文产项目品牌化、精品化的系列文化创意活动，赢得社会各界的高度赞誉。先后参与、承办深圳读书月、创意十二月、中国（深圳）文化产业博览交易会、深圳动漫节、深圳吉他节、百米长卷、深圳市外来青工文体节器乐大赛、"中国梦"创意王国DIY大赛、深港台创意设计师沙龙等文化活动，培育和引导消费者形成更具格调与品质的生活方式，关注与尊重顾客对创意文化价值的体验与认同，与客户共同分享美好生活中的幸福与喜悦（见图3—15）。

图3—15　弘文举办系列活动现场

　　2. 创意项目——深港台创意设计廊

　　"深港台创意设计廊"是深圳出版发行集团带领弘文公司，利用文化创意产品连锁经营平台优势打造的"深港台及世界设计师作品孵化推广展示及销售平台"项目。它凭借临近深港台三地的地缘优势和产业优势，大力支持平台合作企业转型发展，支持消费类产品提升新产品设计和研发能力，加快传统文化与现代时尚的融合。

项目充分发挥平台作用，开展文化交流活动。普及创意知识，培养创意人才，推动深圳设计之都建设，包括开展设计师沙龙、论坛活动，与世界优秀同行与设计师进行互动交流，持续开展深受市民喜爱并广泛参与的创意 DIY 活动，开展各类与创意相关的竞赛和评选活动等。项目具体包括以下五大板块（见表3—2）。

表3—3　　　　　　　　　　深港台创意设计项目构成

项目板块	项目内容
项目拓展	依托全国新华书店系统向全国拓展
人才孵化	"金种子计划"——中国本土文化创意产业学子培养项目
培训	"育龙计划"——文化创意产业人才高阶训练营
竞赛及孵化	"创意中国梦"——各类创意设计竞赛评选活动
配套活动	中外创意设计师沙龙、创意王国"DIY"大赛、"众创家"（众创周六市集、深圳原创设计产品展、创客空间、创客创新教育工作坊）等

"深港台创意设计廊"通过实体体验平台和网上电商平台连接线上线下推广和销售渠道，以"互联网＋"集合本质体验、生活创意、情感分享等独特元素，通过与国际级的艺术家、设计师的合作，连接上游设计制造与下游销售渠道，以创意设计持续创造独特气质的商品，使之既具创意艺术价值又贴近民众生活需求。深港台创意设计廊获批国家文化产业发展专项基金支持项目，同时获得深圳市宣传文化事业基金的支持。

（二）提供专业支持，成为创意项目的孵化器

深圳书城以科学合理的规划布局、完备的功能配套、密集的文化消费群体、专业化的服务支持，吸引了越来越多的创意品牌、项目、作品、活动在此展演，被公众充分了解并获得认同，由此迅速成长壮大。中心书城在人流最旺的南、北台阶定期举行创意市集，对原创品牌、作品实行免费入场，享受专业化的服务与宣传资源，

受到了市民的热捧。其所呈现的热烈场面与景象，激发越来越多的市民参与到创意中来，推动了原创品牌和创意项目的发展，使这里成为新生原创产品产业化的沃土。一批如 Holy Moly、无感陶艺、Simple Things 等从创意市集中成长起来的品牌已开始跨地区经营、产业化发展。

在此过程中，深圳书城致力于完成三大转变，即从销售创意产品到销售创意理念（销售对象），从图书、艺术品产品零售商到具备研发功能的零售商（自身定位），从各类文化终端大卖场到各类文化创意模式孵化地（载体平台），形成"以书为媒、以书城为平台"的创意创新孵化的特色模式。

深圳书城宝安城探索实践的"创客培育中心"和"深圳劳动者文学（宝安）创作孵化中心"就是典型的案例：当下，创客运动风靡全球。2016 年 10 月 12 日，"全国大众创业、万众创新活动周暨第二届深圳国际创客周"（即"双创周"）在深圳湾创业广场揭幕。作为本届"双创周"的主会场，深圳拥有创新的环境、创业的土壤和众多世界级的创新企业，众多创客汇集深圳，令深圳成为全球备受瞩目的"创客之都"。深圳也是第一个把设计上升到城市发展战略，把创客融入城市发展理念的城市。

在这一城市背景下，深圳书城越来越重视"创客"浪潮。作为新一代文化创意书城，宝安书城突出创意引领和创意孵化功能，开设创客培育中心，打造创客空间，力图成为创业青年分享交流、涤荡创意、筑梦圆梦的社区和家园。创客培育中心不定期举办多种创客课程和创业辅导，涵盖智能硬件、艺术、教育、生物等众多领域，涉及动漫设计、创意建筑设计、智能微型投影、智能机器人、可穿戴设备、新材料等方面，让这些高居象牙塔的材料、技术、理论经过创客的生动演示和再创新，与普通人的生活零距离贴近，以推动产业化交易，实现创意快速转化为经济效益。

　　未来通过创客培训、创业辅导及产业交易，宝安书城将成为深圳西部重要的创客孵化器和创意教育基地，既充分满足、普及读者对创意文化、创客知识的渴求和体验，又可助推宝安文化创意产业升级转型。①

　　除了营造创客空间，打造创客孵化器以外，宝安书城有望成为深圳西部劳动者文学孵化基地。2015 年 11 月 7 日，"深圳劳动者文学（宝安）创作孵化中心"在深圳书城宝安城正式揭牌，由宝安区委宣传部、深圳市文联和深圳出版发行集团三家单位共同创办，这一中心将为全国打工文学爱好者提供更为广阔的学习交流平台，帮助打工文学青年圆作家梦。近些年来，深圳文学异军突起，特别是宝安的打工文学、劳动者文学取得了令人瞩目的成果，在深圳文学占据了半壁江山，成为南粤文学界的一道风景。目前，此中心已分两批接纳了 8 位青年作家，产生一批创作成果。《向劳动致敬——我们的诗》是其首部孵化的图书，于第十二届文博会首发，由刘永、袁叙田编，海天出版社于 2016 年 5 月出版。它收录了国内及深圳较活跃的劳动者诗人的作品，共 100 人，近 150 首作品，是一次打工诗歌或者劳动者诗歌的汇总。这一关乎基层劳动者文化权利的惠民之举，不但是提高全民阅读权利均等化的重要文化工程项目，也必将成为中国文学版图上独特的景观。

　　未来，在此基础上，可以进一步推演延伸。引入出版特色工作室、工业设计工作室、创意培训工作室等理念和田面设计之都的模式，进一步将产业链从终端（各类创意文化产品）延伸至内容创新、原创设计、人才培养、市场测试普及等环节集于一体。书城和各种工作室可按具体产品分成比例，共有版权，共享产权，从而进一步拓展书城平台为创意的迸发与培育，为创意项目的孵化与成长，为文化创意产业的社会普及与市场驱动所发挥的耦合功能。

第四节　百态即生活：书城的外延层业态

　　文化是形而上的，但实际上它的根基一定是形而下的。形而上

① 王烨：《上"书山"！深圳书城宝安城开业》，《南方都市报》2015 年 5 月 14 日第 A05 版。

的东西无形地浸透在所有形而下里，这才更重要也更持久。正如人的目光和思绪可以很远，但人的身体可以接触感知的范围则是有限的。罗兰·巴特说过，"生活是琐碎的，永远是琐碎的，但它居然把我的全部语言都吸附进去"。

空间的"空"字很值得玩味，它肯定不只是物理体积。建筑师只是提供了一种暗示着有多种可能性的场所，或者说让多重事件空间可能重叠的方式，但并未决定它。使用者的"阅读"和使用才会为整座建筑带来真正震撼的效果。一个好的空间，不仅仅为人们提供一处休闲场所，更是在用空间创造连接彼此的纽带。人们在这里相聚、探索、再创作，在这个充满推送的年代，真切地感受到人和人之间所传递的温暖。一座书城文化综合体如同多个扇面构成，人们在每个既相似又不同的扇面里，看书、喝茶、闲谈、参与活动，它们既有清晰的界限，又彼此照应。

一　停下来，享受慢生活，深圳书城倡导有爱、有温度的生活方式

霍金说："人类是唯一被时间束缚的动物。"当代人的时间被切分到最小，一周 7 天每天 24 小时不停工作，日常生活被忙碌和焦虑充斥。在现实生活中，每个人都似乎有这种体验：急切想把自己从日常事务中抽出身来，投入某种有故事的体验之中。当然，在这个过程中，可以完成购物、吃饭、观影、运动等诸多活动。

对于热爱阅读的人来说，书城就像是他们的天堂，提供给人们一个放慢脚步的好去处，给予人们一个舒适的氛围和"偷得浮生半日闲"的感受。现如今，书城已慢慢演变成为一个城市的人文景观，它代表的是一种全新的生活方式。在书城可以买书，也可以直接在大台阶上阅读。书城活动丰富而精彩，读书分享会、作家签售、名人讲座等，它们早已脱离过往"单纯买书地点"的概念，成为爱书人士精神回归、品味人生的一个空间，给读者提供了在家般的温度和自由。

放下手里的《即兴判断》，吴雪坤去了趟洗手间，回来的路上正赶上作家严歌苓要在深圳书城中心城北区的大台阶前签售，他挑了第三排最左边的位置坐下，一边等待目睹这位作品常被改编成热门电视剧的作家的真容，一边盘算着晚上要和朋友在书城的哪家餐厅吃饭。

这位刚来深圳不足一年的金融白领是中心书城的常客，因为这里除了有书店，还有餐厅、饮品店、陶艺店、面包房、眼镜店、培训机构，甚至房地产展示……几乎所有的业态都能在这里找到。如果愿意，吴雪坤甚至能在这里的中医馆做推拿。①

爱书的人们，钟爱着多元的书空间、舒适休闲的购书环境——你可以在"综合书店"选书，在"音乐时空"听音乐，在"尚书吧"淘古籍，在"益文书局"选购外文书，在"跨界"区域的展览沙龙和创意小店中流连，还可以去喝一杯咖啡，品一杯清茶，找一个位置安静地坐下，最大限度地放松心情，体验慢生活，享受深度阅读。也大可以随意翻翻感兴趣的书，或是利用书城的WiFi上上网，甚至是寻一飘窗坐享阳光，怀抱一本书进入梦乡……中心书城，尚书但不唯书，倡导轻松休闲的书生活，让市民在繁忙都市里共享一个自由呼吸的生活空间，一个慢下来、轻松阅读的地方。

传统的实体书店只有书，没有人间烟火。现在，书是休闲生活的一部分，让人去享受生活。书城的人间烟火，让人越发感受到生活的温度。而书城的书，又用一种抚慰人心的方式，烛照着这里的每一个人，让人们的内心充实而平静，不再被焦虑充斥，没有身处其他商业场所的窘迫。即便是一个流浪者，也能瞬间感受到家园的气息；即便是一个乞丐，也能感受到前所未有的内心丰富。阅读就像一道光，让书城的人间烟火有了不一样的色彩。"逛"书城，慢慢变成生活方式。以书为中心，发散出与文化休闲相关的诸多触角。

---

① 杨杰、李松涛：《要让书城有人间烟火》，《中国青年报》2014年12月2日第05版。

二 参与进来，体验生活，深圳书城倡导有参与、有互动的生活方式

当下这个时代，最时髦的是"足不出户"四个字，靠着网络，我们解决了所有的需求——大小家电、柴米油盐，都有人送到门外；打开叫车软件，司机能开到楼下等你；想要换个口味，手机里有多个外卖 APP 待选；想读一本传记，在 Kindle 阅读器上直接下载。人们的窗子开得越来越少，我们有了空调、暖气、空气净化器，这都需要和外界切断联系。我们的日常生活所需，也不再需要外出解决。① 移动互联时代，我们正在构造一个方便快捷的足不出户的空间，同时我们正在远离另一个实体体验的空间。

面对阅读方式的改变、电子商务的冲击，对产品、服务和环境的全方位体验感被认为是实体店区别于网络虚拟空间的关键。中心书城开业之初，即提出要打造"体验式书城"的目标，即是对"体验经济"时代的积极回应。这种体验主要体现在三个方面：一是感官审美，书城的店面风格设计、背景音乐、灯光色系都要符合感官审美；二是人文关怀，书城的空间布局流畅宽松，明亮开阔，讲究环境、意境、情景的呼应和有机融合，让人身心愉悦；三是心理感受，关注顾客心灵，为读者提供体验、参与和创作的机会。

在深圳书城，顾客不是被动的旁观者，而是参与者，是重要的组成部分。书城努力扮演好"搭舞台、打灯光"的角色，让人们可以展示自己的思想、情感、创作、创意，得到实现自我的满足感和成就感。深圳书城的"体验"不限于此，还有大量精心策划的艺文活动，如展示最新词曲创作的音乐时空，分享诗作的诵读会，展示绘画、摄影、设计、手工作品的各种展览，交流读书心得的读书会、讲书会、辩论赛，明清家具展、红酒讲解与品鉴、苏绣作品展示，传统戏曲表演、原创之声、青少年 COSPLAY 等，为大众提供了展示自我、分享交流的平台，使参与者得到更深层次的体验——作品得到赏读，文化气质得到关注，情感得到释放与呼应。人们在愉快的体验中构建着自己的精神生活空间，寻找志趣相投、心灵共

---

① 张恒：《六月，一个悲伤的开始》，《中国青年报》2016 年 6 月 14 日 08 版。

鸣的朋友，书城因此成为许多人魂牵梦绕的精神家园。

深圳书城十分注重文化活动的创新和策划组织，每年组织开展上千场高品质的公益文化活动、阅读讲座活动以及节庆品牌文化活动，用"活的文化"感召社会公众，提升城市人文涵养，表现出生机勃勃的文化活力，吸引各种鲜活的思想和新鲜的创意源源不断地汇聚融合，成为当之无愧的城市文化生活中心，进而获得发展的不竭动力和巨大的社会影响。据不完全统计，深圳书城投入运营以来，累计接待读者近3亿人次，举办各类文化活动12000多场次（见表3—4），为丰富深圳市民的文化生活发挥了积极而"润物细无声"的作用。

表3—4   深圳书城文化活动情况

组织单位	开业时间	每年举办活动场次	累计接待读者人次
罗湖书城	1996 年	100 场次	逾 2 亿人次
南山书城	2004 年	300 场次	2000 余万人次
中心书城	2006 年	800 场次	7000 余万人次
宝安书城	2015 年	100 场次	100 余万人次

以"都市文明行为大家谈"为例，从2016年5月开始，每月开展一期，在紧扣"文明"为核心的基础上，进一步注重与现场观众的互动，提升观众的参与感。活动讨论主题包括"文明旅游之交通安全""文明和谐医患关系""日常交往礼仪"等紧贴生活的话题。通过趣味游戏互动、现场评说、嘉宾访谈、专家对话等多种活动方式，展示"都市文明行为大家谈"这一持续品牌活动的公益性、大众性等特征，让文明与生活紧密相连，将文明习惯植入市民心中。

三　融入其中，创造生活，深圳书城倡导有身份、有仪式的生活方式

（一）从"莫谈国事"到"委员议事厅"

1. 旧时茶馆中的"莫谈国事"

旧时的茶馆是市民几乎仅有的公共空间，三教九流，各色人

等混杂其中，上层人物与平民百姓一桌喝茶聊天，提笼架鸟的吃份额的旗人、前清遗老，吃洋人软饭的买办和"谁有钱就为谁卖命、充当打手"的地痞流氓，专心向佛不问政事的参议员……至20世纪初，茶馆已成为政治组织活动的重要场所，这在清末的保路运动中体现得非常充分。1911年保路运动爆发，茶馆便成为政治中心，每天人们聚集在茶馆，议论运动最新的发展。① 正如李劼人所说：

> 几乎每条街的百姓……都兴高采烈地蹲在茶铺的板凳上，大声武气地说。此时的茶馆不再是人们整天闲聊的地方，而充满着政治辩论和政治活动。在这里，人们关心铁路国有化和对外贷款的问题。这场散了，他们又到另一个茶馆听辩论。②

各种茶客闲聊之际，也就有了对时政的批评与讨论。然而，由于正值民国乱世，政权更迭，政局对民间言论进行"侦缉"，导致"裕泰"茶馆须在店内张贴"莫谈国事"的提示字条。茶馆历经三个朝代，其摆设是经过多次"改良"的，就连佣人都由伙计改成了"女招待"，而唯独"莫谈国事"这个小道具未被"改良"掉。后来随着当局的压制日益严重，而店内"莫谈国事"的字条也越来越多，字体越来越大，暗示了社会的混乱与黑暗，政府收紧言论自由，民众生活越来越压抑。

2. "委员议事厅"，把协商议政"搬"到公共空间

自2014年2月开始，每月第三个星期天下午3点，深圳中心书城南区大台阶上就会准时上演一场精彩的唇枪舌剑——深圳市政协在书城平台上打造的"委员议事厅"。活动邀请政协委员、专家学者、政府部门相关人员、热心市民等参与，围绕市民关注的社会热点和民生主题，通过政协委员"讲"、专家学者"议"和市民群众

---

① 杨红兰：《民国茶馆里的莫谈国事》，《唐山师范学院学报》2011年第33卷第3期。

② 李劼人：《大波》，转引自杨红兰《民国茶馆里的莫谈国事》，《唐山师范学院学报》2011年第33卷第3期，第62页。

"评"，搭建一个社会各界广泛参与并表达意见的协商平台，在全社会营造协商民主氛围，传播理性声音，引领城市发展过程中的协商文化。

"在书城，你不用担心没有观众。"中心书城就有点像老舍笔下的茶馆，是一个民间意见、舆论的中心。据这位文化人多年的观察，来中心书城的深圳市民素质比较高，对公共话题也有参与热情，他们愿意在这里听到各种见解，乐于发表意见，这也是委员议事厅和中心书城在功能定位上的内在契合。①

"委员议事厅"是新时期政协工作的一种突破和创新。它突破了政协通常的闭门议政的方式，把协商民主的平台搬到市民中间。活动话题要求是民生热点，强调不预设立场，充分表达各个界别、委员嘉宾和市民的意见；现场多名委员形成不同观点的交锋，对话题进行充分的讨论；专家和学者发挥智库的作用，为现场市民答疑解惑，引导市民在一定认识基础上展开理性思考；相关政府部门就某一问题的现状和解决措施与委员、市民进行面对面的交流，充分"释政"；强调市民参与互动，民意得到充分尊重。

这样的设计和实践，备受好评。"'委员议事厅'不仅仅是政协工作的创新，也是社会治理模式的创新——通过社会各界的共同议事，让市民多角度了解社会问题的各个方面，将社会矛盾化解于无形和未结之时。"新华社记者在采访时感叹。据统计，仅2014年2月到9月，61名政协委员、17位专家参与的8场议事活动，就吸引了4000多名市民热情参与。在热情参与和交流碰撞中，一座城市的理性思维和协商文化也在不知不觉茁壮成长，协商民主的深圳创新实践也在不断地丰富。②

从"莫谈国事"到"委员议事厅"，开创了"广场议政式"的

---

① 陈晓薇、彭琰：《深圳市政协把履职的台子搭到市民中 委员议事厅：开门协商接地气》，《深圳商报》2014年12月21日第A02版。

② 周元春：《委员议事厅：协商民主的深圳尝试》，《深圳特区报》2014年10月13日第A01版。

新的城市协商文化，展现了开放、亲民、包容的气度。中心书城在其平台上推出的一系列让市民深入参与的文化活动，如大台阶辩论赛、"每周学点经济学"等都让市民充分融入其中，真正提升市民参与城市建设、创造生活的身份认同。

（二）从移民城市走向市民城市

从书开始，但并不是到书结束。城市阅读空间的功能在不断拓展，不断向艺文空间、社交空间、娱乐空间转移。阅读空间的存在不仅仅是为了读书，更是休闲娱乐、相互交流的重要场所，成为人们休闲的一种生活方式，一种人文社交的语言。

深圳从一座移民城市走向市民城市，一个巨大的变化是人们身份的转变。通过城市阅读空间，通过大量文化活动，实现人际交流和认同，通过交流完成再社会化。生活方式背后实际上是身份的重塑，在移民持续的文化互动过程中，深圳文化有了更多的文化认同和共同成分，文化间的极端差异得以减少，逐渐对脚下这片土地产生归属感，形成渐趋一致的价值取向和文化观念，从而一代移民变成市民。城市阅读空间，不仅是市民文化休闲的载体，同时也见证了一座移民城市的身份转变。

"一个成熟的市民社会，一定会有非常发达的公共生活。在书城这个公共空间，人们可以享受到一种积极的休闲和能动的生活。你是来休闲的，但脑子是不停歇的。"一位专家这样点评。在深圳书城这个宽松自在的综合文化空间，市民的周末生活可以这样度过：早上带着一家老小来到深圳书城，小朋友参加早教班、培训班，老人去周边的广场公园散散步、跳跳舞，年轻人可以在书城阅读图书，遇到合适的书购买后可就近找一家咖啡馆点一杯咖啡，享受咖啡香气混合油墨书香的惬意。人们尽可以在这个空间享受更有品质的阅读生活之美，释放疲惫，放飞心灵。

文化，是深圳城市建设的重要内容。一位专家这样表述文化地标的意义：它的存在与否可能不直接影响普通百姓的日常生活，也不会直接影响着城市的 GDP，但是文化地标对于一座城市的文化品格和精神风貌，对于市民文化心理和精神感受有着莫大的作用。书城的立足之道在于其精神内核，正在潜移默化地影响着这里的城市气场。难以统计，有多少深圳人因为"深圳晚八点"而改变了自己的生活方式，有多少孩子因为"沙沙讲故事"丰富了童年记忆，又有多少形形色色的市民在 24 小时书吧、广场边的吹拉弹唱里让一颗焦躁的心平静下来。"相约在书城，相聚在书城，这里可以让我们拥有高品质的生活、充实的精神、平和的心态"，一位读者的话言简意赅。

第四章　利在义中：商业伦理与公共责任的深圳实践

　　中国大书城发展 20 多年，在不断的探索和尝试中，逐步形成了与城市居民消费水平相适应的发展模式。它在一定程度上反映了当地文化创意产业发展的现状，不仅实现了市民公共文化权利，更是一张亮丽的城市名片。

　　书城文化综合体的成功，在于其打破了各种领域边界，实现了融合再生，构筑了完整的文化生活链条，使之成为集阅读学习、展示交流、聚会休闲、创意生活于一身的城市文化生活中心。首先，书城打破了传统的书店与图书馆的边界，从卖书的场所转变为读书的场所，书城成为公共阅读空间。其次，书城打破了书与非书生活的边界，从单纯的图书零售卖场转变为复合多元的文化综合体。最后，打破了产业与事业的边界，在商业和公益之间形成良性循环，变成事业产业综合体。在政府支持下，公益化服务满足了市民多样化的文化需求。企业化经营又激发了书城的活力，形成了政府、企业、市民多赢的局面。

第一节　书城的类商业性和价值追求

一　书城与传统书店、购物中心的不同之处

（一）书城与传统书店的区别

　　现代大书城是从传统书店转型发展而来的。书城不同于过去的书店，它们之间不仅仅是体量上的差别，更在于经营理念、业态组合方式和营运方式等方面的差别。从业态来讲，传统书店为单一出

版物零售业态，即使引入电子类产品或简餐饮品等服务性配套，也只占书店营收的极少部分。而书城则涵盖了书店和其他项目，涵盖了出版物零售、文创零售、教育培训、文化艺术、休闲娱乐、餐饮生活等丰富多样的业态，是一个复合多元的文化综合体。与传统书店相比，书店成为书城众多项目中最核心的一个，与其他项目享有同等的权利和义务。

书城运营的核心不仅在于书店的经营，而是整体平台的统一运营和协同。除了完善书店的阅读服务指引，书城还提供了丰富的文化消费服务，包括小型演出、艺术展览、文化讲座等。体验性成为书城运营的关键元素，无论是引进的商业项目，还是组织的营销活动，都应具有很高的体验性，方能吸引消费者前来，并延长消费者的停留时间，进而才有使客流变现的可能。

再次，书城和书店在盈利模式上有重大差异。书店追求单一的出版物销售和利润，而书城追求整个平台聚合效应产生的收益和持续的物业增值。书店作为核心主力店给书城带来客流，再通过复合业态将客流转化为现金流，从而实现书店的价值转移，提升整个书城的盈利能力。从收益构成来讲，书城除了出版物销售外，还有项目招商带来的租金收入、提供演出展览场地的会展收入、广告收入、写字楼和酒店收入等。

（二）书城与购物中心的区别

首先，书城从根本属性来说是公共文化平台，遵从社会效益优先原则，追求社会效益与经济效益相统一。书城中，文化是核心，商业是手段，故书城是具有"类商业性"的公共文化平台。购物中心则属于纯商业项目，以盈利为根本目的，文化只是其作为营销方式的一种手段。

其次，书城围绕满足顾客一站式文化消费的需要这一目的进行业态及业种组合。书店是书城的核心主力店，决定着书城的定位和品位，决定着书城的特色和主题。而购物中心能够包含大部分的功能和业态，主力店主要为具有明显商业特征的百货、超市、专卖店等，书店常是点缀，而非核心主力店。

因此，相对于购物中心以商品交易为核心、多元配套而言，书城则是一种新生的商业业态，一种前所未有的商业模式，是文化和商业的融合，是文化商业的新的发展产物。书城文化综合体是以书业及与书业相关联的文化创意产业为核心支柱，多业态及业种和谐共存的文化综合体，是极大地实现跨业经营的主题式购物中心，因其体量和影响力、辐射力而成为城市文化生活中心和地标。

（三）书城文化综合体的比较优势

书城文化综合体模式是对传统图书发行业的颠覆性革命，是对旧书城项目的升级改造，是对实体书店生命力的重塑，是对商业综合体的属性价值的补充，突出的是平台运营商的经营管理以及争取公共文化资源再分配的能力，从而更好地扮演城市公共文化服务平台的角色，为市民提供体验式阅读环境。其优势体现在以下方面。

1. 文化影响更深远

在继承原有书城单一业态的书店的规模优势基础上进一步丰富文化内涵，形成更具影响力的文化地标。书城扩大了阅读的内涵，从文字到图形、声音、影像，再到全方位浸入式的场景体验，都成为阅读的方式。对于市民来讲，书城所代表的不再仅仅是一个买书的地方，而是能满足各种文化生活需求的地方，是知识的集散地、文化的活动场、创意的迸发地和思想的交汇处。

2. 社会价值体现更充分

全球化背景下，文化创意产业的发展和创新已成为国家战略，书城文化综合体模式能够赢得政府认可，从而更充分合理地利用社会公共资源。尽管当前许多商业综合体纷纷开始向文化转向，但在市民心中，其商业属性仍是处于主导地位的。而书城所坚持的社会效益优先原则，使市民将书城视为文化场所，其公共文化服务的属性占主导地位。书城相对于其他政府公共文化事业又具有离市场更近、服务更优、互动更密切、更具活力的优点，因此政府和社会资源更愿意向书城倾斜，以更好地实现其目的。

3. 场所精神更具感染力

书城是无门槛的文化场所，客流量巨大。它所营造的场所精神，所举办的各类文化活动，对市民起到潜移默化的作用，在日积月累中逐步建立起市民积极的文化消费观念和良好的文化消费习惯，由此形成较强的客户黏度。因此,对于书城的倡导,市民的接受度更高,更愿意倾听和合作。

4. 文化创意聚合效应更强大

受书城场所精神的感染,创意更容易在此生发、激荡、放大。书城对文化创意产业的孵化功能极大地吸引了各类文化创意机构,许多文化创意在书城生根发芽,成长为具有一定影响力的文化品牌。此外,书城对创客的吸引力也是其他文化和商业机构不可比拟的。强大的聚合效应使许多怀抱艺术创作梦想的人,自动聚集在书城中。他们在书城找到了表演的舞台,收获了支持的观众。他们的热情和坚持,使书城焕发出迷人的魅力。

二 书城的价值追求

作为企业,书城与其他经营单位一样,追求盈利,但这只是企业最基本的层面,其更高层面是企业的价值追求。著名的管理大师德鲁克说过,企业经营的就是客户价值。一个企业只有把客户价值贯穿到企业流程中的每一个环节,以此建立一套强大的价值体系,形成自己的企业文化并与时俱进,才能真正实现基业常青。中国企业成熟的主要标志在于一批企业家的成熟,以及一批具备持久核心价值理念企业的崛起,如深圳的华为、腾讯、万科等。这些企业具有真正意义上百年老店的内核。它们不同于一般性企业,除了盈利,还有内化至人们心中的价值。

书城与其他商业的最大不同在于其贩卖的是书籍,打造的是积极能动的书生活平台。许多书店之所以闻名,并非因为其销售额有多高,而是因为该书店的价值品位和价值追求,为读者提供了丰富的精神食粮,成为读者心灵的港湾。在理想与现实的搏击中,解决生存的压力是书店存在的前提,但能够活得很好却绝非书店最终追求的目标。例如继承了邹韬奋衣钵的三联书店,将韬奋精神奉为书店的信念:"热爱人民,真诚地为人民服务,鞠躬尽瘁,死而后已。"又如位于北京著名学府圈中的万圣书园,始终坚持为学的经营理念。再如中国台湾文化地标诚品书店,坚持精英的价值观,即使连续亏损15年也始终坚守不变。而深圳书城在探索多元复合经营的道路上，提出了"尚书不唯书，谋利不唯利"的经营思路，将书店的可持续发展和企业价值追求统一起来。

国内书城/书店企业的主要核心价值理念见表4—1。

表4—1　　　　　　　　国内书店核心价值观一览

名称	核心价值观	企业使命	企业愿景	企业精神
深圳出版发行集团	读书以及一切为读书所做的服务都是高贵的	以阅读引领城市，以文化丰富民生，以创意影响未来	做一流的阅读服务提供者和大书城运营商	重制度的规则意识，重协作的团队意识，重结果的效率意识，重细节的精品意识，重探索的创新意识，重正气的阳光意识
诚品书店	人文、艺术、创意、生活	对华人社会具足实质的贡献，创新的启发与新价值的典范	成为独具一格的文化创意产业领导品牌，并对提升人文气质积极贡献	以"文化创意产业为发展根本，以人文、艺术、创意、生活"为核心价值，坚持"与人为善"的永续经营之道，以"生活与文化场域"的复合经营模式提供丰富且多元的服务及空间氛围，提供消费者独特的商品组合及内容
中南出版传媒	—	催生创造，致力分享	成为华文全媒介内容运营商、信息服务和综合传播解决方案提供商、重要的文化产业战略投资者	因工作而快乐；因创造而富有；因团队而荣耀；因良善而崇高

续表

名称	核心价值观	企业使命	企业愿景	企业精神
新华文轩	创新＋分享	做文化产业的战略投资者和整合者，促进出版传媒资源配置效率的提升；做优秀的文化企业公民，使政府、股东、员工、客户等社会相关利益者整体利益最大化，创造分享共赢的企业核心价值观；做优秀的文化传播者，为传播社会主流文化价值，推进社会文明进步做贡献		具有敢于创新、锐意进取的精神特质；具有独立、独到、创造性的思维和观念；具有引领时代、不断探索新模式、新路径的先锋气质；具有分享共赢的经营理念与宽广胸襟
方所	—	思想汇集者、美学生活重构者、公共文化空间策划者	重塑中国的美感尺度，成为汇聚人潮、激荡思想的创意基地	—
西西弗书店	用心去做，关怀心灵，通过阅读丰富人们的心灵	参与构成本地精神生活	致力成为一个文化理想的主张者和行动者	诚信乃立身之本，敬业是成功之路，协作是效率之源，创新是卓越之道
大众书局	短板子可以围成大木盆	提高文化生活品质，创造幸福美好未来	和员工共同实现梦想，打造民族书业的第二品牌	团队精神是企业的重要支柱，在强调团队协作的同时，重视个人能力的充分发挥，以及在达成企业目标前提下的个人价值最大程度地实现

资料来源：根据各书店官网收集整理。

　　书城为实现自身的价值追求，需要构筑具备一定盈利能力的商业模式，以支持企业的可持续发展。深圳书城在20多年的发展中，逐步形成较为清晰的商业模式，即以书业及与书业相关联的文化创意产业为核心支柱，打造多业态及业种组合的运营平台。通过构建以自有文化品牌为核心的产业集合运营平台，围绕核心业务提升资产运营及相关层盈利能力，不断形成书城的品牌影响力，以吸引更多战略合作伙伴，促成更广泛的跨界经营，获取更多的盈利方式，从而实现企业价值。

不同于商业购物中心的是，书城作为城市公共文化服务的提供商，其经济行为的内涵随着文化创意产业的发展，经济效益最大化已经成为对书城的片面理解，取而代之的价值最大化成为管理层决策的思想指引。因此，在充分拓展书城平台价值链的基础上，积极参与文化公益活动，履行城市公共文化服务职能，实现社会效益最大化，成为书城价值追求的另一维度。坚持社会效益优先、社会效益与经济效益相统一，成为书城发展的指导思想。

三　书城平台的构成要素

核心业务、业态及业种组合、营销活动和运营管理，成为书城平台构成的四大要素。

（一）围绕"书与阅读"的核心业务

核心业务是基础，是其他业态实现高文化附加值的前提，决定了书城的品牌影响力和市场价值。顾名思义，既然名为书城，书和与书相关的各类阅读必然是其核心业务，这也是书城区别于其他文化消费场所或大型购物中心的标志。核心业务也许不是书城的主要利润来源，但只有把核心业务做好，方能带动书城的其他业态的升值，实现书城效益的最大化。这种价值转移的方式，成为目前书城最主要的商业模式。

（二）科学合理的业态及业种组合

业态和业种组合解决的是书城的丰富度和便利性的延展领域，应基于定位和目标客户群的需求进行业态和业种组合，并进行合理的配比。合理的业态和业种组合能有效扩大书城的品牌效应，与核心业务形成良好互动，使书城在受众心中的品牌形象更加明确，反之则会对书城的品牌形成干扰，弱化其品牌影响力。

（三）富有特色的创意文化活动

这是平台充满活力的保证。如果说业态和业种组合呈现的是书城对顾客静态的吸引力，那么营销活动则是针对书城整体平台的，密切平台与客群黏度的，丰富市民文化生活，打造空间魅力提升书城平台价值的重要手段。各具特色的文化活动使书城充满了生命力，随着不同时节的变化呈现出不同的特点，从而使顾客养成经常逛书城参加活动的消费习惯，极大地增强了客户黏度。

（四）有序高效的运营管理

统一有序的运营管理是决定平台高效运营的保障，也是决定平台价值最大化实现的关键。书城既是一个商业场所，也是举办公共文化活动的地方。专业规范、高效优质的平台管理是保障书城正常运营的关键因素，在维护书城经营秩序、保护客户人身财产安全等方面起到重要作用，在确保平台安全、顺畅、高效地营运中起着核心作用。

上述四项要素各有侧重又相互依存，构成了深圳书城运营体系的骨干，决定着深圳书城平台的运营质量和目标实现，也决定着书城模式的成功与否。

四　书城筹建的关键技术

书城模式的构建，贯穿着从项目规划到筹建、运营整个过程。在规划之前，书城的定位是根本，基于定位确定项目规划和设计，进行业态和业种组合招商，并在日常运营中不断调整升级，从而使书城模式日臻完善。

（一）定位

书城的定位是书城建设和运营的关键，也是一切工作的起始。通俗地说，是厘清"我是谁""我为谁服务"的问题。只有定位清晰并符合市场要求，书城才能在项目组合时取舍得当，在激烈的竞争中脱颖而出，实现可持续发展。

书城的定位是一项系统工程，主要包括功能定位、市场定位、目标客户群的定位、经营定位和形象定位等，其核心是主题定位，其他定位围绕其展开，根本要求是围绕目标顾客群，追求差异化经营，打造独特的核心竞争力。

（二）规划与设计

书城的规划包括商业规划与建筑规划两部分内容，商业规划先于建筑规划，根据商业规划进行建筑规划和设计。

商业规划设计主要流程如图 4—1 所示，最为关键的是合理规划面积，有效提升使用效率，从而实现经济效益和社会效益的最优化。设计中需要重点考虑的要素包括：人性化的尺度；环境的景观感、统一感和氛围感；公共空间的巧妙利用；即兴娱乐设施的配置；辅助配套；公共文化活动；个性化服务；业态及业种的灵活组合。

建筑设计的目的在于体现"以书城为载体，以顾客为核心"的经营策略，最大限度地满足经营者的经营需要和消费者的文化生活需求，最终实现效益最大化。

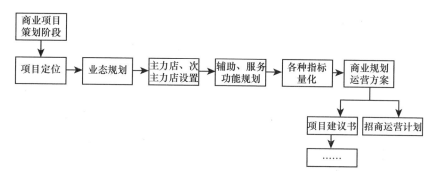

图 4—1 深圳书城商业规划基本流程

（三）业态及业种组合

分析书城的业态及业种组合，需要回答两个问题：书城能够包容哪些业态？书城模式能否像购物中心一样包含大多数业态？

回答上述问题，应回归书城模式的核心。书城是以书业及与书业相关联的文化创意产业为核心支柱、多业态及业种组合的运营平台和书生活空间。书是根基，是灵魂，因此书城的业态和业种组合要围绕书及相关衍生品组建，主要原则为：（1）与书业的文化属性相契合；（2）与书业的品质和品位相契合；（3）与书业的档次相契合；（4）与书业的形象相契合。

（四）项目招商

在确定书城业态和业种组合后，招商工作与书城基础工程建设同时开展。招商工作包括制定招商策略、控制招商进度、策划招商宣传方案和组建招商团队等。招商工作并非开业后就完成，而是伴随经营活动始终，具有持续性。

书城首次招商时应在考虑品牌形象、人流吸引力和租金等因素的同时，尽可能满足整体出租率不低于85%的要求，使书城运营取得良好开端。

书城开业后，招商工作应根据项目实际运行情况，结合发展策略、行业变化、市场需求不断调整，不断完善。

（五）书城运营管理

书城运营管理工作的指导思路是"专业化经营，精细化管理"，其核心就是专业的企划营销、优质的物业管理、统一的信息平台等的集合，既有企业集团层面的战略决策和统筹协调，又有书城项目平台层面的具体运营执行，最终实现整个书城平台价值的最大化，如图4—2所示。

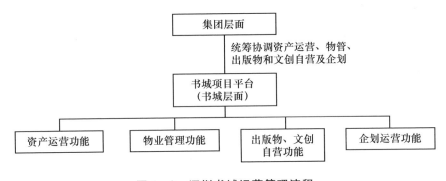

图4—2　深圳书城运营管理流程

第二节　书城的商业模式

彼得·德鲁克说，"当今企业之间的竞争，不是产品之间的竞争，而是商业模式之间的竞争。在颠覆性的营销战中，模式创新尤为重要"。

商业模式是企业围绕客户价值最大化构造价值链的方式。它是连接客户价值和企业价值的桥梁，其最终目的是实现企业价值的最大化。企业的价值创造是通过一系列活动构成的，这些互不相同但又相互关联的生产经营活动，构成了一个创造价值的动态过程，即价值链。价值链在经济活动中是无处不在的，既存在于企业与顾客之间、关联企业之间，也存在于企业内部各业务单元之间。只要在任何阶段中的任何环节构建了竞争对手无法在短期内轻易复制的竞争能力或优势，企业就构建了自己成功的商业模式。

商业模式创新的核心是盈利和发展。企业价值链可以覆盖其生产过程中涉及的所有有价值的活动，并可以通过价值链延展、拓展等重构方式创新价值体系，进而实现商业模式的创新。

一　书城的价值链构成

根据迈克尔·波特的价值链理论，每个企业都处在产业价值链中的某一环节，一个企业要赢得和维持竞争优势不仅取决于其内部经营价值链，而且还取决于在一个更大的价值系统（即产业价值链）中，该企业同其供应商、销售商、合作商，以及顾客之间的连接。书城处于图书出版产业链的下游，其价值链的构筑主要来自上游出版社、书商和读者之间。随着城市居民文化消费需求不断提高，同时在互联网对消费模式的颠覆下，书城的经营从过去的产品导向向顾客导向转变，盈利模式由过去的渠道倍增模式向客户解决方案模式转变，其利润来源也从过去单一的图书销售发展为复合多元的跨界经营。

（一）书城盈利模式的演变

1. 由产品向服务转变

在传统新华书店时代，书城的主要利润来自图书渠道销售，后来随着书城业态的不断丰富，招商项目带来的利润所占比例越来越高，租赁服务成为书城的重要业务。在互联网的冲击下，书城着力抓住电商在顾客现场体验、用户黏性等方面的短板，重点围绕顾客需求提供全方位的解决方案，从而将其他业态打包进入文化空间，积极探索线上线下融合发展，向"以用户为中心"转变，全方位满足用户的选择、体验、交流、购买和增值服务。

2. 由渠道向平台转变

从传统新华书店发行渠道到书城文化综合体，书城的平台属性越来越凸显。通过平台聚合各类创意文化产品，强化交流的功能，提供创客创意孵化空间，从而产生高附加值，给书城带来收益，同时还可对平台上的产业进行投资，分享其收益，从而形成以客户需求为中心的复合多元的价值链模式。

3. 通过做精书业实现价值转移

相对于其他文化创意项目，书业在书城平台中的利润贡献率是比较靠后的，但在书城中却牢牢占据了核心位置。即便有的书城面临经营压力调减了书店在书城中的营业面积，但仍坚守出版物经营为书城的第一属性。究其原因，就在于虽然图书贡献的利润不高，但却是其他业态存在的前提。图书之于书城，犹如大树的根，虽然本身不生产养分，却是整棵树能够枝繁叶茂的前提。只有根深蒂固，才能支撑枝叶健康成长，为整棵树提供养分。只有通过做精图书汇聚客流，才能带动其他业态增值，实现价值转移。因此，虽然书城开展多元化经营，仍旧将提升出版物的服务质量放在第一位，因为它是书城品牌价值的重要体现，是书城存在和发展的根本。

（二）书城价值链的拓展

1. 沿产业链拓展

国内许多图书发行集团与出版社之间的整合，并购、投资民营出版策划公司，介入数字出版产业等行为，均属于沿产业链拓展，其最终目的在于打造全产业链企业。这些企业具有以下特点：一是业务范围涵盖广义出版产业的各个领域，包括图书、报纸、杂志、网络媒体等；二是企业内部构建了完整的出版产业链，包括出版、印刷、发行、信息处理、物流、服务与代理等；三是在地区范围乃至全国范围内构建出版发行商业网络。

2. 向书业相关产业拓展

结合图书出版发行向相关的文化产业延伸发展，通过相关产业的拓展，与书城主业起到相辅相成、互相促进的作用。例如，深圳书城三层业态规划中的"紧密层"就是围绕书业相关产业进行拓展，主要有教育培训、文具、美术、音乐、影视等。又如凤凰传媒从翻译出版延伸了翻译公司，文学出版延伸了影视公司、影视基金、游戏公司，艺术品出版延伸了艺术品公司、拍卖公司等，均是围绕图书出版延伸出来的相关文化产业。

3. 向创意文化产业跨界拓展

通过发展图书非直接相关产业，与书业形成互补，拓展利润空间，从而使企业价值链向多元发展。广州方所走的就是跨界发展的道路，将书店和其他文化产业结合，实现多业态跨界发展。采取"书业＋多元化业态＋营销活动"的综合开发模式，其价值实现途径从图书主打分散到了创意、艺术品消费、休闲消费上。通过多业态跨界经营，开发新的利润增长点，以适应市场多样化和个性化的需求，使企业内部资源得到有效利用。

广州方所（见图4—3）与传统独立实体书店开发新利润增长点的方式不同，在多元化经营的视角下扩大了经营业态，主要涵盖图书、音像、咖啡、环保用品、服饰等，全部实施自营。跨界经营实际上将方所区隔成了5个独立的空间，即书店、美学生活馆、咖啡店、艺廊与服装，形成了一个综合消费体验平台。在广州方所的总营业额中，图书销售部分占35％左右，毛利较高的"例外"服饰，占到35％—40％。以利润贡献来讲，服饰会大于书。① 图书带来的人流量和媒体效应成功带动其他业态，这是互相成就的一个集合业态。

图4—3　广州方所"例外"服饰店

---

① 张东亚：《方所，卖掉书香》，《中国企业家》2015年第5期。

4. 以用户为中心提供全套解决方案

互联网的急速发展使用户的消费模式产生了根本性变化，给许多产业带来了颠覆性的变革。实体书店销售的内生性增长和外延式发展都脱离不了用户这一节点、这一阶层、这一集合体。正是用户及用户需求的个性化、差异化改变和颠覆了整个书业的组织结构、市场结构、商业模式及商业生态，既为实体书店带来冲击和压力，又催生了新的机遇。实体书店在挑战和机遇中积极应对，加强与互联网经济的对接，借助互联网实现转型升级，成功拓展了企业的价值链。互联网思维的核心即用户思维，指在价值链各个环节中都要"以用户为中心"考虑问题，围绕目标客户群提供全套解决方案，从而打造出全新的产业生态链条。

用户思维的实质可以归纳为三点：首先，用户思维有明确的受众概念，这里的受众不同于以往的自然人群的观念，而是伴随着媒介产品产生的分化群体。其次，用户思维是一种产品思维，不同于以往流水线上的产物，这里的产品是消费意义上的产品，甚至可以说，产品即媒介。最后，用户思维注重用户体验，通过体验获得用户认同。[1]落到书城经营者身上，就是要针对用户的需求解决的三个问题：对谁服务（Who）、提供什么服务（What）、如何提供服务（How）。

深圳书城在 20 多年的模式探索中，形成了以用户为中心提供全套解决方案的经营模式，提出书城经营四大关键词：指引力、现场感、便利性和个性化，围绕分众化的用户需求，完善阅读服务，把深圳书城打造成知识的集散地、文化的活动场、创意的迸发地和思想的交汇处，成为一座城市令人骄傲的文化客厅。同时，根据其目标客户群，建立"亲子阅读中心"，引进亲子手工坊、素质教育培训等项目，为青少年提供全套解决方案，满足该用户群各方面的消费需求。

二　国内书城主要商业模式

（一）深圳书城

深圳书城代表了国有书城在政府支持下打造城市公共文化生活

---

[1]　刘宏、狄萌：《如何认识用户及用户思维》，《青年记者》2014 年第 17 期。

中心的商业模式。深圳书城的成功离不开深圳市委市政府对全民阅读的高瞻远瞩和大力支持。从城市规划到施工建设，深圳市委市政府对书城的支持是全国其他城市都望尘莫及的。许多其他城市来宾到深圳书城中心城参观后，无不带着艳羡的语气承认，中心书城的成功是无法复制的。从1996年发展到现在20多年间，深圳书城不断更新迭代，形成了各具特色又互相依存的书城群，成为深圳文化生活中必不可少的组成部分。

（二）凤凰文化广场

凤凰文化广场代表了上市集团公司通过地产公司平台和新华书店网络合力打造的新文化地产模式。凤凰书城是凤凰文化广场的核心主力店，设有"亲子""女性""生活""人文"等主题分馆，同时配置数字阅读馆、多功能厅、云教室（见图4—4）。其他主力店包括自在复合书店、凤凰点播视听馆、幸福蓝海影院等，同时还融合了特色餐饮、创意产品店、艺术品展览、动漫乐园、户外用品、数码集成店等多元业态，做到"一站式文化消费"。广场上面是高层住宅写字楼，由凤凰集团全资子公司开发，是典型的"书城＋地产"模式。

图4—4　苏州凤凰文化广场

凤凰集团作为国内大型出版传媒上市集团，其网络规模和覆盖能力已居全国第一。在此强大的发行能力支撑下进行大型文化 mall 的建设布点，在选址、运营、政策优惠、资金投入、社会认可度方面都具备扩张优势，"凤凰文化广场"在全国形成了一定的品牌影响力。湖南中南传媒、江西中文传媒、安徽时代传媒也以相似的模式进行大型文化综合体的建设，这类企业具有丰厚的省级政府和市场资源，更重要的是它们都已经是上市公司，具有政府、金融和市场三方面的扩张能力。

（三）诚品书店

诚品书店代表了高质量管理、高品位、全商业方位、高投资回报的文化百货模式。诚品书店自 1989 年在中国台湾开设第一家书店以来，通过近 30 年的发展，目前已成为拥有 50 多家分店的大型连锁企业，并成为我国台湾的文化名片和文化地标。多年来按照精英定位、顾客经营、城市文化卖场、连锁不复制、分店与地缘结合的商业定位原则，在全世界书业普遍不景气的困难时期也保持文化坚守，创造了极高的品牌辨识度和行业影响力。诚品书店善于因地制宜采用个性化建设方式，从大型文化商业综合体、单体书店，到商城中书业百货，以及办公物业中的单体书店等多种形式。诚品的商业模式经历了如下演变。

第一步，书业向书业百货业发展；

第二步，书业百货向商业物业发展，如加上旅店业；

第三步，书业百货业向商业物业和住宅业，及全方位地产业发展，向城市文化综合体方向转化，即苏州模式（见图 4—5），最终成为文化商业地产综合体，以最大限度地获取商业利润。

在早期，诚品主要通过租赁的形式开店，租金是书店经营的最大压力。开业后 15 年的时间里，书店一直处于亏损状态。随着品牌价值的不断提升，书店开始拓展多元化经营，将承租的部分经营面积转作文化相关产品的招商，扮演起二房东的角色。随着诚品品牌受到广泛认可，诚品开始从二房东向房东转型，并积极介入地产业，通过极强的议价能力获得土地使用权，再凭借诚品的品牌带动其商业和住宅地产的增值，通过地产支撑书店运营。

图4—5　苏州诚品书店

（四）方所

　　方所代表了书店与高端时尚艺术生活品牌结合的模式。方所的业态已经远远超出书店的内涵，与其说是一个零售终端、一个集合店，不如说是一个独特的文化组合，涵盖书店、美学生活馆、咖啡店、艺廊与"例外"等品牌服装服饰，全部为自营店。书店采购品种严格按"小众主义"方向，避开那些受到网络书店冲击最严重的种类。在方所的图书结构中，艺术设计类占了大部分，外版书数量占比更是高达40%。图书和服饰联合共存的零售模式，带动了方所整个店的销售业绩。方所自2011年11月25日在广州成立，2014年销售6000万元，实现了盈利。方所的成功让人们看到了书店与文化创意组合的多种可能。

　　方所是民营资本与商业地产商结合的成功案例。相对于国有资本和上市公司来讲，民营资本在图书发行市场的经营压力比较大，这更激发了民营资本在经营和服务上勇于创新，才能在竞争激烈的图书市场上占据一定的份额。

三　深圳书城商业模式的发展演变

　　深圳出版发行集团带领下的运营团队，积极适应市场环境和人们消费方式的变化，积极进行业态创新和经营模式创新，对旗下1996年开创的"深圳书城"这一全国最早的大书城品牌进行持续的运行、提升。从深圳书城罗湖城到深圳书城南山城，再到深圳书城中心城、宝安城，以及正在筹建中的龙岗城、湾区城和合肥城，深圳书城模式"以书为媒，多元化发展"的经营理念一次次被赋予新的内涵。前后20多年，创新不断，累积丰硕，探索出了一条新时期传统书城转变模式、重焕生机的道路。

深圳书城的商业模式体现了深圳出版发行集团在不同发展时期的企业发展特点。企业不同的发展时期对应不同的商业模式发展周期。企业在初创期着重于设计商业模式，在成长期着力创新商业模式，在成熟期完善商业模式，在扩张期则将商业模式标准化。

深圳书城在成立之初，积极探索商业模式，做出了多种尝试，在图书超市的基础上开始丰富多元文化业态。在企业集团化之后，书城建设跃上一大台阶，中心书城成为全国大书城的典范，此时书城提出"以书为媒，多元化发展"的商业模式理念，不断完善深圳书城模式。2013年，深圳出版发行集团进行宏观组织架构调整，整合集团业务板块，提出"改造提升传统书业，探索发展新兴业态"的战略思路，在书城模式的发展上又迈出新的一步，开始实现异地输出。20多年的时间里，深圳书城形成了围绕书业构筑相关文化创意产业的商业模式发展历史：沿书业纵向延伸，向创意产业横向拓展，由超级书店向复合多元的体验式文化综合体发展，由单店向规模连锁发展；由原始的渠道增值模式向客户解决方案模式转型。

目前深圳书城模式经过演变和升级，已经延展出6种复合形态。

（一）中心书城（城市文化生活中心）

深圳书城中心城是一种集文化活动、书籍销售和其他商业于一身的地标式文化综合体。该种模式的扩张一般集中在一个城市的中心地带，一般来讲，一城一标，其选址头等重要。

2006年，深圳书城中心城华丽亮相。此版本最大的突破是在运营角色上首次定位为平台集成经营者，克服了作为书业经营者的局限性，以顾客需求为中心来选择、集成最优项目打造平台，应用"跨界"理念，成功创建出体验式书城业态和书业跨界运行的商业模式，为广大市民打造了一个更具公共性、开放性、体验性和文化性的城市生活中心。

（二）罗湖书城和南山书城（城市区域文化生活中心）

深圳书城罗湖城和南山城在商业形态上虽然各有特点，但都属于多元业态复合经营的区域文化生活中心。与中心书城不同的是，这两座书城均位于垂直独栋建筑物中，由于处于商业物业密集区域（不同于中心书城式的开放建筑和设计空间），在运营中无法大量地植入社区活动。这类模式特别适合于商业楼群已建成的密集商业区，那里已没有大面积的空地进行中心书城式的开放性地标性建设。由于这类模式的建设和设计都较中心书城简单，完全可能成为书城在商业密集区快速扩张的主要发展方向之一。

（三）宝安书城（城市新区文化生活中心）

宝安书城是深圳书城的4.0版本，定位为文化创意书城。不同于之前的三座书城均位于城市区域中心，宝安书城位于深圳原特区关外，属于商业新开发区，人口密度和区域居民消费能力与发达商业区存在一定差距。宝安书城总结了之前三代深圳书城的模式经验，结合当地居民特点，将发展重点放在文化创意上，着力将书城打造成深圳西部创意创客的孵化平台。宝安书城成立了"深圳劳动者文学（宝安）创作孵化中心"，集合创客教育、创客培训、创意产品研发等功能，助推深圳文化创意产业快速发展。

（四）龙岗书城（城市区域公共文化服务共同体）

龙岗书城是深圳书城的第五代版本，目前正在施工建设中。龙岗书城与毗邻的艺术馆、科学馆和少年宫等公共文化设施多位一体，协同共生，创建以书城为核心、以书城带动并再造城市文化中心的"三馆一城"书城文化综合体群落，全面构建全方位、多层次的城市公共文化服务体系。

（五）合肥书城（书城＋产业园＋住宅）

合肥书城是深圳书城模式输出的第一座异地书城。2015年开工建设，预计于2019年开业。合肥书城文化创意综合体分为创意文化书城、创意文化产业园、文化居所三大部分，其中创意文化书城按大型商业购物中心的标准设计建造，创意文化产业园将作为文化创意企业的工作室和孵化器，文化居所将为工作在书城和园区的文创人才提供居住配套。深圳出版发行集团在运营合肥书城时将输出深圳书城的运营模式、运营团队、运营品牌、运营平台，合肥书城将成为深圳书城的升级实践。

从业态分布规划看，合肥书城内除综合书店、书吧等图书专业卖场外，还设有学习培训课堂、市民大讲堂等教育场所，音乐厅、书画艺术品展览、多功能厅、非物质文化传承区（民间艺人工作展示区）、影院、儿童小剧场、儿童职业体验中心等休闲娱乐场所。建成后的合肥书城文化创意综合体，将被打造成具有跨界综合效应的创意文化平台，成为安徽省最大的集文化阅读、创意设计、休闲娱乐、教育培训、商业服务于一身的公共文化生活中心。

（六）简阅书吧（社区文化服务连锁机构）

简阅书吧是深圳书城商业模式发展因应社区文化事业需求延伸的一种子模式。书吧既具有市场意识，也极具公益性质，在追求经济效益的同时，最大限度地实现社会效益。目前已在深圳开设近30余家，并在东莞、河源等地开设多家书吧。它不仅是图书卖场、图书阅览室，还具备借阅功能，更是市民分享阅读、聚会休闲的社区型文化生活空间，解决了社区图书馆馆藏不足、图书更新慢、借阅服务不到位等问题。书吧有效承担了社区图书馆的职能，是传播公共文化、提升文化品质的载体。

简阅书吧广泛深入社区、工业区，以建设人文关怀的公共文化阅读空间为定位，为居民提供一站式、便利性的公共文化阅读服务。在空间规划和功能布局上，主要有四大区域：一是出版物专区，主要包括图书音像出版物展示陈列区和公共阅览区、图书借阅区，读者能够畅享购书、静享阅书、惠享借书；二是文化创意精品区，主要包括书画、陶艺、动漫、数字产品等创意产品的展示交流区；三是阅读活动区，主要包括各类交流、展览、沙龙和讲座等分享交流区和公益活动区；四是配套服务区，主要包括简餐、咖啡等配套休闲区。

简阅书吧是社区公共文化服务和交流的窗口。书吧定期举办各种沙龙讲座、"简阅书友会"、签名售书、纪录片专场等活动。书吧推出"筑梦计划"，致力于帮助有文学梦、创作梦且条件较为艰苦的有志之士，提供创作圆梦的便利条件和基本空间，助其圆梦。还为刚毕业的大学生提供一个"创业从这里开始"的平台，与政府相关部门共同组织"创业者家园"，策划一系列与创业、技能培训相关的活动，为有创业梦想者提供创业起步台阶。

四　全民阅读战略下的书城投资建设

2016 年 6 月 16 日，中宣部、国家新闻出版广电总局等 11 部委联合发布《关于支持实体书店发展的指导意见》，提出了支持实体书店发展的六大任务，给实体书店的发展送上一份"大礼包"。在国家政策引导下，各城市对实体书店的扶持力度空前，大书城建设迎来明媚的春天。各地新华书店集团、上市集团大力投资建设大书城，外资书店也积极谋划进驻中国。此外，商业地产业纷纷通过引入书店实现购物中心的文化转型。

从投资建设模式来讲，深圳书城与国内大多数新华书城的投资建设模式大致相同。早期用地主要通过土地划拨的形式建设书城，随着近年经济体制改革不断深化，新建书城主要通过招拍挂形式获得土地使用权。与此同时，作为公共文化服务体系和全民阅读设施的重要组成部分，深圳出版发行集团提出了"一区一书城、一街道一书吧"发展战略，获得深圳市委市政府的认可。深圳书城的建设纳入了深圳市"十三五"规划重点民生工程，政府与企业按总投资额 1∶1 的比例支持投资建设书城，对于在原特区外新开的书城给予开业头三年培育期提供 500 万元/年的运营补贴。深圳书城的投资建设方式如表 4—2 所示。

表 4—2　　　　　　　　深圳书城的投资建设方式

序号	投资建设类别	代表书城	投资建设方式
1	土地划拨＋自主建设	罗湖书城、中心书城、南山书城	早期的深圳书城用地多采取行政划拨的形式，企业自筹资金投资建设，政府通过专项资金予以一定的补助。行政划拨土地的方式极大地减少了书城投资建设的成本

序号	投资建设类别	代表书城	投资建设方式
2	合资建设	龙岗书城	书城用地采用招拍挂形式出让给深圳出版发行集团，集团与区政府按一定股权比例成立合资公司，共同投资建设书城。市政府通过专项资金形式资助部分建设费用，此部分投资形成的股权归深圳出版发行集团所有，书城的运营管理由合资公司负责
3	政府配套支持	龙华书城、湾区书城、光明书城	按市政府与企业 1∶1 的比例承担项目总投资，总投资包括项目土地投入、基建投资、二次装修及运营（设备设施）投入。市政府投资部分转为企业国有资本金。书城及配套用地项目作为市级公共文化设施用地，采取定向招拍挂方式进行出让，项目产权归集团所有
4	联营	宝安书城	此为轻资产运营书城模式的一种探索。区政府提供书城用地，市区两级政府出资委托深圳出版发行集团代建书城。建成后交付给集团与区政府合资成立的联营公司。集团与区政府按 51∶49 的出资比例成立联营公司，负责宝安书城的运营管理。这种投资建设模式集团只拥有书城的运营权，不具有产权
5	委托运营	合肥书城、萍乡书城	一般由商业地产商投资建设好书城后，委托给深圳出版发行集团运营，由集团下属公司深圳书城投资控股有限公司在当地组建运营公司，统一运营书城

　　在市委市政府的大力支持下，深圳出版发行集团积极推进深圳书城龙岗城、龙华城、湾区城、光明城、大鹏城、数字总部基地等市级公共文化设施建设，如图4—6所示。未来书城文化综合体建设项目总用地面积将达 145000 平方米，总建筑面积 337000 平方

米，总投资约 45 亿元。预计到 2020 年实现深圳市内书城新建开业 2 座、开工建设 2 座、完成立项 2 座，并成功实现外溢发展，建设 2—3 座异地书城。同时配合"一街道一书吧"战略，构建结构合理、层次清晰、大书城和小书吧互为呼应的公共文化服务平台与全民阅读设施体系。

图 4—6　深圳市深圳书城群落建设拓展

第三节　跨界创新构建深圳书城模式

深圳书城在不断的自我更新和迭代中，打破了多重边界，创新融合发展模式，成为中国书城文化综合体的典范。深圳书城通过打破企业和事业、商业与公益的边界，获得了政府和市民的支持；通过打破书与非书的边界，提升了专业化运营和平台聚合能力；通过打破传统书业与互联网的边界，打造了线上线下融合发展的新竞争力。

一　政府支持：推动文化事业产业综合体发展

深圳书城的建设发展，离不开政府的大力支持。作为公益性国有文化企业，深圳书城充分享受了政府从中央到地方对文化产业和文化事业的各项支持，在战略发展、产业振兴、税收优惠、金融扶持、专项资金等方面，为书城发展提供了强大的动力。

（一）推进书城转制，借助市场优势使书城成为实现市民文化权利的重要组成部分

从新华书店出身的大书城，原本均属于事业单位，从 20 世纪 90 年代以来，国家推进国有文化企业转制，同时明确了"将社会效益放在首位，社会效益与经济效益相统一"的经营原则，将体制内监管和市场化运营两者有机结合起来，使文化国企焕发出新的生命力。书城作为转企后的市场主体，摒弃了事业单位体制弊端，以生机勃勃的灵活机制，通过公共文化服务提供者的角色，更好地履行文化国企的社会责任，成为实现市民文化权利的重要组成部分。例如，深圳书城与深圳图书馆这一类事业单位比较而言，同样作为公共文化阅读空间，但在文化服务及生活配套方面，做得更加丰富和完善。

以深圳图书馆读者餐厅为例。由于图书馆周边除了中心书城外，餐饮项目较少，读者餐厅的存在能有效解决读者就餐问题，是公共文化设施的重要配套服务。但由于图书馆是全额拨款事业性单位，财政实行"收支两条线"管理，即收入全部上缴政府，其支出则全部由政府下拨，收支互不交叉。在这种体制下，读者餐厅的创收与图书馆的利益缺乏直接关联性，同时图书馆又要为读者餐厅的卫生、安全等运营管理问题承担责任。如此，读者餐厅变成图书馆的沉重包袱，最终其被改建成全自助式阅览室"南书房"。读者餐厅的取消为读者带来极大不便，而书城灵活的市场运作机制，能全方位地满足读者的文化生活需求，从而更好地提升城市的公共文化服务功能。

（二）明确书城的公益属性，加大政策支持、扶持力度

党的十六大明确了文化产业和文化事业的不同属性及各自特征，即经营性文化产业和公益性文化事业。党的十八大强调，要坚持把社会效益放在首位，社会效益和经济效益相统一，推动文化事业全面繁荣、文化产业快速发展。2015 年 12 月，国资委、财政部、国家发改委发布了《关于国有企业功能界定与分类的指导意见》，将书城定位为公益类企业，明确以保障民生、服务社会、提供公共产

品和服务为主要目标，因此相对于其他商业综合体，书城则成为文化事业产业综合体，既具有文化产业的商业属性，又具备文化事业的公益性。根据这一定位，国家和省市各级政府对书城推出了一系列的支持政策，加大国有资本投入，提高公共服务的质量和效率。

随着全民阅读作为国家战略，配套的优惠政策为书店的发展提供了大力支持。继在免征图书批发零售环节增值税、奖励扶持特色实体书店等方面推出了一系列政策措施之后，中央11部委又联合出台了《关于支持实体书店发展的指导意见》，把扶持实体书店提到了更高的高度，为大书城的发展创造了极为优越的政策环境。

深圳市委市政府多年以来秉承"文化立市""文化强市"的战略方针，先后发布了《深圳市文化产业发展促进条例》等多项支持政策，每年财政集中5亿元设立文化创意产业发展专项资金，用于支持文化创意产业发展。深圳市政府各主管部门、相关部门高度协同，多个维度扶持国有文化企业的发展。

（三）支持书城建设成为政府提升公共文化服务能力的重要手段

深圳对文化、对阅读的推崇，其中必然包括对传播知识和文化的阅读空间载体——书城的高度重视。可以说，深圳书城的创建和发展无不凝结着深圳市委市政府在书城选址建设、运营发展、全民阅读活动中的坚定支持和强力推动。无论是已经建成运营的，还是正在规划建设的书城，所在位置都是深圳城市或城市副中心的核心之处和商业旺地。深圳有一个说法，这个城市中心在哪里，书城就在哪里。深圳对城市CBD有一个新的解释，CBD不仅是中央商务办公区，也是中央书城发展基地；B也是Book的意思。从已经投入运营多年的书城，到正在建设或规划的新书城，书城永远建在城市的客厅。一座城市把最好的地方留给书城，体现着一座城市的高贵与优雅，也体现这座城市决策者的眼光和追求，表明了尊重知识、崇尚文明的价值选择。《中国青年报》评说，"把书城建在城市中心的最好地段，这已成为深圳的文化宣言"。

"作为经济发达的年轻城市，深圳选择把最好的地方留给一座书城，选择了与书有关、与文化有关的公共建筑作为中心区地标，体现的是市委市政府的一种战略眼光，一种前瞻科学的城市规划，一种公共服务的理念，一种文化民生的价值观"，深圳的选择，说明了我们这座城市把文化与知识的价值摆在了一个很重要的位置，"正是认识到书店对城市发展的长远意义，认识到阅读对市民的深远影响，深圳把这么大的书城建在了市中心，让市民有幸享受美好的阅读环境，拥有了一笔值得骄傲的文化财产。"①

深圳市政府把推动全民阅读作为培育城市可持续发展的动力机制的同时，也将建设书城作为实现市民文化权利的重要手段之一。"一区一书城、一街道一书吧"战略被写入政府工作报告及《深圳文化创新发展2020（实施方案）》，作为深圳市重点工作加以推进，同时将书城建设作为重点民生工程纳入城市公共文化服务体系建设。

（四）支持书城推广全民阅读，将书城打造成为全民阅读主阵地

深圳对全民阅读的推广不遗余力，连续多年举办读书月及文博会、深圳晚八点、世界读书日等公益文化活动，年均用于推广全民阅读的经费超过 1000 万元。经过多年的运营，这些全民阅读品牌开始产生了广泛的影响力，对社会形成集聚效应，吸引了众多的行政事业单位、商业文化企业和民间机构参与其中，被联合国教科文组织代表罗西称为"最有价值的投资之一"。从 2000 年首届深圳读书月至今，在政府的支持下，深圳形成了以每年 11 月深圳读书月为重点，全面覆盖日常读书生活的常态化阅读推广机制（见图 4—7）。就如深圳读书月总顾问、国务院参事王京生所形容的：

> 读书月与读书活动，就如钱塘江潮和钱塘江水的关系，每年 11 月读书月，就是我们读书的钱塘潮，而全年的读书就是浩荡的、永不回头的、一直流淌的钱塘江水。②

---

① 翁慧娟：《中心书城：在城市中心与书相约》，《深圳特区报》2011 年 3 月 30 日第 A5 版。

② 王京生主编：《高贵的坚持》，海天出版社 2014 年版，第 3 页。

图 4—7　第 18 届深圳读书月启动仪式

注：（左起）李小甘、王京生、厉有为、陈如桂、李灏、李海东、李岩。

深圳出版发行集团作为读书月的总承办单位，充分发挥旗下深圳书城推广全民阅读的功能，为改变城市阅读风貌起到积极的作用。谈及全民阅读活动的意义时，深圳市委常委、宣传部长李小甘撰文道：

> 无处不在的阅读文化活动正改变着深圳，让人文气质充盈鹏城，阅读已经成为深圳的一个重要文化标识和精神符号，为涵养城市文明、激发创新潜能注入了活力。①

除了各类全民阅读活动，深圳市还通过推动全民阅读立法、成立全民阅读研究与推广中心和民间阅读联合会等多种形式，支持深圳出版发行集团推广全民阅读，将深圳书城建设成全民阅读主阵地。

2016 年 4 月 1 日《深圳经济特区全民阅读促进条例》正式实施，成为全国第一部以"条例"命名的地方性法规。该条例明确

---

① 李小甘：《让城市的每扇窗户都透着阅读的灯光》，《深圳全民阅读发展报告2017》，海天出版社 2017 年版，第 13 页。

市、区文化主管部门要为阅读推广人开展公益性阅读推广活动提供必要的支持和保障，将深圳读书月的举办机制法定化，确保该项活动长期可持续运行，并规定成立公益性全民阅读基金。根据条例要求，深圳市出台了《关于加快构建现代公共文化服务体系的实施意见》和《关于推进基层综合性文化服务中心建设的实施意见》，为书城建设和推广全民阅读提供了有力的政策支持。

　　2015年1月深圳市委宣传部成立深圳市全民阅读研究与推广中心，设于由深圳出版发行集团总承办的读书月组委会办公室。作为深圳首个专职于全民阅读理论研究及成果推广的事业性机构，中心致力于系统整理深圳全民阅读实践成果与成功经验，构建理论体系，创新推广模式，每年编制深圳阅读蓝皮书（见图4—8），发布"深圳阅读指数报告"，反响热烈。

图4—8　深圳全民阅读蓝皮书

为了充分联合企业、社区、学校等各类社会阅读组织的力量，2012 年 11 月在市委宣传部、市文体旅游局的指导推动下，深圳出版发行集团发起成立了首个阅读协会"深圳市阅读联合会"（见图4—9），作为沟通政府与民间的非政府组织。联合会成员涵盖学校、公共图书馆、民间读书组织、媒体、出版、印刷、发行、网络阅读等行业以及从事阅读研究与实践的专家学者、阅读推广人，致力于推动深圳阅读资源的整合与分享，培育和聚合民间阅读力量，促进了全民阅读活动的制度化、常态化、普及化。

图4—9　深圳市阅读联合会揭牌

注：（左起）李海东、李灏、王京生、厉有为。

二　市民导向：凸显公共文化服务功能

书城作为城市的公共文化生活中心之一，集聚了公共性、开放性、体验性、文化性和零门槛的特征，是最受市民欢迎的公共文化场所，也是推崇全民阅读、构建公共文化体系、营造书香社会的重要阵地。书城文化综合体已从一个传统书店转变为多层次、专业化、网络布局的市民文化生活中心和公共文化服务平台，兼具社会效益和商业价值。深圳书城在运作中坚持人文关怀与专业水准并重，追求社会效益最大化与经济效益最优化，注重顾客体验，立足更好地满足顾客不断变化的文化生活需求，对平台进行高效运作和专业管理，使这一公共文化活动平台更加时尚、鲜活，富有吸引力。

（一）书城成为引领公众阅读生活，建设书香社会的重要场所

一个好书店温暖一座城市，一片书香提升整个民族素养。阅读使人知书达理、举止得体、优雅安静，热爱读书的人内心平静、行为文明。书香四溢的书城俨然就是一座城市文明的示范窗口，各大书城连年被评为省市"精神文明示范单位"，中心书城更喜获"全国文明单位"殊荣。在这里，你可以看到，读者整齐有序地排队结账，轻言细语地沟通交流；在每一个阅读角落，你听不见有人大声喧哗，人们忘我地沉浸在阅读中。

书城，作为传播知识与文化的场所，包含了传承社会文化、培养智慧型文化的深层职责。如果说要打造文化服务的升级版，那么文化服务的升级版必须与文化活动质量的升级版同时存在。书城所传递的人文气质，是文化活动品质的保障，也是提高文化服务的基础。深圳书城通过举办动态的文化活动，不仅引导着一种优雅的生活潮流，更彰显了其本身的社会责任。

（二）书城成为实现公共文化服务和引领社会风尚的有效平台

加强公共文化服务体系建设，是繁荣发展社会主义先进文化、构建社会主义和谐社会的必然要求，是实现市民文化权利的主要途径。城市的公共文化服务体系一定要满足市民文化权利中的基本性和均等性的条件。均等性是指所有人都能享受，基本性是指最基本的文化需求。书城模式是满足基本性和均等性的一种新的公共文化服务形式。书城是经营单位，但它承担着大量公共文化服务的职能。

考量一个公共文化服务设施的重要指标有两个，一是活动开展数量，二是群众参与人数。开业11年里，每年读书月，中心书城都为市民奉献丰富的文化盛宴，而其余的11个月，各种公益文化活动也几乎每天都在这里上演。中心书城每年举行的讲座、展览、诗歌朗诵等文化交流活动达800余场，出席的名家有贾平凹、莫言、李安、易中天、李开复等，推出"深圳晚八点""沙沙讲故事"等品牌活动，仅"深圳晚八点"就举办了3000余场次活动。中心书城每年的平均客流量达到800万人次，日均客流量2

万人次，最高的日客流量近 7 万人次。一年 800 多场活动，一天 2 万人次的客流量，中心书城的文化活动数量之多、人气之旺，可以和世界上任何一流的文化设施媲美。此外，区别于一般的 Shopping Mall，中心书城强调"积极休闲"，以文化人，引领读书向学的文明生活方式和积极的阅读风尚。人们在思想碰撞和智慧涤荡中形成公共舆论和公共关怀，获得成长，并逐渐成熟起来。中心书城满足了市民文化需求，活跃了市民文化生活，在高效运行中实现了公共文化设施效益的最大化，成为城市公共文化服务和引领社会风尚的重要平台。

三　专业集成：打造与现代化国际化创新型城市相匹配的文化综合体

现代社会是一个专业分工日益精细的社会，现代企业需要更强的整合集成能力。深圳书城打造城市文化生活空间的过程，也是一个专业集成各种技术、产品及服务的过程。

（一）专业化阅读指引

专业化的阅读指引是书城品牌的核心价值，是书城凝聚人气、增加客户忠诚度的重要手段。书城的专业化阅读指引贯穿于从采购到书店陈列、商品组合、读书活动以及个性化服务等。

（二）专业化规划设计

深圳书城的建设在规划设计时体现了高起点、高品位。中心书城在立项时即成立专业团队开始运营筹备，召开中心书城功能规划论证会，邀请来自北京、上海、南京、武汉、杭州、深圳和香港等地有关文化产业、出版发行、经济贸易、市场营销、文学艺术、建筑及旅游等学科的专家学者对中心书城的定位进行系统研究。中心书城整体建筑方案设计由国际设计规划大师黑川纪章负责，室内规划设计由全球最著名的商业设计公司美国凯里森建筑事务所负责。眼光超前的功能定位，专业化国际一流的建筑和规划设计，通过专业化集成，中心书城起步即立于巨人之肩。中心书城平台的书业经营，更是不囿于传统观念全部自我经营，而是根据顾客需要，积极引进尚书吧、益文书局等专业书店进行平台集成。专业化的规划设计，将中心书城打造成深圳的文化地标。

（三）专业化资产运营

书城平台不是单纯地扩大传统书店的规模，也不是简单的文化和商业项目的集合体，而是基于顾客对环境、商品与服务的需求，进行专业化、规范化、标准化的管理或资源整合，实现顾客需求或超出顾客期望值的满足。因此，专业化的资产运营是深圳书城模式的重要保障。

深圳出版发行集团为提升书城业态组合和运营管理的专业化，成立了统一的资产运营分公司，其核心理念是实施高度集约化的统一管理，做到：统一店面形象、统一服务监督、统一物业管理、统一整合经营和统一评价考核，实现平台统一的品牌形象和协调一致的高品质服务，协同促进平台与项目、项目彼此之间的互动、成长与共赢。由于集中了资源，招商时的议价能力、项目统筹能力、商户管理能力和品牌宣传能力都得到极大的提升，书城之间也能形成资源共享和互补。资产运营分公司严格按照"三层四类"的规划进行项目招商，三个层次是：核心层，包括图书、音像等出版物销售；紧密层，包括教育培训、艺术影院、创意文化用品等项目；外延层，包括餐饮、银行等配套服务。四大类别是：阅读学习、展示交流、聚会休闲、创意生活。

在围绕书业打造聚集文化创意产业平台的过程中，资产运营分公司积累了丰富的文体场馆管理运营经验，开始积极向外输出书城的运营管理模式，逐步探索公共文体场馆委托运营，将书城模式运用到街道文体中心、艺术馆等公共文化资源的整合中，有效减轻政府负担，盘活低效文化资源，协助政府提高公共文体场馆的运营效率和服务水平。

（四）专业化连锁经营

深圳书城平台的核心层和紧密层由深圳出版发行集团自主经营，为此集团设立了各连锁公司对不同业务实行连锁经营。针对书城核心业态的出版物经营业务，集团早在1996年就建立了连锁经营模式，实行统一采购、统一配送、统一信息系统、统一营销、统一财务管理。随着书城规模的扩大，2017年集团对书业供应链进行了整合，成立了深圳书城新华书业连锁总部有限公司，通过建立专业化、集约化、扁平化的管理模式，降低经营成本，提升经营效益，拓展书业发展空间，为书业的规模化发展和实体书店的转型升级提供了有力支持。

书城平台上的紧密层包括艺术用品、青少年培训和主题影院，此三项文创业务由深圳出版发行集团三家下属子公司运营。其中，弘文艺术有限公司的主要产品有文创产品、乐器、文具、美术及体育用品等。弘文公司借助新华书店系统，与我国港澳台设计师共同打造了"深港台创意设计廊"，除各大深圳书城外，在佛山、湛江、昆明等市均开设了连锁店。书城培训中心专业化运作青少年素质教育，组建自有教育团队，研发了与深圳市青少年相适应的教育培训课程，建立了标准化的教学模式，市场拓展迅猛，目前在深圳市拥有9个办学点。华夏星光影业有限公司积极拓展"书城+影城"模式，利用影城的差异化经营能力创新"电影+"业务，将电影与阅读文化进行深度融合，受到深圳及其他城市的文体场馆及商业综合体的欢迎，成功实现品牌输出。

四 平台聚合：跨界组合创新书城模式

2013年11月29日，深圳各大报纸、广州部分报纸关于深圳中心书城举办"温馨阅读夜"狂欢的报道与深圳购书中心停业的新闻形成强烈的对比（见图4—10）。一边是阅读狂欢不夜城，另一边则是黯然关门引发民众叹息。同样作为深圳城市中心的大型书城，为何境遇会截然相反？这种对比在书业引起热烈讨论。实际上，深圳购书中心运营近十年，在图书品种和阅读服务水平方面颇具经验。而读者之所以青睐深圳书城，就在于其提供了更加全面的文化服务和更好的消费体验。实践证明，单纯依靠图书销售，并不能满足市民日益增长的文化消费需求和对美好文化生活的向往。书城对满足市民在休闲娱乐、文化交流、情感互动、创意生活等方面的需求中，扮演着越来越重要的角色。

图4—10　《南方都市报》2013年
11月29日SA15、SA53版

（一）突破性运用"跨界"理念，创新业态组合方式

深圳书城突破传统的书业经营模式，顺应人们把阅读作为一种时尚文明生活方式的潮流，构建"以书为媒"的文化生活中心。深圳出版发行集团与世界一流的建筑设计、功能规划、商业运营等专业技术公司合作，在中心书城项目运作中创造性应用"跨界"理念，将书业、文化、商业、设计、创意、展览等在书城空间进行融合，充分发挥平台的聚合效应，成功创建出体验式书城业态和书业跨界运行的商业模式。

所谓"跨界"，代表一种新锐的生活态度和审美方式的融合。跨界合作的最大益处，是让原本看似毫不相干的元素，相互渗透融合，树立一种立体感和纵深感，产生化学反应，形成互补。这里所说的互补并非简单的功能互补，而更多的是顾客体验层面的互补。这些项目、品牌的有机组合，形成一个多层次、高效率的物质、能量共生的网络，创造了更多人们到达书城的机会与可能，产生了客流与平台的聚合放大效应，从而实现社会效益最大化和经济效益最优化。

深圳书城围绕跨界空间定位，注重文化品位与空间体验，组合书店、展览、创意产品、教育项目、公众活动、美食等阅读生活元素。这些组合不是随意无序的，所有的项目、品牌都是围绕阅读与生活，以文化品位和空间体验为考虑进行了精心挑选，有序组合，互为补充，积极协同。

"空间体验"是中心书城跨界组合考虑的重要方面，如中心书城主要空间分为南区和北区，南区即以艺术、创意、体验为空间定位进行跨界组合，有艺术设计书店、弘文艺术店以及各种充满艺术感的创意小店，南区步行街，还有深圳艺廊等专业的艺术展览场地设施。此外，还有创意人云集的咖啡店、风格餐厅、茶馆、书吧等。以创意、艺术、生活为主题，跨界组合打造了一个集创意产品、展览、沙龙、文化资讯等于一身的创意空间，释放出强大的空间魅力。

在实体书店发展遭遇瓶颈、销售停滞的大环境下，深圳书城中心城自开业以来，客流量、场地价值、出版物销售、人均劳动生产率等关键指标均稳步提升。中心书城所举办的展览、公众文化活动在受众人数、社会反响、交易量等方面表现突出。由于良好的示范效应，书城对专业性强、品位高的优质品牌项目和艺文活动的吸引力与聚合力明显增强。

（二）激发文化向心力，创新公共文化生活

除了对创意品牌的孵化作用，书城平台的聚合效应还吸引了深圳各类文化爱好者。他们受书城场所精神的感染，聚集在书城外，自发开展各种文化交流活动，如小型演出、画像、雕塑等，为深圳市民公共生活增添了新的色彩。中心书城西侧广场俨然成为深圳市民的文化交流广场。由于参与人数众多，辖区街道专门为此成立"街头演艺联盟"，通过对广场实行"划定区域、固定位置、抽签派号、核对入场"的监管模式，与演出者签订自律公约，使广场文化活动得以规范有序地进行（见图4—11至图4—14）。

图4—11 瑶族莎腰妹在中心书城广场表演

图4—12 中心书城广场陶艺展位

除了文化交流活动外，书城广场因其活跃的人流量，成为各类公益机构宣传的首选场地。深圳市血液中心在中心书城广场设立了固定献血点，深圳义工联设立了公益服务U站，许多公益组织将书城广场作为固定宣传点，为市民提供法律咨询、户外安全知识宣传、反对校园暴力（家庭暴力）的宣传、爱心书籍捐赠、爱心义诊、特殊儿童与普通儿童融合写生等特色活动。还有各类民间组织

图4—13 广场音乐会

图4—14 元宵节坑梓街道在书城广场表演腰鼓《舞麒麟》

也选择书城广场作为活动交流的地方。如首家民间救援NGO组织——深圳山地救援队就曾在书城组织活动，手把手地教市民打绳结、支帐篷、使用急救药品，派发急救手册宣传户外自救、营救等知识。公益组织开展的丰富活动，吸引了广大市民的踊跃参与，使中心书城成了深圳公益新地标。

五 融合发展：利用互联网打造新竞争力

据中国互联网络信息中心（CNNIC）发布的第38次《中国互

联网络发展状况统计报告》显示，截至 2016 年 6 月，我国手机网民规模达 6.56 亿，网民中使用手机上网的人群占比由 2015 年年底的 90.1% 提升至 92.5%，仅通过手机上网的网民占比达到 24.5%，网民上网设备进一步向移动端集中。

在互联网已深刻改变人们的生活和消费习惯的当下，尤其是随着移动通信网络环境的不断完善、智能手机的进一步普及，移动互联网应用向用户各类生活需求深入渗透的情况下，如何像互联网企业一样思考，将读者视为"用户"，从"用户体验"出发考虑问题，则是实体书店的一次"思想转型"，进而驱动书店从线下延展到线上的行动实践。

借助互联网融合发展的机遇，深圳书城积极推进业务流程的信息化改造，打造数字化数据库，研发移动终端，带动实体书店向互联网转型升级，进一步延伸和拓展虚拟书城空间，推进线上线下互联互通的 O2O 模式，克服实体书城的有限性。

（一）深圳书城数字化发展历程

1. 信息化管理支撑深圳书城模式的发展

深圳书城模式的每一次更新迭代，背后都有数字化发展的身影。深圳书城自 1996 年开业至今，其信息化管理就从未停止演进的步伐。

1996 年作为深圳书城 1.0 的罗湖书城开业，实现了从"小书店"向"综合性大卖场"的转变，支撑这一转变的正是当时深圳市新华书店自行研发的图书连锁经营信息管理系统（BIMS）。到 2004 年，南山书城实现了超级书店向文化 mall 转变，其后台支撑的 BIMS2.0＋WMS 物流自动分拣系统同时上马。2006 年中心书城投入运营，出版物经营面积 2 万平方米，提供 1000 余家国内外出版机构的 30 多万种中外出版物。因应这一庞大的图书管理需求，书城研发了基于卖场陈列分类管理、陈列架位管理的大卖场管理系统、卖场 PDA 管理系统和卖场查询系统。2015 年作为"书城 4.0"的文化创意书城宝安书城盛装开业，深圳书城连锁分店增加到 4 家，图书供应链全流程智能化管理走上了新台阶。通过与第三方数据提供商合作，实现了与外部供应链的融合，打通与上游供应链信息的实时共享。物流也实现了无线移动作业，书城 PDA 管理系统升级，更高效、更准确地应用于收发货验核、上下架管理、请配请退、分类查询等各个流程环节。

2. 线上线下融合发展提升用户体验

2008 年，"深圳书城在线"正式投入运营，读者可以通过 PC 端查询和预订实体书城图书，并即时查看书城活动资讯；2012 年，集团发布了自主研发的全国首个实体书城手机客户端（IOS 和 An-droid），使读者享受实体书城服务变得更为方便快捷；2013 年，由集团运营的"深圳书城"微信服务号，是全国第一家实现微信查书的城市书店，而且与实体店会员实现了无缝对接。同年，集团自主研发的"深圳书城在线" B2G 平台，涵盖图书商品信息超百万种，对优秀出版社的精品图书专题展示和宣传，客户可以在线查询、查重、采购、实时掌握物流进度，自动获得平台推送的藏书数据分析报告。这种优质、便捷的现代化服务方式，得到客户的高度认可，成立仅一年就成功实现市、区两级公共图书馆的全面覆盖，团购销售同比增长 70%。

2014 年，集团围绕"改造提升传统书业、探索发展新兴业态"的总体发展战略，提出"数字书城"计划，即按照"一个品牌（深圳书城）、两个领域（online 与 offline）、三个渠道（实体书城、虚拟书城和移动书城）、四大功能（信息功能、媒体功能、阅读功能和销售功能）"的总体思路进行规划和建设，目标是在新媒体形势下创新发展深圳书城模式，依托深圳书城实体书店，打造拥有无限虚拟空间的新一代书城模式，实现传统书业数字化转型的突围。第 15 届读书月期间，集团同时发布深圳书城云书城和微商城，其中深圳书城云书城重点解决室内网络空间服务需求，让读者在办公室、家里就可以享受深圳书城提供的各种服务。深圳书城微商城作为全国首家实体书城开办的微商城，除了具备深圳书城云书城的主要功能外，重点解决移动网络空间服务需求，让读者"在路上"（碎片化时间）就能获得最新最快的阅读服务。

2015 年新建和改造的两家书城（宝安书城和罗湖书城）引入互

联网因子，分别设立了微信自助购书体验区和自助服务书吧，同年全部书城实现微信、支付宝等移动支付。

2016 年《深圳出版发行集团深化改革总体方案》经深圳市六届五十次常务会审议通过，明确了深圳出版发行集团未来发展以出版和发行为核心、以书城文化综合体为平台、以数字化转型为重点的"两核心一平台一重点"发展战略。数字化转型成为深圳出版发行集团未来发展的重点，除了数字出版工程外，在线上线下融合发展方面的重要工程包括深圳书城智能化工程、云书城工程以及特色电商工程，通过综合利用先进的互联网和信息科技技术，大力推进线上线下一体化的数字书城建设。

2016 年 7 月 12 日，全新改版的深圳书城 APP "掌上书城"正式上线，充分整合深圳书城各分店的信息和资源，把实体书店的服务延伸到线上，为读者打造掌上阅读文化生活空间，实现了线上线下一体化，让读者足不出户就能"逛"书城。同年 11 月，深圳出版发行集团开发、国家文产资金重点扶持的"全民阅读 APP"项目上线，以听书、影像、图文三种媒介承载全方位阅读资源，并整合深圳读书论坛、深圳晚八点、市民文化大讲堂等深圳品牌文化活动，提供全民阅读的信息服务。

2017 年 7 月底，深圳书城自主研发的"自助收银机"在中心书城投入使用。此款收银机不同于收银员使用的专业机型，而是集活动预告、触屏操作、多种支付于一身的自助收银服务机，同时打通会员体系和停车场系统，实现自助积分、自助核兑停车优惠等服务。仅秋季开学第一周末两天，四台自助收银机的交易笔数和交易金额就占了中心书城同时段总交易笔数和金额的 6%、8%，显示出良好的应用前景。

（二）数字化转型为深圳书城搭建"互联网 +"发展阶梯

2017 年 6 月深圳出版发行集团成立深圳书城网络科技有限公司，重点负责深圳书城数字书城建设。现阶段，数字书城主要实现以下三大功能。

1. 实体书城的智能化

深圳书城融合互联网技术，为读者提供更多的自助消费的体验。

利用深圳书城云书城、微商城和掌上书城实现自助查书和自助购书；利用二维码、微信平台、微信支付实现读者自助付款；利用室内导航技术实现读者自助导购；利用虚拟现实技术举行互动体验式阅读活动。在书吧，还可以利用二维码、微信平台、微信支付实现自助购书、自助点餐。

2. 运营方式网络化，线上线下一体化

集团依托实体书城，完善云书城、微商城和掌上书城，开展实体书城数字化转型、线上线下融合等方面的探索。

（1）线上线下会员一体化。深圳书城通过整合升级会员系统，深圳书城云书城、微商城和掌上书城已基本实现线上线下会员一体化。读者可以在线上享受与线下会员同等的服务和权益，也可以凭借二维码直接在线下享受会员服务和权益。

（2）线上线下销售一体化。实体书城和深圳书城云书城、微商城和掌上书城的商品品种、库存、架位号等信息均来源于 PMP 系统（出版物连锁经营管理系统），且库存信息会根据当天的商品销售情况进行实时更新，达到线上线下销售一体化。

（3）线上线下支付方式一体化。现已开通深圳书城储值卡的网上支付功能。实体储值卡不仅可以在线下使用，也可通过卡号和覆膜密码绑定数字书城账户在线上使用。此外，还支持银联支付和微信支付。

（4）线上线下信息发布一体化。通过与深圳市阅读联合会等机构合作，云书城、深圳书城微信服务号和掌上书城等平台均在第一时间向读者推送文化活动资讯，让读者可以即时掌握深圳最新的文化活动资讯。

3. 线上业务的拓展

互联网时代，深圳书城并没有故步自封，而是通过建设数字书城积极探索和发展新的线上业务，拓展自身的服务空间和服务半径。拓展的业务主要有：

（1）提供个性化定制服务。打造配书师队伍，做强"好书单"品牌，为老人和儿童、企业高管和外来务工人员、学生和家长提供个性化书单推荐和定制服务。目前，该业务在掌上书城的好书单中已经实现，读者可根据自身情况向书城提出定制个性化书单。

（2）提供更多样化的线上商品。读者通过深圳书城云书城、微商城和掌上书城，不仅可以购买图书音像出版物，还可以购买文化用品和数码产品等。

（3）提供更丰富的书城商户优惠信息。目前，读者可在掌上书城领取四大书城的购书优惠券以及书城各类商户的优惠券，满足读者多样化的需求。

未来数字书城还将探索人工智能、大数据云计算等先进科技的应用，为深圳书城的更新迭代搭建"互联网＋"发展阶梯。

第五章 书城模式未来展望

"书店的工作是一个未来的职业。"① 法国书店协会主席马修·德·蒙沙朗不止一次强调这一点。虽然可以在网上买书，但读者更在意原初的体验，网络给不了人和人的真实接触，和书店店员面对面地交流，也不是机器可以完全替代的。作为实体书店的经营者，要紧跟市场环境的变化和顾客消费需求的变迁，转变角色和提供产品及服务的方式，以新思维促发新实践，探索新模式，获得新的发展空间。商业模式创新，要以顾客为导向，围绕个性化的生活方式进行设计与展现，提升场所精神的影响力，从而推进实体书店的转型升级，达到重建城市公共生活和公共空间的目的。

第一节 新技术促发新变革

一 我们处在一个急速变换的新时代

这个时代变化有多快？从第一台计算机诞生到互联网发明，用了44年时间；从门户网站到电子商务的崛起，用了5年；从智能手机普及到移动支付成为日常，不过1年。看看近几年发生的事情，网店抢了实体店的饭碗，专车抢了出租车的饭碗，自媒体抢了报纸的饭碗，微信抢了移动的饭碗，支付宝还要抢银行的饭碗，而实体店借助互联网利器，反过来又开始抢网店的饭碗。这一切，归根结底就是互联网在不断吞噬传统行业，在各领域掀起了颠覆的狂潮，同时对人们的生活方式产生根本性的影响。

---

① 王寅：《法国书店协会主席：书店是未来的职业》，《南方周末》2016年5月20日。

（一）经济新常态下的结构性变革

据国家统计局数据，2016 年全年国内生产总值 74.41 万亿元，同比增长 6.7%。其中，第三产业增加值 38.42 万亿元，同比增长 7.8%；第三产业增加值比重为 51.6%，同比提高 1.4 个百分点。第三产业增加值比重超过一半，意味着我国已经正式进入后工业化时代。经济结构从商品生产转向服务型经济。与工业化时代追求大规模生产、降成本、高性价比不同，后工业化时代的核心竞争力在于个性化、高效率、高品质。一种产品覆盖所有消费者的时代已经过去，精准推送将成为品牌忠诚度和用户黏性的关键支撑，而其背后支撑的不是体力劳动或能源，而是信息。

步入后工业时代的中国，现阶段经济增长从高速转向中高速，消费对经济的贡献越来越大。但产能过剩与有效供给不足并存的现象依然存在，供给侧改革任重道远。而共享经济的出现，为供给侧改革提供了新经济方案。北京大学国家经济研究院教授周其仁认为，共享经济带来的变革意义，一点儿不亚于当年的农村改革。中国互联网在日常生活中的全面渗透，带动了共享经济的飞速发展。根据国家发改委《2016 年中国大众创业万众创新发展报告》显示，2016 年互联网共享经济市场规模已突破 2 万亿元，参与提供服务者超过 5000 万人，约占劳动人口总数的 5.5%。共享经济正从交通出行和住宿领域，全面扩展到个人消费的各个领域，同时企业端市场正在逐步形成。

可以预见，这场已经影响了数亿人的分享经济风潮，将重新构建个人与个人、个人与商家、商家与商家之间的连接，提升整个社会经济的运行效率，有助于推动中国经济加快实现新旧动能转换，构建一个更富有人文情怀的社会。①

（二）"00 后"时代的新消费方式

中国的"00 后"正处在一个物质条件发达的时代，他们的父母

---

① 马化腾、张孝荣、孙怡、蔡雄山：《分享经济：供给侧改革的新经济方案》，中信出版集团 2016 年版，第 XIX 页。

现在正是社会的中坚力量，位居职场中高层，注重亲子间的交流，偏爱开明鼓励的教养方式。据零点调查《中国 00 后生活形态与消费方式报告》的数据，2015 年 "00 后" 家庭月收入 10000 元以上的占 62.5%，每月单独为孩子的支出就超过 3000 元，成为家庭支出的大头（占家庭月支出 36.5%）。①

"00 后" 生长在鼓励创新和自由的环境中，和 "70 后" "80 后" "90 后" 相比，他们的消费具有鲜明的特色。"00 后" 作为几乎全面独生的一代，从小就有 "我是唯一" 的概念，随着年龄增长，他们已经初具自我意识，拥有专属产品。从教育理念上看，"00 后" 的家长更倾向于将孩子作为一个平等的个体去进行沟通，因此 "00 后" 早早便领悟了成人世界的法则，与成人社会无缝对接，其生活方式和喜好也出现 "拟成人化" 的特征。在消费方式上，"00 后" 家长会给予孩子一定的选择范围，并充分尊重孩子的选择权，这使 "00 后" 基本上掌控自我消费，并逐步参与到家庭消费的决策中。由于出生在网络时代，"00 后" 的互联网基因与生俱来，在网络使用上全面超越 "90 后"，成为网络时代的原住民。

（三）数据成为技术革命的新能源

互联网时代，每个人的日常生活都会在互联网上留下数据足迹，包括社交、购物、游戏、出行等，因而互联网成为数据产生的主要源头。近年来，随着智能手机和移动互联网的普及，手机 APP 覆盖的服务范围越来越广泛，移动互联网的数据产生量已超过 PC 互联网。在不久的将来，物联网将超越互联网、移动互联网，成为数据产生的最大源头。数据的来源将不限于人，而是包含智能万物，包括智能穿戴、智能家居、智能汽车、智能安防等。

互联网和物联网蓬勃发展，带来数据量的爆发。在过去的 10 年中，全球每年产生的数据量以 50% 以上的复合年均增长率的速度增长，2015 年全球产生数据 8ZB（$1ZB = 1024^3 TB = 1024^4 GB$）。据 IDC 预测，2020 年全球产生的数据量将超过 40ZB，相当于地球上每个人产生 5200GB 的数据。中信证券前瞻研究首席分析师许英博

---

① 　数据取自零点调查，《中国 00 后生活形态与消费方式报告》，2015 年 3 月 30 日。

认为："移动互联红利正在消退，数据红利才刚刚开始。全球数据量爆发，基于海量数据深度学习的人工智能第三次浪潮可能走得更远。我们认为，'数据＋人工智能'将成为未来5—10年的科技投资主线。"①

马云在2016年10月举行的杭州云栖大会上说，"数据是人类第一次自己创造的能源，只有把握未来技术，了解并适应新的技术，并学会利用大数据，才能打造新零售"。在过去，制造讲究规模化、标准化，而未来30年，制造讲究的是智慧化、个性化、定制化。未来的技术革命是人工智能的机器，未来机器用的不是电，而是数据。原来的B2C制造模式将会彻底走向C2B的模式，也就是定制化的改造，基于大数据建立按需定制模型，实现零售业的技术革命。

（四）每个人都是媒体的众媒时代

随着移动互联网的发展，新媒体的出现使得媒体内容生产传播、媒体使用场景都产生了全面变革。因为互联网的出现，人们更容易接收到众多信息。同时，每个人也可以发布信息，自媒体日益成为主流。在这个大众参与的媒体时代，每个人都是媒体，成为信息传播的种子，而媒体则成为平台和土壤。

《未来简史：从智人到神人》的作者尤瓦尔·赫拉利认为新生代俨然已成为数据主义的信徒。"有些人（特别是20岁以下的人）其实很愿意成为数据流的一部分，就算这代表着放弃隐私、自主性和个别性，他们觉得这无伤大雅。"② 数据主义者认为，经验不分享就没有价值，而且我们并不需要（甚至不可能）从自己心里找到意义。对于他们来说，记录、上传、分享才是生命存在的意义。

在前几代人中，写日记只给自己看是很常见的人文主义习惯，但现在很多年轻人会觉得这完全没道理。如果没有其他人读到，写了岂不是白写？现代的新座右铭是：如果你体验到了

---

① 摘自《从"数据主义"到"人工智能"》，《英博前瞻》，http：//www. yo-pai. com/show-2-178477-1. html。

② ［以色列］尤瓦尔·赫拉利：《未来简史：从智人到神人》，林俊宏译，中信出版集团2017年版，第350页。

什么，就记录下来。如果你记录下了什么，就上传。如果你上传了什么，就分享。①

众媒时代颠覆了人们获取信息的方式，传统媒体的概念已然荡然无存，甚至数字媒体的创新者也在面临被颠覆的命运。曾经精英化和权威化的媒体话语体系被冷落，新一代用户群体努力摆脱被动地消费权威性的内容，他们重视参与和自己的表达，拥抱共同创作。平民化和个性化，是自媒体区别于传统媒体的重要特点。

除了内容风格的不同，众媒时代信息是按几何级数的速度传播的。一个话题从诞生到成为头条，所用时间最短不超过 10 分钟，随之产生的是信息对社会的影响也呈几何级倍数放大。自媒体由于缺乏足够的信息甄别能力，有时候，信息随着传播反而离真相越来越远。耶鲁大学校长彼得·沙洛维在 2016 年的开学演讲上，表达了他对自媒体时代信息失实的忧虑："在面临压力时，'失实表述'就会控制公众的理智，操控舆论，煽动消极情绪，激化矛盾，我对此深感忧虑。特别是在我们这个时代，失实信息会在瞬间传播，成倍放大。"②

（五）O2O 重新定义新零售

电子商务与实体店的拉锯战，随着互联网在各行业的全面渗透开始进入互相融合的阶段。一方面，互联网企业正在"脱虚向实"，拥抱实体经济；另一方面，在"互联网＋"的改造下，零售业正在从价格型消费向价值类消费、体验式消费、个性化消费转变。在新零售下，实体零售与电子商务的商业形态不再对立，传统实体商业与互联网科技的边界逐渐模糊，线上线下融合发展将是中国电子商务和实体零售业发展的新常态。竞争不再来源于线上和线下的模式，而开始回归零售的本质：谁能更高效地服务消费者。"当线下和线上相结合，实现信息、采购、物流、配送、仓储、体验和供应

---

① ［以色列］尤瓦尔·赫拉利：《未来简史：从智人到神人》，林俊宏译，中信出版集团 2017 年版，第 352 页。

② 施琳玲：《这是我最担心的！果然耶鲁大学校长开学演讲就叮嘱了这事！》，微信公号"雨林在线"。

链合作等资源共享时，它将成为最有价值、最具竞争力的零售企业发展模式。"①

全国政协十二届五次会议第二次全体会议上，全国政协委员、苏宁集团董事长张近东，就未来零售发展做了题为"大力推动实体零售向智慧零售转型"的大会发言，明确提出未来零售就是智慧零售。张近东阐述，"智慧零售是运用互联网、物联网技术，感知消费习惯，预测消费趋势，引导生产制造，为消费者提供多样化、个性化的产品和服务"②。

在 2017 年 9 月举办的"GIIS·2017 全球产业创新峰会"上，云来创始人、深圳市智慧零售协会副会长谌鹏飞先生对新零售做了如下阐述："未来零售面临这样的革命：人第一，货第二，场第三。新技术的应用和普及是零售变革最大的推动力，移动支付、现代物流、物联网、云计算、大数据、人工智能等将'人、货、场'三者深度链接，满足消费者的差异化场景需求。"③

相对于传统零售，O2O 重新定义了零售的渠道、产品和服务及人们的生活方式。

1. 全渠道成为主流购物模式

线上线下数据的双向流通，一方面，使渠道的价格与产品库存信息透明，帮助消费者节省时间并获得信任；另一方面，顾客的信息汇入数据库，为商家精准推送产品、拓展个性化定制提供了扎实的数据基础。

2. 产品和服务定位更加精准

在产品和服务方面，消费者越来越倾向于个性定制及个性化使用的产品。定制选择越多，企业就越能精准满足消费者需求。基于大数据分析和物流效率提升而实现的按需供应、零库存，将成为零售业的常态。此外，客户也可以参与新产品的开发，通过对客户行为和意见的收集，使新产品更能满足消费者的需求。

---

①　张波：《O2O：移动互联网时代的商业革命》，机械工业出版社 2013 年版，第 73 页。

②　中国新闻网，http：//www.chinanews.com/life/2017/03—10/8170469.shtml。

③　亿欧新零售，http：//www.iyiou.com/p/55962。

3. O2O 新零售全面渗透人们生活日常

O2O 打破了实体店的时空限制，O2O 营销的即时性、全天候、多样化等特点，将全面提升顾客活跃度，有效刺激提高顾客消费热情，让消费者随时随地地想买就买。越来越多的顾客习惯了通过 APP 推送实现购买或者预订。作为近年加入 O2O 大军的在线外卖，甚至改变了人们的就餐习惯。根据《2017 中国饮食小康指数》调查显示，62.5％ 的受访者月平均外卖花销占其饮食总体花销的四成以上，其中 4.5％ 的受访者表示外卖花销占其饮食总花销的比例超过六成。① 在线外卖由于记录了消费者的饮食，甚至开始介入生活管理，例如在体重和营养摄取方面，帮助消费者掌握自己的饮食情况。

二 实体店开启逆袭之路

线下零售业正呈现结构性回暖，那些能击中消费者"痒点"的创新，帮助实体店实现"逆袭"。普华永道发布的基于全球 29 个国家的 2.4 万名消费者的《2017 年全球零售报告》显示：中国有 62％ 的消费者偏爱实体店。和数据匹配的是，被淘宝、京东等改变了命运的实体店，有了越来越多类似 ZARA、外婆家等逆袭的案例。

（一）实体店为何不会消亡

1. 人是社交型动物，需要交流

美国著名心理学家亚伯拉罕·马斯洛将人类的需求划分为五大层次，包括生理的需要、安全的需要、社交的需要、尊重的需要和自我实现的需要。社交是人类判别自我存在价值、定位自我、认同自我的一个必要之物。亚里士多德说："从本质上讲，人是一种社会性动物；那些生来离群索居的个体，要么不值得我们关注，要么不是人类。社会从本质上看是先于个体而存在的。那些不能过公共生活，或者可以自给自足不需要过公共生活，因而不参与社会的，要么是兽类，要么是上帝。"②

人类通过有规律的社交活动来保持健康和活力，这一需要促

---

① 吴洁：《被外卖改变的生活》，《小康》2017 年 2 月。
② 亚里士多德：《政治学》，吴寿彭译，商务印书馆 2008 年版，第 5 页。

使人类不断通过各种方式和工具，来传递思想、交流信息和意识。互联网促使社交手段不断更新，但无论哪种网络社交，都无法代替面对面的交流。所以，人们更倾向于到实体场所举行聚会，开展交流活动，体验实体店"有温度的"服务。商人谈生意喜欢选在咖啡馆，情侣谈恋爱喜欢手拉手逛街，球迷看直播喜欢到酒吧，甚至学生做作业也喜欢约着到图书馆、书吧。城市里，各种特色咖啡馆、茶馆、酒吧兴盛不衰，各类讲座、展览、演出持续不断，各种名目的集市、庆典、博览会层出不穷，都是为了满足人们面对面社交的需求。当今在线外卖飞速增长，而特色餐厅门口依然大排长龙，就是因为外卖无法满足人们在餐桌上交流的需求。在中国人看来，"没有什么是一顿饭解决不了的，如果有，那就两顿"。

所以，实体店永远不会被网店代替，只会转变成"实体店＋网络"相结合的经营形态出现。

2. 人想活得更丰富，体验更多

西方传统哲学认为，活得丰富比活得正确更重要。"活得丰富"是一种经验型的生活样式，而"活得正确"则是以基本原则为根据的生活形态。"我的生活实践"，确定了"我是谁"，而且不仅如此，它也确定了"世界是什么"。人类穷极一生，都在追求从不同维度拓宽生命的内涵，追求"有限人生，无限精彩"。

在物资匮乏时代，人们的消费需求被压缩至最基本的层面，但随着物质生活的极大丰富，为了满足马斯洛需求层次理论中的高阶需求，消费已经从满足最基本的衣食住行升级为多样化的文化体验。娱乐业、旅游业以及各类文化创意产业的蓬勃发展，正是从一个侧面反映了人类追求活得丰富的原动力。

从零售业来讲，消费不再是简单的商品买卖，消费者更要享受买与卖的过程价值，因此个性化需求和情感需求被日益放大。消费者需要从对产品的满意感转型为精神层面的满足感。以前是人随物动，现在是物随人心。对于加入消费主力军的新生代来说，他们生下来就不缺物质、不缺产品，追求的是消费作为一种生活方式带来的体验，这种体验更需要面对面的交流与触觉才能体现。"逛街"

这个词，诞生在商品经济高度发达的现代社会。为什么没有购物需求的人，也会喜欢逛街？就是因为在逛街的过程中，人们体验到了活得丰富的快乐。而这种快乐，是网络购物给予不了的。

（二）实体店面临最好的发展时机

1. 政府推动创业潮，支持实体店崛起

近年来，国家关于支持"双创"的政策陆续出台，大大激发了民间的创业热潮。据统计，2016年中国平均每天新登记注册的企业1.51万家，这也许是人类历史上最大的创业潮，其中很大一部分选择了经营实体店起步。如今，开店的流程及政府审批在简化，有粉丝及影响力的实体店品牌更容易获得各路资本支撑，协助做大。

在政策鼓励下，许多零售高管及经理人在这轮创业浪潮下选择开店创业，甚至刚毕业走上社会的年轻人都能众筹投资开咖啡馆。商业地产创业潮正默默改变竞争及游戏规则，颠覆中更见商机。

2. 线上线下洗牌接近尾声，走向融合共存

近两年互联网的狂热已经渐渐回归理性，对实体店洗牌正接近尾声，关店的高潮期已过，线上线下渐趋平衡。电商平台，无论是阿里巴巴、京东，还是亚马逊等，它们无一例外地遭遇到了瓶颈，抬头就是天花板，市场需求几近饱和。此外，电商的成本越来越高。现在的电商成本之高已不低于实体店。现在，开一家"网店"，如果没有50%以上的毛利率，根本没办法持续经营，比如对于天猫来说，每引来一位顾客的成本大概在80元，但是很多商品的售价不到80元！[①]

价格战是网店争夺实体店顾客的最主要手段，随着各环节利润回归正常，价格不再蒙蔽消费者的眼睛。线上价格低于实体店，无非有三个原因：一是线下经营的问题，二是电商亏本赚吆喝，三是假货。现在实体店通过转型升级，控制成本，与经营成本不断攀升的网店差距越来越小，最终达到了同一水平。曾经电商用"价格"逆袭实体店，现在实体店用"服务"扳回一局，两者终于站到了同

---

① 《国务院发布重大消息：实体店即将暴富！》，载于微信公众号"地产与商业智库"，2017年9月15日。

一条起跑线上。

3. 新技术为实体店安上腾飞的翅膀

技术升级是新零售的关键，新技术的应用使零售业的焦点重新回归到商家和消费者之间的关系上，回到消费者的购物体验身上，从而加强对消费者的多点触达，接近年轻消费者。同时，通过对供应链的管理和控制，降低成本，提高效率，细分市场，提升品质。目前，实体店应用的主要新科技有：

（1）大数据分析：这对于企业来说已经成了非常关键的部分，能够帮助企业制定更有效的市场战略，创建个性化服务，从而获得更多销售额的提升；（2）AR/VR 技术：帮助实体店布局商店和设计促销活动，或是提供店内的虚拟信息，模拟商品实际产生的效果，提升用户体验，促进商品销售；（3）室内定位导航：帮助用户在大型卖场快速找到想要的商品，提升购物效率；（4）传感器：可以实现接近式的消息推送、具体的客户定位等体验，提升潜在的销售力并降低销售人员配置，从而节省成本；（5）人工智能：结合大数据和数字地图，实现智能导购、智能理货、与顾客进行深入互动，提供更为细致的智能服务及管理联动；（6）3D 打印：使原型设计更快、成本更低，从而促进创新的普及，推进个性化定制。

"黑科技"在实体店的应用示例

亚马逊最新推出黑科技便利店（见图 5—1），直接拿了就能走，不用排队，只需手机启动 Amazon Go APP，你拿的所有物品都会自动添加到你的虚拟购物车里，在顾客购物离店后，传感器会自动通知系统，对带走的商品自动计价后支付。

阿迪达斯就和英特尔携手，推出了数字货架——虚拟鞋墙，通过设计一台带触控屏和 3D 渲染效果的设备，得以在有限的门店空间内显示 2000 多款鞋子，不仅可以选择，还能直接下单。

全球最大的美妆实体零售商丝芙兰也在北美门店使用了大量"黑科技"来增加店铺体验感。12 个工坊区分别安装 WiFi、

USB 接口、iPad 等电子设备，可供消费者现场观看美妆教学视频，在短时间内找到心仪的商品。还有丝芙兰独家传感器方便顾客自行体验 18 种香水气味。①

图 5—1　Amazon Go

（三）实体店的新玩法，正重新赢回消费者

在电商的冲击下，实体店充分挖掘自身优势，顺应当代消费升级的趋势，充分满足消费者注重情怀和感受的消费需求，强调现场感和体验感，在店内装修、场景式营销上苦下功夫，开启了颠覆体验的运营新玩法，吸引消费者重新回归实体店。例如，2016 年上海 K11 开启了"麦田"模式（见图 5—2），强烈的视觉冲击和全面的环境营造，让顾客找回曾经最纯真的记忆和最淳朴的感受。再如重庆万象城在 2017 年春节期间，把"江南"搬进购物中心（见图 5—3、图 5—4），再造了黑瓦、白墙、青砖、木构的江南园林，更请来昆曲演员和古筝艺术家现场表演，从视觉、听觉、触觉各个方面，让顾客沉浸在梦境般的江南文化中。

---

① 王冠雄频道，《技术地震元年：从中美顶级对决看电商产业未来》，奥瑞迪物联网，http：//www.56177.cn/hyfxi/106249.htm。

图 5—2　上海 K11 的"麦田"

图 5—3　重庆万象城的"江南"（1）

图 5—4　重庆万象城的"江南"（2）

　　除了挖掘场景式营销的潜能外，实体店还充分发挥平台聚合的能力，与网络力量合作，打破次元墙壁，将二次元引入现实生活，极大地吸引了新生代的兴趣。例如，深圳中心书城与快看漫画 APP 合作组织主创签售，引发了轰动效应，当天签售图书 8000 余册，创下中心书城的签售最高纪录（见图 5—5）。再如，许多商场迎合青少年漫画迷的爱好，举办各种动漫主题的 COSPLAY 活动（见图 5—6），成功地将漫画宅一族吸引到实体店中。

图 5—5　快看漫画深圳书城中心城读者见面会

图 5—6　黑天社团在杭州商场举办《阴阳师》COSPLAY 活动

三　未来实体店变成什么样子

未来实体店将从贩卖商品向贩卖服务转型，根据顾客需求组建商品和业态业种，购物环境更干净整洁、美观，更具艺术感。商店具备多重功能，更具体验感和互动感，消费者能在那里享受优质时间。"购物中心将不仅仅承载购买功能，而是慢慢融入目标消费群的生活，成为生活场景，提供社交、聚会、教育、娱乐等多维度的复合需求。"①

未来实体店将在以下各个方面实现转型升级。

O2O全渠道销售模式：从产品、价格、渠道及营销四个方面实现线上线下的有效整合，充分借助网络拓展销售渠道。同时，借助互联网大数据分析，实现个性化定制、按需供应和零库存。

侧重展示和提供体验：与O2O全渠道销售模式相对的是，店面的销售功能将逐步弱化，成为展示和体验的场所。生活美学将在实体店展现到极致，为顾客提供全方位浸入式的消费体验。

业态业种的边界虚化：未来实体店的业态组合将以消费者的内在消费需求为原则，打破传统的业态分类，业态的边界逐步被消除。例如，培训机构与咖啡店的组合，就是为陪孩子上课的父母而提供的服务。又如，食谱书与厨具、调料的组合，是为了满足人们烹饪所需的各种工具。

高度数字化智能化：未来实体店将向"智能商业体"演变，围绕云计算、大数据和人工智能展开。从顾客进场到售后服务，实体店实现全流程智能化跟踪服务，包括卖场环境智能化控制、智能导航、自助购物、虚拟购物场景、个性化推送、智能停车、商品电子价签以及客服机器人等。除了销售端的智能化，整个零售供应链也将面临全面的智能化改造，并形成新的商业模式。

----

① 吴声：《场景革命：重构人与商业的链接》，机械工业出版社2017年版，第156页。

第二节　书城未来走向何方

在这个急速变化的时代，没有一种商业模式是长存的，没有一种竞争力是永恒的，没有一种资产是稳固的。书城未来必然会出现不同的模式更迭。但不管怎么变，终究要回归零售的本质，回归阅读的本质，即以用户为核心，提供高质量的产品和服务，将书城打造成为知识供应空间和生活方式设计空间。

一　实体书城转型的关键

（一）提案力是实体书城的核心竞争力

日本茑屋书店创办人增田宗昭认为，在消费升级时代，实现顾客价值不再通过产品的自身价值或产品供应场所，而是具备寻找顾客所需产品并进行提案的能力，亦即"提案力"（或者说设计能力）。能够找到对顾客而言价值较高的产品并进行提案的人，将会创造更大的顾客价值，并在竞争中占据优势。这与深圳书城倡导的顾客分群及个性化满足不谋而合，可见未来商业模式的核心，将是满足个性化需求的设计能力。实际上，优秀的设计往往包含和体现生活方式的提案。"一切设计与建筑作品，都在向我们讲述一种最适合在其内部或围绕其周围开展的特定生活。"① 当我们称赞一把椅子"美"时，其实是在说我们喜欢这把椅子向我们暗示出来的那种生活方式。因此，一个密封性好而又时尚的玻璃杯，可能让某个人从此开始享受户外生活；一个图案精美的酒杯，可能传达着偶尔品尝一下优质葡萄酒、从容面对生活的信息。这种生活方式的提案，正是经营者应该发挥的作用。

对于书店来讲，其提案力在于场景的营造能力。日文有个词叫"居心地"（意指待在一个地方很舒适）非常形象，就是心灵居住的地方。书店的提案力就是要创造出"居心地"，让人怦然心动，流

---

① ［英］阿兰·德波顿：《幸福的建筑》，上海译文出版社2009年版，第4页。

连忘返，这是网络无法替代的。

　　除茑屋书店外，日本还出现了一些"非主流"书店，比如可以住宿的"东京书与床"（见图5—7），它所设计的是随意的阅读快乐。阅读并不是只有正襟危坐一种方式，人们可以在慵懒随意的环境中享受阅读的快乐。

　　从严格意义上讲，这家书店并不能叫书店，而更像是一家"图书主题的旅馆"，因为它不卖书。①

图5—7　东京 Book & Bed

　　（二）体验感是实体书城的第一优势

　　"体验"一词近年来几乎被人们"炒"到"糊"了，但它其实是哲学范畴的概念，最早诞生于19世纪70年代。德国哲学家伽达默尔在其著作《真理与方法》中对"体验"（erlebnis）一词的历史进行了考究，认为该词乃是从"经历"（erleben）一词演化而成的。"如果某个东西不仅被经历过，而且它的经历存在还获得一种使自身具有继续存在意义的特征，那么这种东西就属于体验。以这种方式成为体验的东西，在艺术表现里就完全获得了一种新的存在状态

---

　　① 维涛优联：《在文字空间中入梦 日本书店设计》，2017年7月10日，http：//www. weight-union. com/html/2017/Pro_ horizons_ 0610/1144. html。

（Seinsstand）。"①

尼采说："在思想深刻的人那里，一切体验是长久延续着的。"意思就是：一切体验不是很快被忘却，对它们的领会乃是一个漫长的过程，而且它们的真正存在和意义正是存在于这个过程中，因而我们专门称为体验的东西，就是意指某种不可忘却、不可替代的东西，这些东西对于领悟其意义来说，在根本上是不会枯竭的。

随着消费升级，对消费过程的体验成为消费者追求的新目标。消费者从对产品的满意感转型为精神层面的满足感，希望在获得高品质服务的同时能体验到一种不同的乐趣或心境。消费的新常态就是人们很少为买而买，大多带有多重休闲目的。人们出门逛街，购物将不再是唯一目的，进入任何一家店，它提供给人们的也将不仅仅是货品，而是心理和身体的全方位感官享受。那些同质化严重的产品会越来越没有竞争力，只有那些有差异性，能给顾客提供良好体验的实体店，才能从中脱颖而出。

在新零售时代，消费者憧憬着线上线下融合的全渠道购物体验。他们想要在日常生活的各个场景随时、随地、随性地选购商品，也渴望个性化的消费体验，从接收到心仪商品的推荐到定制产品，不一而足。这些体验到最后都会以转化为消费的方式令实体店获得投资回报。所以，实体书城需要采取以用户为中心、以同理心为导向的设计思维，专注于细节，将书城打造成为一件时空中的体验艺术作品，方能将实体店的体验优势极大地发掘出来。

（三）跨界融合是实体书城转型的重要手段

零售行业的发展经历了三个阶段，第一阶段是卖产品，第二阶段是卖品牌，第三阶段则是贩卖生活方式。业内之间的跨界合作，似乎就剑指这最后一阶段。品牌之间的跨界合作，往往会形成复合概念店、旗舰店。跨界想达到的效果是提供更好的生活体验，留住消费者。盈石集团研究中心总经理、英国皇家特许测量师学会（RICS）中国区发言人张平女士认为：

---

① ［德］汉斯－格奥尔格·伽达默尔：《真理与方法》（上卷）洪汉鼎译，上海译文出版社 1999 年版，第 78 页。

　　跨界并非新兴概念，只是在当下越发受到营销界的青睐，并将成为一种潮流越来越广泛地渗透到商业领域。跨界的根本是满足用户体验的互补关系，而不单纯是产品功能性的互补，通过跨界合作使得原本互不相干的非竞争性品牌可以互相渗透，目标消费群体可以互相融合，从而增强品牌竞争的合力。①

　　跨界的目标是为了构建完整的"跨界生态系统"。自然界的"生态系统"是指在一定的空间内，生物与环境构成的统一整体。在这个统一整体中，生物与环境之间相互影响、相互制约，并在一定时期内处于相对稳定的动态平衡状态。如一个森林群落中的水、树木、空气、微生物、昆虫、各类动物等，它们共生共存，互相影响，共同构建了森林中动态平衡的生态系统。

　　当稳定的生态系统遭遇变革时，尤其需要生态伙伴的相互牵引、协同进化、适应，乃至领跑于外部变革。远离跨界生态系统的商业帝国体系在外界剧变下，反应迟缓，独木难支。试想一下，一片草原，我们会看到树木、草丛、兔子、狼、昆虫、微生物、小鸟等数不清的物种。它们在此间繁衍、生息，互相依存，当面对自然变化时，各个物种会随着演变，保持森林的活力。如果是一片绿地，则脆弱得很，就有可能由于一些外来物种的入侵而毁灭。

　　在产业融合趋势下，跨界生态系统击败商业帝国的例子，比比皆是。20世纪80年代，作为PC硬件老大的IBM聚集了微软、Intel等一众企业，以开放的姿态成就了围绕在IBM-Windows-Intel周边的兼容机跨界生态系统，并借此打败了当时的竞争对手苹果计算机。而20多年后，苹果和安卓又依靠开放的跨界移动生态，击败了曾经如日中天的诺基亚和摩托罗拉。

　　如今产业巨头正日益走向开放，搭建自己的商业跨界生态系统。传统概念中的行业区隔被打破，跨界连接给了品牌新的商业机会，也让我们看到跨界重构的神奇力量。

---

　　①　亿欧网：《咖啡店与超市、书店、银行的O2O跨界合作分析》，http://news.winshang.com/html/023/9704.html.

2017 年 9 月 28 日，深圳书城龙华城正式开工。被誉为深圳书城的 6.0 版，在融合之前各代书城模式的基础上，龙华书城借助新技术，探索跨界融合发展，为读者打造集文化阅读、创意设计、休闲娱乐、教育培训、商业服务于一身的新一代书城文化综合体和"文化万象城"（见图 5—8）。主要特点有：

1. 阅读与生活结合。充分契合新时代生活理念，聚合书业、文化、创意、休闲、培训、餐饮、服务等多元业态，建立充满生命力、亲和力的体验式复合式城市公共文化生活中心，打造生活的文化，文化的生活，实现书里书外生动融合。

2. 科技与时尚结合。引入全生命周期数字化建设理念，实现楼宇智能化、运营自动化、阅读数字化，并通过主题书店、智库书廊、文创论坛、创客空间、影院大厅、竹趣园、屋顶运动场等形成垂直文化街，提供全新的时尚体验。

3. 书香与绿色结合。这是一座可以呼吸的绿色书城，建筑造型灵感启发于翻书时的动态，外立面采用多孔板遮阳板，形成可呼吸的幕墙，同时设计了屋顶花园，并用垂直绿化连接各楼层，将周边的绿化带到建筑之内，实现空间与大自然的无缝链接，让市民置身于书香氛围的同时，也享受到绿化和阳光。

4. 文化与创意结合。未来书城着力打造"三个平台"，即优秀出版物展示展销平台、文化创意成果展示推广平台、文化信息交流传播平台，同时打破各种功能的传统界定，采用"双首层"设计，并从书架、展示区等提取 20% 的面积，用作灵活的文化增值空间，成为永不落幕的文化创意产品的展示空间。

5. 线上与线下结合。借助无线 WiFi、定位系统、微信公众号及掌上书城 APP 等线上系统，积极打造智慧书城，加大线上线下的相互引流，扩大实体书店的服务范围和功能，助力开展图书精品化等个性化的服务，使实体书城的有限空间向无限广阔的网上延伸。

图 5—8　深圳书城龙华城效果

二　实体书城如何转型

（一）从品种供应商向质量供应商转变

目前国内图书供应市场存在的主要问题在于跟风，一个选题出现，就会引起众多出版机构的疯狂跟进。书城的书架上，各版别的同品种大量堆积，例如仅《三国演义》，在中心书城就有上百种，其中除了少数能有较好的销量外，其他都是无效陈列。在这种跟风的情况下，顾客往往选择的还是品牌及质量最好的版本。大量粗制滥造的图书积压在书店，破坏了书业的总体质量，而质量是品牌的最基本前提。所以，如何真正成为具有质量的供应商，是非常重要的。未来书店需要从大而全的品种供应商，转型为质量供应商，严控图书质量，甄选图书版别，提升书城对读者的吸引力，从而提升书城的品牌影响力。

（二）从产品供应商向服务供应商转变

提升书城的服务质量，不仅指服务态度的转变，更重要的是要让书城的从业者成为"懂书"的人。一个不懂书的导购员，对书城对读者来讲将会是"灾难"。如何为读者推荐符合其需要的图书？目前书城的导购员普遍为高中、中专学历，年轻、阅历浅，要做到真正"懂书"，做到像日本代官山茑屋书店的"专家级咨询导引"，还有很长的路要走。现在，普遍情况就是"书摆在这，要不要顾客自己决定"，处于"全民阅读"时代，书城导购员却难以针对性地为顾客推荐图书。因此，能不能围绕图书提供有效的阅读指引服务，把真正的好书推荐给顾客，这是非常重要的。

除了把好书推荐给顾客，服务供应商与产品供应商的区别还在于，不仅能给顾客提供好书，还能为顾客带来故事和服务。对于产品供应商来讲，图书就是产品，而对于服务供应商来讲，图书不仅是产品，还是媒介。通过图书这一媒介，能传递一些故事和生活想象，从而为顾客描绘出基于该图书之上美好而深邃的思想。

（三）从内容供应商向体验供应商转变

目前国内出版发行集团都在改造升级实体书店，一方面建新书城，另一方面改造旧书店。在更新改造中，"体验感"成为着重强调的元素。在体验经济时代，除了阅读带来的精神交流外，读者更喜欢通过听觉、视觉和触觉去感受，从多方位体验阅读的乐趣。深圳书城通过与上游出版社，在书城内开辟特色展区，将图书与围绕图书衍生的相关文化创意产品结合起来，使图书中的知识以更生动的形式呈现出来，在书城销量非常好，获得了高附加值。它既围绕书业，又不局限于一本书，成为内容出版的有效补充。同时，因为新科技的不断涌现和发展，也为实体书店拓展阅读体验提供了强大的工具。"网络将结合文字以外的声音、音像、气味、触感，甚至意念，提供了一种全新的认知经验，让人类重归全观的认知经验。我们也要学会善用'网络'与'书籍'的不同特质，来对待过去与新生的知识及资料，对待'影音像'及'文字'不同的媒体。"①VR、AR、MR技术（简称3R技术）将为实体书店创造全方位浸入式的阅读体验。实体书店不是"卖场"，而是文化消费空间，所以出版物、文化艺术、科技等一切创意融合是成功的关键。用3R技术策划阅读体验时，"不能只考虑内容的呈现方式，而是要从阅读的角度去思考，从体验的角度去设计，从体验场景的视角去构架，用文化营销传播的思维去整体策划"②。通过3R技术，可以模拟虚拟作者和专家讲座，展现书中描绘的情景，观看虚拟的文艺展演，

---

① 郝明义：《越读者》，人民文学出版社2009年版，第11页。
② 三石：《虚拟现实技术下的书店转型》，《传媒》2016年第24期。

甚至是游览和体验全世界实体书店的虚拟场景，这绝对是一种让人尖叫的绝佳文化体验。书城可以通过整合资源，创新阅读方式，丰富实体阅读空间的服务组合，从而提升阅读的体验感，吸引更多读者前来，提升客流量。

（四）从图书供应商向文化供应商转变

深圳市政府常务会议在研究深圳出版发行集团未来五年改革方案中明确提出，既要围绕书业，同时也要扩大文化产业，这意味着书城既是书业主业的从业者，同时要利用"文化＋"的模式，拓展"文化＋书业"，以此带动书业的转变。

以前城市传统文化一般是以艺术文化为主，而现在是以书业为主重新塑造城市文化。以中心书城为例，一年举办800多场文化活动，超过深圳任何一家公共文化单位。在整个城市公共文化服务中，书城成为一个重要的平台，成为城市文化交流的重要载体。通过发挥平台的聚合效应，书城可以整合出版发行领域、公共文化领域以及文化创意领域的各种资源，从图书供应商转变为文化的供应商。

（五）从线下供应商向线上线下相结合的供应商转变

线上线下互动是实体店的发展趋势。现在，许多实体书城把服务向互联网延伸，借助新媒体新技术拓宽服务范围。实体书城向线上发展，并不是要取代实体书城，而是将实体书城的服务向互联网延展，令书城的服务半径更宽，服务距离更远。

实体书城向互联网转型包括两个方面：一方面向线上延伸，将很多实体店的服务向线上扩展，让很多不在书城的人同样能享受到书城的服务，让书城变成家门口的书城，甚至是手掌上的书城。例如深圳书城的掌上书城APP，让已运营的四座深圳书城变成读者身边的书城，将有限空间转变为无限空间，使书城服务变得更加便捷，成为另外一个意义上的24小时书店。另一方面，各种线上活动通过实体书城进行线下推广，使虚拟空间的人物（如网红、网络作家）走入实体书城，拉近了虚拟空间与现实生活的距离。与互联网的结合，让书城无时不在，让阅读无处不在。

三　书城未来走向何方

"一个人的精神发育史就是他的阅读史。"① 当今社会处于信息大爆炸的时代，如何在信息海洋中撷取到知识的精华，成为一项艰巨的工作。因此，余秋雨才发出感叹："阅读能启发生命，但更多的是浪费生命。"针对这一论断，教育专家朱永新认为，余秋雨提倡的拥抱现实世界、避免陷入信息海洋和虚拟世界的游乐场有一定道理，但需要仔细分辨的是，现实世界指的不仅是我们外在的物质世界，还有我们丰富的内在世界。我们去考察，去游历，是靠什么去体验，靠什么去创造？如果我们不能认识到自身内在世界的现实性，我们看得再多，走得再远，获得的只是一大堆知识和经验，是很难培养一种理性的洞察力，也很难开启生命的智慧的。我们的"身"在游历，实际上是"心"在体验和创造，而真正的阅读可以帮助我们走入这种内在的真实世界。那么，作为主要提供阅读场所的书城，怎样才能让真正的阅读帮助读者走入内在的真实世界？怎样才能由阅读开始，重塑城市的公共文化空间和新时代的公共文化生活呢？

（一）以阅读重构书城

法国诗人夏尔·丹齐格认为人们通过阅读获得了生命的扩展，他说："死亡是一种忘却，它更将生命一笔简化。'书是一棵钻出坟墓的大树'，读书为我们还原了生命里那些值得崇拜的纷繁驳杂，由它们来对抗死神的傀儡。"② 书籍是特殊的产品，因此书城就是一个特殊的存在。这种特殊性决定了每一本书和每一个书城跟纯物质的物理性是不一样的。书的主导性让书城的空间永远带有灵性，带来生命力，这就是书城跟其他空间的不同之处。当我们回忆任何一个物理空间或一栋建筑时，最能唤起记忆和生命体验的极可能是一个书城、一家书店，因为书店是你成长的地方，已经变成你生命的一部分了。"你的整个人生都取决于你被留在什么店里。"《岛上书

---

① 朱永新：《改变，从阅读开始》，天津教育出版社 2007 年版，扉页。

② ［法］夏尔·丹齐格：《为什么读书》，阎雪梅译，广西师范大学出版社 2012 年版，第 293—294 页。

店》里的两岁小玛雅很庆幸妈妈临终前将她留在书店而不是三明治店里。书店在玛雅的心中是这样的：

> 书店有十五个玛雅宽，二十个玛雅长……下到书店有十六级台阶，玛雅坐在那里一级一级地往下滑，因为她的腿还短得不能自信地一级级走下去……她的手滑过杂志，把放书签的旋转货架转了一下。早上好，杂志！早上好，书签！早上好，书本！早上好，书店！①

当我们讲书城或书店，首先建立在我们对书的崇敬上，如果没有对书的伟大敬意就不可能有书城。书是阅读的载体，一本好书对一个人的影响将是无法估量的。阿兰·德波顿就将阅读比作恋爱，当遇到一本打动心灵的书时，就宛如遇见了一见钟情的爱人。

> 恋爱和阅读之间或许真有某种重要的关联，两者提供的乐趣差堪比拟，我们感到的某种关联感或许就是基于这个根源。有些书跟我们交流的方式与我们的爱人同等热烈，而且更加诚实可靠。这些书能有效地防止我们因自觉并不完全属于人类大家族而滋生的伤感情绪：我们觉得孑然孤立，谁都不理解我们。我们身上那些更加隐秘的侧面——诸如我们的困惑、我们的愠怒，我们的罪恶感——有时竟然在某一书页上跟我们撞个正着，一种自我认同感于是油然而生。那位作者用确切的文字描述了一种我们原以为只有我们自己才有所会心的情境，一时间，我们就像两个早早地去赴约吃饭的爱人，兴奋不已地发现两人间竟有这么多的共同点（陶醉之下，只能嚼几口眼前的开胃小食，哪有心思再去吃什么正餐），我们也会把书暂时放下，带点乖张地微笑着盯着书脊不放，仿佛在说，"何等幸运，邂逅此君"。②

---

① ［美］加布瑞埃拉·泽文：《岛上书店》，孙仲旭、李玉瑶译，江苏凤凰文艺出版社 2015 年版，第 84 页。
② ［英］阿兰·德波顿：《幸福的建筑》，上海译文出版社 2009 年版，第 3 页。

阅读之于城市的影响同样举足轻重，深圳市委常委、宣传部部长李小甘指出阅读与个人、与城市存在直接的依存关系。他说：

> 城市文明是一座城市综合实力的指针，一座高度文明的城市不仅需要繁荣的经济，更需要昌盛的文化。倡导阅读正是深圳这座移民城市构建文化认同、提升人文精神的最佳抓手。通过阅读内化城市每个市民的精神，让雅致的生活方式和文明的社会风尚成为主流；通过阅读，改变稍显浮躁的社会风气，使每个人举止得体，知书达理，更加优雅，进而达到城市文化昌盛发达的景象，文化生活更加丰富，城市文明进一步提高。①

联合国教科文组织代表罗西在谈到深圳的阅读和城市发展时也表达了类似观点："对于一座城市而言，阅读是最有价值的投资之一。因为它无法被任何东西所取代，也无法被外界的任何力量夺去，它代表这座城市的气质和心灵，也是这座城市发展的支柱和动力。"②

用阅读来重建书城，就是要特别强调书籍如何成为书城的主体，最大限度地放大书作为书城主导的力量，而不是把书作为瓷砖贴在墙面上作为点缀和摆设。书城要把书的力量、书的光芒发挥到极致，以体验感、个性化、便利性和指引力为着力点，在书城的规划设计、产品组合、服务场景设计等方面下功夫，为阅读的冲动打造舒适宜人的环境，在读者和书城之间构建起更加友好亲切的关系。到书城来，是轻松的、积极的、能动的，没有压力的，书城就像邻居家的院子、自己家的书房一样，能尽情享受阅读的快乐。

（二）以书城重建城市公共文化空间

如今，书大规模进入公共空间已经成为社会热点现象。所谓书业的蓬勃复兴，最后是书大规模地进入公共生活，原来所有的非书

① 李小甘：《让城市的每扇窗户都透着阅读的灯光》，《深圳全民阅读发展报告2017》，海天出版社2017年版，第15页。

② 林洲璐：《热爱阅读的城市活力永驻》，《深圳特区报》2013年11月11日第A01版。

空间慢慢变成书空间的重要部分。如果把书作为比喻的话，书在所有的空间正在进行着一场伟大的虚构，通过书来虚构空间给我们带来新的力量。

现代城市已逐渐步入文化休闲时代，休闲正在成为当下社会的一种生活方式，人们对休闲空间的要求越来越高。某种程度上看，城市中的休闲已经成为一种空间消费的形式，购物退居其次，闲逛才是目的。正如《巴黎，十九世纪的首都》一书中描述的那样："波德莱尔这位寓言天才的目光落到城市。它所显示的是一种深刻的疏离。这是闲逛者的目光。他的生活方式用一种抚慰人心的光晕掩盖了我们那些大城市的未来居民的焦虑。闲逛者在人群中寻找自己的避难所。对于闲逛者来说，人群是一层面纱，熟悉的城市在它的遮掩下化为一种幻境。城市时而幻化成风景时而幻化成房屋。"①在书城这座由书构成的空间里，书正在成为照亮人们日常生活的光。因此，在书城的规划设计和再定位中，要切实让书发挥领袖、主导的力量。通过书的主导力量，使书城成为城市公共文化空间的主角。

文化学者费勇认为，当今是文化的黄金时代。无论是民众的文化素质和需求，还是书业向各个场所和行业的跨界、渗透，都说明了书业越来越活跃。今天的书城或书店其实是一种"文化理念"，可以进行多种形式的文化跨界。相对于互联网，它的未来将是更多现代人非常渴望的生活美学体验空间。这样的文化综合体将特别注重人文特色、文化氛围和艺术体验空间的营造。未来书城可以通过与其他商业文化机构合作，一方面将文化创意引进书城，打造成为体验式文化公共空间；另一方面将书元素输出至商业综合体、公共文化场馆及社区文化生活区，使阅读的影响力无处不在，为城市文化增添别样的活力。

城市的发展离不开文化的发展，而书城是深圳文化发展中不可缺少的重要载体。书城建设已经成为城市公共文化服务体系的重要组成，在城市规划中与其他公共文化服务设施统筹考虑，可以预见

---

① ［德］瓦尔特·本雅明：《巴黎，十九世纪的首都》，刘北成译，上海人民出版社2006年版，第20页。

书城的建设会越来越频繁地与其他公共文化设施结合，组成文化生态圈，激活城市新文化空间。这种模式以书城为核心，可与周边的文化场所形成聚合力，通过差异化和互补性，产生叠加效应，充分发挥各自的文化优势，使书城从单个的文化综合体发展成为城市文化生态圈的有机组成。其他文化机构如图书馆、音乐厅、科学馆、艺术馆、博物馆乃至学校、公园、文化产业园等，与书城之间有效互补，实现共生共荣。

在文化强市战略指引下，深圳市各区政府在土地规划时均将书城与各类公共文化机构综合考虑，作为城市或区域文化中心区的组成部分。例如，位于深圳市福田区中轴线上的中心书城，东西两侧为少年宫、当代艺术馆、图书馆和音乐厅，北靠莲花山主题公园，形成了互动良好的文化群落，成为深圳市的文化生活中心。还有深圳市龙岗区建设的"三馆一城"（科技馆、少年宫、公共艺术馆和龙岗书城，如图5—9所示），各建筑体之间形成联系，空中有慢行，地下能互通，同时与龙岗文化中心相互呼应，形成一个内涵丰富的文化生态圈，成为龙岗区的CCD。

图5—9 深圳市龙岗区"三馆一城"效果图

（三）以书城重建这个时代的公共文化生活

改革开放30多年以来，由于经济发展所带来的精神困惑，人们呼唤能够填补心灵空缺的公共空间与社会生活。中国城市化浪潮背后，从移民到市民，是一代中国人的身份变化。在这个时候，重建城市的公共生活和市民生活是非常需要的。像上海、南京、成都这样的城市，老一辈的市民生活是稳定的，但是当这批移民过来后，原有的社会生活和城市街坊邻居的文化全部被打乱。这个时候，社会生活面临着重建，一个城市一种市民，除了重建城市的公共文化空间外，还要重建社会的公共文化生活。书城恰恰是重建城市文化公共生活的重要阵地和重要载体，深圳书城20多年的发展，参与并见证了深圳从移民城市走向市民城市的历程。

当今时代是创意迸发的时代，创意使人们的生活产生了颠覆性的改变，使这代人和前几代人的鸿沟进一步加大，特别是智能制造、机器人普及应用，各种创意推陈出新，步伐飞快，创意产品的个性化越来越凸显。此外，在经济高速发展、城市化进程加快的当下，人们疏于观照自己的内心，诸多喧嚣浮躁的元素，一些庸俗的、娱乐至死的东西，给这个时代和人们的精神追求造成了负面的影响。

不同于古希腊城邦和罗马共和式的民主政治制度，封建社会在中国社会历史中占据了漫长的阶段，皇帝名义上垄断一切公共性资源，"普天之下，莫非王土"，皇帝成为公共表现的唯一主体，因此中国古代城市中的公共空间基本上属于代表型公共空间。随着商品经济的发展，商肆、酒楼、茶馆等店铺使街道成为最有活力的城市公共空间。"城市"二字，乃是"城邦"和"市井"的结合，即政治性公共空间和商业性公共空间的结合。随着时代的变迁，旧有代表型公共空间逐渐摧毁、消退，取而代之的是随着城市现代化而繁荣的商业化公共空间。商业化的时代需要怎样的公共空间，如何通过重建公共空间来重建公共生活是我们今天面临的难题。

好的公共生活以民主来保障群体的"公共幸福"，同样，好的公共空间也应具有提升城市居民道德和精神的力量，能够潜移默化地推动我们趋于完美，增强我们向善的决心。老舍笔下民国时期的茶馆里人来人往，熙熙攘攘，浮动着的是蓬勃的人气，这种气息将公共生活的热度带动了起来，具有很强的感染力。当时的茶馆也发挥了信息发布中心的作用，它提供的不仅是茶水，更是一种体验。

人都有克服孤独的本能，人与人之间需要交流，人需要一种气息。

如何通过书城来重建这个时代的公共生活？中心书城一年举行800多场活动，大量的活动源源不断地汇聚在书城这个平台，包括政协委员议事。委员谈论的是公共的事，委员议事厅在这儿找到了最终的听众，人们在各式各样的文化活动中激辩、思考、观照内心。同时，书城通过书籍传递真实，通过阅读弘扬美德，正如阿兰·德波顿所说："我们身处何处最能决定我们信仰何物。"书城理应成为这个时代公共生活的最佳载体。它将不仅是一个抽象的知识空间，更是一个充满人间烟火的生活空间。未来书城将最大限度地放大书城的公共性，倡导"能动的生活、积极的休闲"，促进人与人之间的交流、人与环境之间的认同和共鸣。让这里成为人们汇集思想和创意，进行个体和群体交流的公共空间；让人们能关心自身之外的事，关心高远的事物，克服这个时代中庸俗肤浅的东西；让人们从虚拟空间中走出来，从个人世界走出来，从家庭中走出来，打通人和人之间的孤岛，享受实实在在、面对面的公共文化生活……从而重建这个时代的精神，实现书城的价值。

正如李小甘部长所言，"阅读之灯，永不熄灭，是文化的价值，阅读的价值，成就了城市的伟大与光荣"[①]。"以阅读引领城市，以文化丰富民生，以创意影响未来""做一流的阅读服务提供者和大书城运营商"，是深圳出版发行集团的使命和企业愿景，也指引着深圳书城模式不断创新前行，指引着书城为城市的公共文化服务和全民阅读体系纵深发展再次启航。

---

① 李小甘：《让城市的每扇窗户都透着阅读的灯光》，《深圳全民阅读发展报告2017》，海天出版社2017年版，第22页。

附录 深圳书城文化综合体筹建及运营手册

附录1 深圳书城文化综合体项目筹建工作流程指南

前 言

在集团大发展的背景下，新书城文化综合体的筹建将成为新常态。为了加强流程管控，使新书城各项筹备工作能按项目建设节奏顺利、有序推进，按时、按标准完成，现就集团新书城筹备工作经验进行总结提炼，以实用、高效、严谨为原则汇编成《深圳书城文化综合体项目筹备工作流程指南》。

本指南适用于书城筹建工作全过程，鉴于书城文化综合体的筹建工作仍处于实践探索及日趋规范阶段，本流程指南亦需持续改进完善。

第一章 筹建工作概况与职责分工

一 筹建工作流程

指集团各相关单位，按照深圳书城文化综合体（简称"书城"）筹建工作分工，对整体工作进行目标分解、责任界定、过程管控，以确保项目按时保质开业、目标圆满达成的工作流程。

本流程以书城项目投资建设工作为中心主轴，业态规划、项目招商及运营筹备等工作前后并列交织而成。从项目完成立项开始，至项目开业为止，主要分为两个工作阶段：项目建设和开业准备。按工程建设时间为标准计算，计划控制在 49 个月完成整个项目的筹备建设。其中项目建设控制在 47 个月完成（主体工程从设计到施工完成验收 44 个月，装修施工 3 个月），开业准备控制在 2 个月完成。（工程建设时间参照集团投资建设部门提供的《深圳出版发行集团基建工程项目建设流程时间表》）

二 主要部门及职责分工

1. 集团投资建设部门负责书城项目的报建、工程建设管理及竣工结算等系列工作。负责制定书城项目筹建计划，尤其是建设施工计划，并按计划保质、保量、按时完成项目建设工作。

2. 书城规划部门负责书城项目业态、功能规划制定和管理工作。

3. 资产运营部门负责书城项目招商工作。全程参与书城项目业态规划工作，并按集团批复后的业态规划方案要求做好项目招商和协助书城筹备部门管控商户装修等相关工作。

4. 书城筹备部门负责统筹书城项目整体运营筹备工作。包括制定整体筹备计划，在筹备过程中协调各经营部门与项目建筑施工部门保持进度一致，保证内、外商业项目按标准统一开业。书城筹备部门核心团队宜尽早组建，最晚于项目业态规划完成时成立。原则上集团为投资建设主体的项目运营筹备工作由资产运营部门负责，非集团自主投资建设的项目则成立股份公司负责项目运营筹备工作。

5. 集团所属书业公司及各专业子公司（包括但不限于弘文、培训、影城等）以下简称"集团自营单位"：按照整体筹备计划，在业态规划方案的规划范围内负责各自的团队组建、商品筹集、店面设计装修施工及开业营销等项目运营筹备工作。

6. 物业管理部门受资产运营部门委托，按《物业服务合同》约定负责书城项目物业管理工作，同时参与项目建设中的设施设备选型、安装、调试、验收等工作。

三　筹备工作总流程图

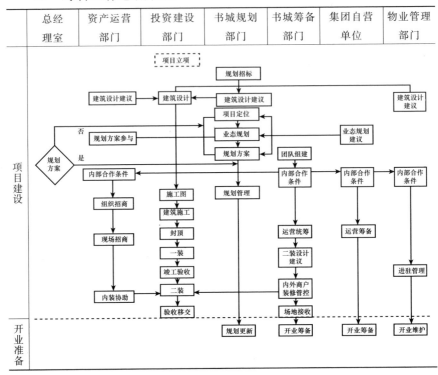

四　筹备工作计划脉络图

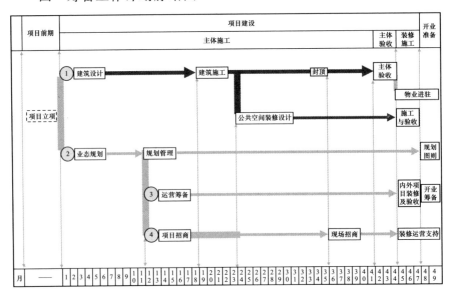

第二章 筹建工作的主要内容

一 建筑主体施工

在项目完成立项后，由投资建设管理部门按照项目概算范围，通过招标方式选聘设计、施工、监理等专业单位，进行项目建筑设计、施工及管理等工作。主要分为设计和施工两个阶段。（为保证项目建筑符合商业运营要求，建筑设计和装修设计必须结合项目业态规划的要求进行功能配置、平面分割和风格表现等，参照《书城文化综合体业态规划指南》）

1. 职责分工与工作成果

（1）责任部门：集团投资建设部门

（2）协助部门：书城规划部门（建筑设计建议）、物业公司（设备移交）

（3）工作成果：《建筑设计方案》《建筑施工图》《消防设计审核意见书》《工程规划许可证》《施工许可证》《竣工验收合格证》

（4）完成时间：计划控制在44个月内完成（从第1个月开始至第44个月结束）

2. 工作流程及具体内容

（详见《深圳书城文化综合体投资建设管理办法》《深圳书城文化综合体工程建设管控流程办法》）

（1）建筑设计

从设计至获取施工许可证，计划控制在18个月完成（即从第1个月开始至第18个月结束）。

（2）施工与验收

从组织施工至获取建筑主体竣工验收合格证，并与书城筹备部门完成场地交接，计划控制在26个月完成（即从第19个月开始至第44个月结束）。

二 装修施工

装修施工即建筑二次装修，可分为建筑内部公共空间装修和商铺内部装修。在建筑主体施工图完成后，由书城筹备部门统筹实施。（在遵守相关建筑消防条例的前提下，为加快项目的建设速度，集团自营项目和对外招商的餐饮、150平方米以上的项目

应与公共空间装修同期进行，要求资产招商部门提前做好预招商准备）

1. 职责分工与工作成果

（1）责任部门：书城筹备部门

（2）参与部门：集团投资建设部门（公共空间装修设计与施工）、集团自营单位（各自场地设计与装修施工）、物业管理部门（装修管理）

（3）协助部门：书城规划部门（设计建议）、资产运营部门（协助外部商户装修管控）

（4）工作成果：《公共空间装修设计方案》《公共空间装修施工图》《内、外商户装修设计方案》《消防设计审核意见书》

（5）完成时间：计划控制在 24 个月内完成（即从第 24 个月开始至第 47 个月结束）

2. 工作流程图

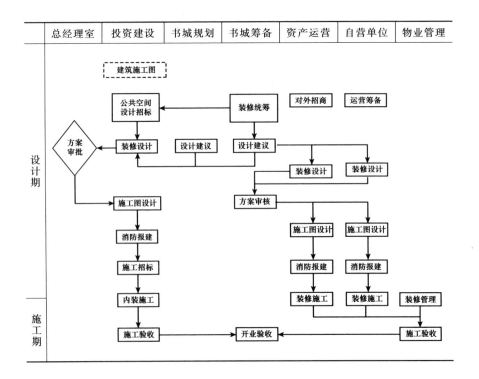

3. 公共空间装修

建筑主体施工图完成后，书城筹备部门委托投资建设部门组织开展公共空间装修设计、施工等系列工作。

（1）装修设计

从设计招标至完成施工招标，计划控制在21个月完成（即从第24个月开始至第44个月结束）。

• 设计招标

由集团投资建设部门通过招标选聘设计公司并签订合同。

• 内装设计、消防报建、施工图设计

设计方根据书城筹备等相关部门的设计意见进行装修设计形成方案。方案经集团总经理办公会审批通过后，由设计方完成施工图设计并向消防局报审取得《消防许可》。

• 施工招标

由投资建设部门通过招标选聘施工单位，并签订施工合同。

（2）施工、验收及交接

施工招标完成后，由投资建设部门配合施工方组织施工及施工管理工作。从组织施工至施工验收合格后移交给书城筹备部门，计划控制在3个月完成（即从第45个月开始至第47个月结束）。

4. 内、外商户装修

在公共空间装修设计方案经集团审批通过后，集团自营项目和对外招商的餐饮、150平方米以上的项目根据方案要求进行装修设计，形成装修设计方案。方案经书城筹备部门审核通过后，再进行施工图设计，并各自进行消防报审和组织施工。装修设计计划控制在7个月完成（即从第38个月至第44个月结束），施工及验收计划控制在3个月完成（即从第45个月开始至第47个月结束）。（为提高建设速度及风格、质量把控，建议内、外商户装修均委托投资建设部门统一设计、报建和施工）

5. 开业验收

由书城筹备部门组织相关部门及商户对整体项目进行开业前的检查与整改，以符合项目达到开业运营的要求。计划在第47个月实施完成。

6. 管控计划表

主要工作事项	责任部门	协助部门	完成时间 24 个月（24—47）										44	45	46	47
			24—43（20 个月）													
装修设计			21													
内装设计公司招标选聘	投资建设	——	2	2	2	2	2	2	2	2	2	1				
内装设计方案	投资建设	书城筹备														
内装施工图设计	投资建设	——														
消防报建		——														
内装施工、监理单位招标选聘	投资建设	——														
内装施工			3													
内装施工与管理	投资建设	物业管理											1	1	1	
施工验收及交接			1													
施工验收	投资建设	物业管理														1
建筑交接	投资建设 书城筹备	物业管理														
内外商户装修			10													
设计方案	书城筹备 资产运营	——							2	2	2	1				
施工图设计		——														
消防报建	资产运营															
装修施工	自营单位	物业管理											1	1	1	
开业验收			1													
工程设备	物业管理	——														1
招商项目	书城筹备	资产运营														
整体运营	书城筹备	资产运营														

三　项目业态规划

在项目完成立项后，由书城规划部门或通过招标选聘商业策划顾问公司，按照《书城文化综合体规划管理办法》开展项目业态落地规划工作，制定规划方案，并提交设计意见、组织方案实施与管理的全过程。主要分为规划制定、方案实施两个阶段。

1. 职责分工与工作成果

（1）责任部门：规划管理部门

（2）参与部门：资产招商部门（参与方案制定）

（3）协助部门：投资建设部门（与建筑设计方的沟通及信息传递，并配合书城规划管理部门开展工作）、集团自营单位（提供各自项目运营信息，并配合书城规划管理部门开展工作）

（4）工作成果：《项目业态规划方案》《项目业态规划图则》

（5）完成时间：计划控制在 49 个月完成

2. 工作流程图及具体内容

（详见《书城文化综合体业态规划指南》）

（1）规划制定

由书城规划部门协同资产运营部门及商业策划顾问公司，组织开展业态规划工作，提出规划建议，并拟定业态规划方案提交集团总经理办公会审定，计划控制在 11 个月完成（即从第 1 个月开始至第 11 个月结束）。

（2）方案实施管理与调整

业态规划方案经审批通过后，由书城规划部门移交资产运营部门开展招商工作，并在招商过程中审核方案调整申请，待招商完成、项目开业后，对方案的实施情况进行核对和更新。计划控制在 38 个月完成（即从第 12 个月开始至第 49 个月结束）。

四 项目招商

《项目业态规划方案》经集团审批通过后，由书城规划部门移交给资产运营部门，资产运营部门按招商项目与整体项目同期开业为目标，依照方案内容及要求组织开展招商工作，主要分为招商期和运营期两个阶段。（为保证筹建的项目进程高效，建议资产运营部门提前做好预招商工作，即与目标商户建立战略合作伙伴关系，使更多的目标商户成为书城文化综合体的标准配置，形成订单式项目招商）

1. 职责分工与工作成果

（1）责任部门：资产运营部门

（2）参与部门：书城筹备部门（合同签订及商户装修管控）

（3）协助部门：书城规划部门（规划调整方案初审）、资产财务部门（招商方案评估）

（4）工作成果：《项目整体招商方案》、招商完成

（5）完成时间：计划控制在 38 个月完成（即从第 12 个月至第 49 个月结束）

2. 工作流程图及具体内容

（详见《深圳书城文化综合体招商管理办法》）

（1）招商期

资产运营部门依照《项目业态规划方案》内容及要求组织开展招商工作（待建筑封顶后即进驻现场招商），招商完成后与书城筹备部门进行招商项目移交，计划控制在 33 个月完成（即从第 12 个月开始至第 44 个月结束）。

（2）营运期

即招商后期管理。招商完成后，资产运营部门协助书城筹备部门进行商户装修管控工作及开业协调，保证招商项目按开业标准如期统一开业等工作，计划控制在 5 个月完成（即从第 45 个月开始至第 49 个月结束）。

五　项目运营筹备

在项目业态规划方案及项目重要时间节点经集团总经理办公会审批通过后，由书城筹备部门组织开展整体项目（包括对外招商项目和集团自营项目）运营筹备和开业准备的统筹工作。

1. 职责分工与工作成果

（1）责任部门：书城筹备部门

（2）参与部门：资产运营部门（外部项目招商及商户装修管控）、集团自营单位（各自项目筹备与装修管控）

（3）协助部门：人力资源部门（人员招聘）、资产财务部门（财务支持）

（4）工作成果：《项目运营筹备方案》、签订集团自营单位合作协议、签订外部商户合同、合同备案、《开业宣传方案》

（5）完成时间：计划控制在 38 个月完成

2. 工作流程

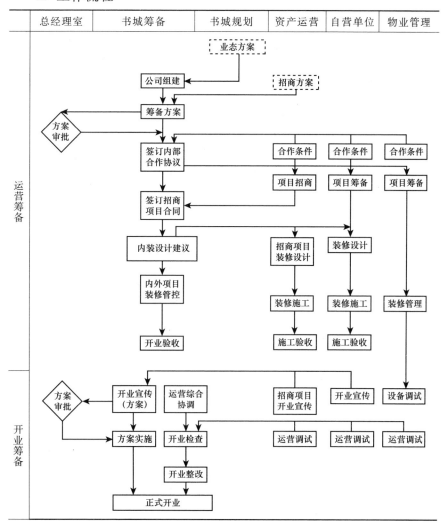

3. 运营筹备

书城筹备部门依照《项目业态规划方案》的内容及要求组织开展项目运营筹备工作。从公司组建开始，直至项目装修完成场地交付，计划控制在 36 个月完成（即从第 12 个月开始至第 47 个月结束）

（1）公司组建

在《项目业态规划方案》经集团审批通过后，集团指定或成立股份公司来确立项目运营主体，由人力资源部门及资产财务协助组建。

（2）筹备方案

书城筹备部门依据《项目筹备工作计划》和《项目招商方案》内容要求制定《项目运营筹备方案》，经集团总经理办公会审批通过后组织开展项目运营筹备工作。

（3）签订内部合作协议

在集团制定的自营项目优惠政策前提下，书城筹备部门与集团各经营部门进行合作谈判，并签订合作协议。

（4）集团自营项目筹备

资产运营部门及集团各自营部门按签订的合作协议内容结合各自实际情况进行团队组建、制度建立、人员招聘等筹备工作，人力资源部门和资产财务部门根据集团政策给予人员招聘、财力支持协助。

（5）签订招商项目合同

资产运营部门的招商项目合同谈判完成后，制定合同移交书城筹备部门签署，再由书城筹备部门进行合同备案。

（6）内装设计

进入内装阶段，书城筹备部门委托投资建设部门进行建筑设计方案，并提出设计意见。同时对内、外项目装修风格进行把控并提出设计建议，协调、配合各经营单位进驻项目现场施工、办公。

（7）内、外项目装修管控

书城筹备部门委托投资建设部门进行装修施工，并协同资产运营部门、物业管理部门配合进行内、外项目装修施工管理，敦促内、外项目进场装修、现场施工等工作，把控装修进程及施工安全。

（8）开业验收

装修施工完成后，书城筹备部门负责与投资建设部门进行大厦公共空间装修验收移交，同时组织相关单位对内、外项目装修按开业标准进行验收与整改。

4．开业筹备

书城筹备部门负责项目整体开业仪式、宣传活动策划工作，并组织相关单位对各经营项目开业前按标准进行检查与整改工作。从完成场地交接，直至项目开业，计划控制在2个月完成（即从第48个月开始至第49个月结束）。

（1）运营综合协调

项目装修完成移交后，由书城筹备部门协调整体项目运营支持、平台协同及进行相关部门职责分工等工作。

（2）开业宣传

书城筹备部门统筹各经营单位开业宣传营销活动工作，制定《开业宣传方案》报集团总经理办公会审批通过后组织开展实施。

（3）开业检查

书城筹备部门组织相关单位对项目整体开业前的项目运营的环境、设施、安全等工作按开业标准进行全面检查与整改。

5．管控计划表

	主要工作事项	责任部门	协助部门	完成时间38个月（12—49）			
				12—23	24—35	36—47	48、49
运营筹备	**公司组建**			4			
	团队组建（或公司注册）	书城筹备	人力资源	4			
	制度建立、人员招聘		资产财务				
	筹备方案			4			
	项目运营筹备方案与实施计划	书城筹备	—	4			
	签订内部合作协议			4			
	合作磋商与谈判	书城筹备	—		4		
	签订协议	自营单位	—				
	公共空间装修设计			21			
	建筑内装设计建议	书城筹备	投资建设		12	9	
	公共空间装修施工			3			
	施工与验收	投资建设	物业管理			3	

续表

主要工作事项		责任部门	协助部门	完成时间38个月（12—49）			
				12—23	24—35	36—47	48、49
内、外项目筹备					4		
内、外项目运营筹备	团队组建	资产运营自营单位	人力资源资产财务书城筹备			4	
	制度建立						
	人员招聘						
	内、外项目装修设计及施工图设计	资产运营自营单位	书城筹备			4	
	各自营单位进驻现场办公						
内、外项目装修管控					3		
进场装修督促与协调		书城筹备	资产运营				3
现场装修协调与进程监控							
装修管理		物业管理	—				
交接验收					1		
项目验收交接（建筑、设备、装修）		书城筹备投资建设	物业管理				1
内、外项目装修施工验收与整改		书城筹备	资产运营物业公司				
运营综合协调					1		
开业运营标准制定			人力资源				1
各经营单位开业职责划分		书城筹备	—				
整体项目营业管理规定制定			—				
紧急预案制定（突发事件处理机制）			物业管理				
开业宣传					2		
集团自营项目开业宣传与营销活动策划		自营单位	—				1
招商项目开业宣传与营销活动策划		资产运营	—				
制定《开业宣传方案》		书城筹备	人力资源				
《开业宣传方案》实施							1

（左侧纵向栏：运营筹备、开业准备）

续表

	主要工作事项	责任部门	协助部门	完成时间38个月（12—49）			
				12—23	24—35	36—47	48、49
开业准备	**开业检查**				2		
	项目经营筹备（货架、商品、收银系统、人员、着装、卫生环境等）	书城筹备	自营单位资产运营				1
	经营环境（卫生、绿化）	物业管理	书城筹备				
	设备、设施运行（空调、消防、通信、电力、排烟、排污等）						
	安全（防火、防水、防盗）						
	整改	书城筹备	各单位				1

六　主力店筹备

主力店即书业（出版物）卖场，与影院、弘文（文体用品）、书城培训同属集团自营项目，是"书城文化综合体"的标准配置（订单式项目），在项目建筑内装前，集团指定部门或成立专项部门（暂定为书业筹备办）负责启动筹备工作。

1. 职责分工与工作成果

（1）责任部门：书业筹备部门

（2）协助部门：人力资源部门（人员招聘）、书城筹备部门（设计参与、装修管控、开业统筹）、投资建设部门（装修施工）

（3）工作成果：《书业筹备方案》《书业规划方案》

（4）完成时间：计划控制在15个月完成（即从第35个月至第49个月结束）

2. 工作流程图

总经理室	投资建设	书城筹备	书业筹备				人力资源

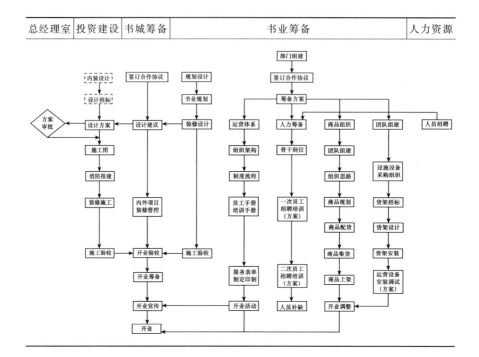

3. 部门组建

在《项目业态规划方案》集团审批通过后，集团指定部门组建成立书业筹备部门，负责启动筹备工作。计划控制在 2 个月完成（即第 35、第 36 个月）。

4. 签订合作协议

书业筹备部门与书城筹备部门磋商进驻项目经营合作事宜，并签订合作协议。计划控制在 1 个月完成（即第 36 个月）。

5. 规划设计

对营业面积、业态组合、人流动线、阅读空间和服务设施等方面进行规划设计，形成《书业规划方案》，同时对书业卖场装修风格提出设计建议，通过书城筹备部门汇总到投资建设部门，与项目建筑二次装修工程统一设计、报建和施工。计划控制在 12 个月完成（即从第 36 个月开始至第 47 个月结束）。

6. 筹备方案制定与实施

书业筹备部门依据合作协议内容、经营指标及开业目标制定书业筹备方案，并组织开展实施工作，计划完成时间控制在 13 个月（即从第 37 个月至第 49 个月结束）。主要包括运营体系、人力筹备、商品组织和设备设施 4 个板块的内容。

（1）人力筹备

按《书业筹备方案》工作要求，为各专业板块招聘人员及人员培训工作。

（2）运营体系

根据经营需要，确定管理架构和人员编制，制定各种管理制度和业务流程规范等工作。

（3）商品组织

根据市场定位和经营指标进行品类品种规划，设定选品标准及商品组织思路，并组织配货、集货、商品上架等工作。

（4）设备设施

根据书业运营需求，对标识、信息、货架、办公等设施设备进行设计、采购、安装等工作。

7. 开业宣传

制定书业营销活动策划方案汇总到书城筹备部门统筹实施。计划控制在 5 个月完成（即从第 45 个月至第 49 个月结束）。

8. 开业调整

按开业标准对人员配备、礼仪着装、服务设施、营业环境、商品陈列等方面进行检查与调整，计划控制在 2 个月完成（即第 48、第 49 个月）。

9. 管控计划表

主要工作事项	责任部门	协助部门	完成时间 15 个月（35—49）		
			35—39	40—44	45—49
部门组建			2		
团队组建	书业筹备	人力资源			
架构确定	书业筹备	—			
签订合作协议			1		

续表

主要工作事项	责任部门	协助部门	完成时间15个月（35—49）		
			35—39	40—44	45—49
合作条件磋商及协议签订	书城筹备 书业筹备	—	▓		
规划设计			12		
书业规划方案	书业筹备	—	▓		
设计建议		—			
装潢设计、施工图设计、消防报审	投资建设	书城筹备		▓	
装修施工					▓
施工验收					
筹备方案			2		
运营体系、人力筹备、商品组织和设备设施工作方案与实施计划	书业筹备	—	▓		
人力筹备			8		
骨干人员到位（服务、综合、企划等）	书业筹备	人力资源		▓	
第一次员工招聘与培训（60%编制）				▓	
第二次员工招聘与培训（40%编制）					▓
人员补缺及劳动关系处理					▓
运营体系			6		
确定管理架构、人员编制	书业筹备	—		▓	
骨干人员到位（服务、综合、企划等）		人力资源			
各种管理制度、业务流程和规范制定		—		▓	
员工手册、培训手册制定		—		▓	
各种服务表单的制定和印制		—			▓
商品组织			11		

续表

主要工作事项	责任部门	协助部门	完成时间15个月（35—49）		
			35—39	40—44	45—49
商品核心团队组建	书业筹备	—		■	
商品组织思路、选品标准		—		■	
商品规划（品类品种规划、分类体系）		—		■	
		采供部门		■	
商品配货、标识、集货					■
商品上架及调整					
设备设施				8	
货架及辅助陈列道具的设计、招标、制作、安装	书业筹备	—		■	
各类业务系统及信息设备的采购及安装调试		信息部门			■
办公设施及服务设施的定制、安装		—			
开业宣传				5	
开业营销活动策划	书业筹备	—			■
开业调整				2	
礼仪着装、服务设施、营业环境、商品陈列等检查调整	书业筹备	书城筹备			■

第三章　筹建工作的工作机制

项目立项后，建立高效的工作机制是各项筹备工作顺利、有序推进的有力保证。主要包括组建跨部门的项目筹建工作小组，制定工作计划与预警措施，建立联席会议制度和搭建信息平台等方面。（详见《书城文化综合体筹建工作流程管控暂行办法》）

一　项目筹建工作小组（简称"工作小组"）

统筹、协调建设和筹备工作计划实施的管理机构。

1. 组织架构

（1）组长：集团主要领导。

（2）副组长：集团相关分管领导。

（3）小组成员：集团投资建设部门、书城规划部门、资产运营部门、书城筹备部门及集团自营单位的负责人和对口联络人。

2．工作职责

（1）负责制定筹备工作和基建工作总体实施计划，并拟定项目试业、开业时间。

（2）负责各部门筹备工作计划审批，并跟进计划的执行落实情况。

（3）负责协调解决工作难点，做好各阶段的工作部署。

（4）负责对计划中各重要工作节点的完成时间进行提醒和预警，并做好工作记录。

二　联席会议

筹建工作例会制度，跟进、落实筹建工作计划实施的管理机制。

1．会议组织：工作小组

2．会议周期：根据工作推进情况，分阶段按月、周或日为周期组织召开

3．工作职能

（1）组织各筹建部门进行工作汇报。

（2）协调解决工作难点。

（3）进行下一阶段的工作部署。

（4）形成会议纪要作为督办筹建工作的依据。

三　工作计划

筹建工作实施的计划管理机制。

1．工作计划制订的要求

（1）根据项目筹建工作目标和要求，进行任务分解，结合部门责任分工制定，以确保扎实有序地推进项目。

（2）工作计划必须明确各主要工作阶段（节点）内容、启动时间、完成时间、责任部门和责任人。

2．工作计划的制订和审批

（1）总体计划

工作小组根据项目建设的目标和要求，结合工程建设节奏制订筹建工作的总体计划，并拟定项目的试业和开业时间提交集团总经

理办公会审定。

（2）分项计划

集团投资建设部门、书城规划部门、资产运营部门、书城筹备部门及集团自营单位根据总体工作计划的要求和职责分工，按照试营业和开业时间倒排制订各自的工作计划，提交工作小组审定。

3. 工作计划的调整

（1）调整参考条件

● 因项目工程建设、筹备工作实际进度已严重滞后，后续节点无法按原计划完成，经工作小组对责任部门通报批评后，被迫调整筹备工作计划。

● 因发生严重自然灾害或其他不可抗力因素导致关键线路上计划严重滞后，筹备工作计划需被迫调整。

（2）调整审批程序

集团投资建设部门、书城规划部门、资产运营部门、书城筹备部门及集团自营单位提出《项目筹备（建设）工作计划调整申请》，经分管领导签字同意后提交工作小组审定。特别重大，可能会影响项目开业时间的调整申请，由工作小组提交集团总经理办公会审定。

4. 计划的执行

（1）筹建工作计划经集团总经理办公会和工作小组审批通过后，各相关部门必须严格按各自工作计划执行。

（2）各相关部门应在当月25日之前将本月工作计划进度、执行情况、偏差分析、拟采取措施、下个月工作计划和需集团协调解决的问题等情况向工作小组汇报。

（3）集团投资建设部门和书城筹备部门负责建筑施工及项目整体运营对接协调工作，如遇到难以解决协调的问题，应及时向工作小组汇报，由工作小组协调解决；如发生突发事件或关键工作严重滞后，可能引起筹备工作计划重大变动时，应第一时间向工作小组汇报，并立即采取必要补救措施确保不影响下一阶段工作计划的执行。

四　预警措施

风险提醒与警示机制。

计划执行过程中对可能出现的风险、重要工作节点完成时间及必须采取应急补救措施的工作延误进行提醒、警示的工作机制。

工作小组负责跟进各部门工作计划的执行情况，在主要节点需完成前 20 天、10 天、5 天予以提醒、预警，并根据最终的完成延误情况做出如下处理：

1. 节点延误 10 天以内，责任部门书面分析原因并提出具体应急补救措施，上报工作小组备案；

2. 节点延误 10—20 天，除责任部门书面分析原因并提出具体应急补救措施以外，工作小组对责任部门给予书面警告处理，并记录在案；

3. 节点延误 20 天以上，除责任部门书面分析原因并提出具体应急补救措施以外，工作小组对责任部门给予书面严重警告、限期整改，并通报批评、记录在案。

五　信息平台

筹备工作的联络、沟通机制。

借助多渠道的联系方式，如 QQ 群、微信群、邮件、工作函等，实现指令传达、信息收集、信息传递和工作沟通。

附录 2　深圳书城文化综合体运营手册

前　言

　　"书城"之名及其"一业为主,多种经营"的模式起源于 1996 年的深圳,深圳书城自此一直引领着国内超大型书城的发展路径。尤其是深圳书城中心城开业后,正值资讯传播与阅读方式、出版物分销渠道与贩卖方式发生革命性变化,对书城经营产生了巨大挑战,全国其他大型实体书城的经营亦日益艰难。深圳出版发行集团带领下的运营团队,有效适应了市场环境和消费方式的变化,积极进行业态创新,通过多年的运行提升,创造性地应用"跨界"理念,横跨式经营书业、文化、商业、设计、创意、展览等不同领域的核心地带,终于成功创建了以中心书城为样板的体验式书城业态和书业跨界运行的商业模式。由此,深圳书城转型成为公共文化服务的提供者,致力于为市民提供一个集阅读学习、展示交流、聚会休闲、创意生活于一身,关于文化消费和精神体验的复合式城市文化生活空间,释放出强大的公众吸引力、文化影响力和发展力,推动了良好社会效益和经济效益的协调持续发展,探索出全新的现代大书城发展之路。

　　为及时总结深圳书城的运营经验,持续提升运营水平,为书城模式的推广运用奠定基础,我们编撰了这本《深圳书城文化综合体运营手册》(简称《手册》)。按照立足当前实际,着眼长远发展的原则,我们将《手册》的编撰思路定位于"深圳书城模式运营精要"的中观层面,介于《深圳书城模式研究报告》与具体的操作规程之间,承上启下,将最能体现书城定位和经营理念、最易影响书城功能和顾客体验、最需要特别把控的运营重点和难点,进行充分归纳提炼,旨在总结深圳书城作为公共文化服务提供者,在成功创建城市文化生活空间的过程中积累的运营智慧。

《手册》划分为出版物运营、项目组合、营销及营运管理四个板块，分别展开。这四个板块是深圳书城运营体系最重要、最关键的组成部分，都服从于书城平台的定位和经营理念。出版物运营和项目组合着力于构建书城平台的经营项目体系，并将之在平台空间内合理规划安排，在功能上纵深互补。其中，出版物运营是书城平台的核心和基础，是书城区别于其他文化消费场所或大型购物中心的标志；项目组合是书城经营项目构成、提供多元文化消费选择的设计师，是塑造空间吸引力的"硬件"基础，相对稳定和静态。营销则是动态的、针对书城整体平台的、密切平台与客群黏度的，丰富市民文化生活，打造空间魅力提升书城平台价值的重要手段。营运管理在书城平台营运中担任着牵头组织者和经营整合者的角色，通过实施一体化管理，在确保平台安全、顺畅、高效地营运中起着核心作用。上述四个板块各有侧重又相互依存，构成了深圳书城运营体系的骨干，决定着深圳书城平台的运营质量和目标实现，也决定着书城模式的成功与否。

具体的编撰体例上，每个板块均按照该板块在书城平台上的"角色和价值"、板块的"体系概要和核心要素"以及日常运营中的"关键业务和重要流程"的线索提炼总结，从而有利于深刻了解板块的重要作用、运营逻辑和关键点，有利于形成书城运营的系统思维和方法论，有利于强化对书城运营具体的作业指南及流程的领会和指引。

第一篇　出版物运营

第一章　出版物运营的角色与价值

出版物运营是书城的核心项目，是书城平台的基础和主角。它承担着书城这一公共文化服务平台服务大众阅读需求的主要职能，也肩负着传播先进文化、体现并引领当代文化思潮，实现市民基本文化权利的社会责任。

在符合书城平台定位及核心经营理念的前提下，书城内的出版物运营项目，主要任务是围绕书城所处商圈及辐射区域内大众多样性多层次的阅读商品需求和阅读体验需求，组织丰富齐全的品种，提供创新而富于美感的商品组合及展示，营造知性雅致的阅读空间，实施专业的阅读指引和个性化服务。通过专业的出版物运营，塑造书城空间的人文气质，为书城平台赢得美誉并扩大影响力，吸引大量客流集聚，使书城能够更好地发挥城市文化生活中心和公共文化服务平台的社会作用。同时也使书城平台上以书业为基础的项目组合更具活力和价值，从而助力书城项目达到社会效益和经济效益协调发展，实现社会效益最大化、经济效益最优化的良性循环的运营目标。

第二章　出版物运营的体系及核心要素

一　出版物运营的体系概要

书城平台的出版物运营项目是集团出版物连锁经营的重要构成部分，定位于综合性书店，以提供丰富齐全的出版物品种，满足目标顾客"一站式"阅读需求为经营理念，实施集团统一采购、统一配送、统一信息管理系统、统一财务管理等的运作模式。出版物运营既是书城平台的主力项目，又是集团出版物运营的终端；它既相对独立又与平台、总部保持着紧密的联系。因此，出版物运营体系主要由自身的经营定位、营运组织和内外体系的衔接三部分组成。

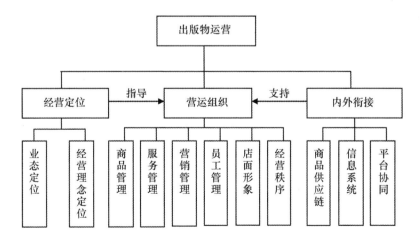

出版物运营的经营定位包括经营业态选择和经营理念的定位，必须符合书城的整体定位和规划，结合消费需求、同业竞争及自身优势来进行。更重要的是，这一定位必须与出版物运营在书城项目

的角色和价值相匹配。定位关键要注意三点：（1）规划适当的营业面积和适度的品种规模。出版物营业面积的大小要综合考虑书城的体量规模、商圈内的顾客需求、经营品种量、出版物的展示及塑造阅读生活空间魅力的需要而定。鉴于出版物市场的发展变化和出版总量的极大增长，出版物的经营必须变革，注重品种的精选和有效性，改变大型综合性书店以往"全品类、全品种"的品种策略。同时，鉴于出版物运营是书城区别于其他文化消费场所和购物中心的标志，出版物运营面积的大小应以出版物经营品类品种相对齐全、特色品类品种完备为准绳，使出版物运营成为书城核心的主力店，保证书城的纯度和人文特色。（2）业态组合因地制宜。根据行业发展的变化趋势、经营者的经营理念和不同选址区域顾客需求的深度挖掘，经营业态的选择和组合较为灵活。可以是纯粹的出版物大卖场，可以由"综合卖场＋专业书店"构成，也可以是多个专业书店的集合，甚至可以含有精品特色书店的"书店＋"形式。（3）兼顾行业属性和企业性质，要注意把握社会效益和经济效益的关系。单就出版物运营而言，更应该突出其社会效益，在社会效益优先的前提下，兼顾经济效益。

出版物的营运组织是在经营定位和经营理念的指导下，通过对经营运作所涉及的主要方面，如商品、服务、人员、营销、店面形象及经营秩序等的有效组织管理和整合协同，保证出版物运营目标的实现。在当前的市场环境和顾客消费方式改变的形势下，出版物的运营，尤其对品种规模大的综合性书店而言，必须更加专业化、精细化，真正重视对顾客群的研究，并以顾客需求为导向改善提升运营水平，在出版物经营的个性化、指引力、便利性及现场感上寻求突破，才能获得新的竞争优势。

这种竞争优势的锻造，除了前端营运的组织外，还依赖于通过出版物运营项目与书城平台、与集团相关部门等内外体系的衔接和协同，获得商品供应链、信息管理系统、财务管理、人力资源、整合营销活动、营运管理等方面的专业支持。借助集中与分散相结合的管理模式，既能发挥集团规模优势，又能通过专业化的分工和协作，使各运营终端专注于市场和顾客需求，精耕细作，努力提高经营管理水平和市场竞争能力。

二　出版物运营的核心要素

出版物运营的核心要素是指影响并决定运营成效的关键因素，包括空间规划及氛围营造、品种分级管理、商品的组合及呈现、信息管理系统等。

1. 空间规划及氛围营造：出版物的运营与其他商业零售一样，顾客消费已经从以商品消费为核心转入商品消费和"空间消费"并重的时期。卖场的空间规划是否科学、合理，空间营造的氛围和格调是否符合顾客审美，是否便于顾客参与互动，不仅影响着商品的布局展示效果，更直接影响到顾客的体验感和满意度，进而影响商品的销售、顾客的回头率及对品牌的忠诚度。

出版物运营空间规划包括陈列空间与公共空间的划分，出版物品类的布局，通道及客流动线规划，辅助销售设施设备如收银处、自助查询、顾客休闲区、工作间的位置等众多方面。做好空间规划应注意研究顾客的行为习惯，并与之相适应，须把握四项基本原则：一是让顾客容易进入，这是首要条件；二是让顾客逗留更久，延长顾客的停留时间是增加销售机会的必要条件；三是最有效地利用空间，提高坪效；四是有利于营造最佳的阅读购书氛围。

氛围营造是塑造空间魅力的主要手段，通过色彩、灯光、背景音乐、整洁环境、商品陈列、季节装饰、促销氛围、服务水平、活动组织等方面的精心营造，经顾客视听感觉及互动参与，在其心中自发产生对空间的评价和心理感受。根据所经营商品的特性及平台定位，营造知性雅致、时尚舒适、亲和人文，富有文化品位、体现浓郁阅读生活气息的氛围应是出版物营运空间呈现的气质和特征，也是店堂氛围营造的要求和准绳。在这样的氛围空间里，顾客悠闲地徜徉书海，感受着空间、商品与情感的交流互动，充分展现空间场域的吸引力。

2. 品种分级管理：在书业年度图书出版量几十万种，仅新书年度出版量动辄就20万种的状况下，常规经营品种达数十万种的综合性书店如何提高品种管理效率，直接决定着书店商品经营管理水平的高低，决定着书店对市场需求的响应速度。按照出版物在流通市场常常要经过引入、流转和退出三个过程，且表现各异，书店常将经营品种划分为新品、畅销、常销、适销和滞销五大类，实施品种分级管理。

品种分级管理必须先行明确书店经营的总体品种规模、各品类的品种规模，在此基础上按品类分别实施。品种分级的划分标准除了新品是以第一次到货时间三个月内为划分标准外，流转商品均以单品在同类品种中的市场表现（平均日销量、销售频率和销售码洋加权）为依据进行排序区分，排序在前10％—20％的为畅销品；将排序在前，销售稳定且连续、需求长久的品种定义为常销品；排序靠后的品种以本类品种规模为依据，超出的均定义为滞销品，其余为适销品。

这种品种分级的思想贯穿了商品采购、物流和销售的全业务过程，是提高商品供应链管理能力的关键。它使商品从进货到卖场管理都可以在此基础上形成专业化的配套管理办法，使不同市场表现的品种均能够得到相应关注和集约化管理，使书店经营品种的结构和流转更显生机和活力。

3. 商品的组合及呈现：书店如何根据自身定位选择经营品种，品类、品种间如何组合以及用怎样的方式呈现给顾客，已经跃升为运营中最能体现经营者的文化倾向、价值判断以及对当代文化思潮的独有理解和立场表达的关键点。商品组合即商品的经营结构，指出版物品类及各品类的品种构成。好的商品组合不仅体现了品类间的内在逻辑，不同品种间的相互关联，还能反映出版物市场阅读需求的微妙变化，体现了经营者的专业水准，在方便顾客的同时也能较好地带动关联购买。

其中，书品的选择、商品供应链的效率是商品组合的基础和重点，也是商品呈现的前提和保证。在商品分级、分类管理的业务思想指导下，书品的筛选按照动销情况、销售潜力、书店经营特色及与目标顾客需求对应度等多个角度进行。书品选定后，围绕着书品的进销存退，尤其是重点商品的快速到货、货量保证，库存结构优化，都亟须供应链的快速响应和高效组织。

商品的呈现则包括三个层次的内容：

（1）各品类在陈列空间的铺排。根据顾客的行为特点和消费习惯，销售构成、特色品类塑造，结合品类间的关联性及品类冷热带动、客流均衡分布的需要进行面积划分及布局编排，并用通道和动线系统将之有机相连，使顾客顺畅到达各区域。一般而言，品类布局首先要按照经营意图和顾客习惯，结合场地特点进行分区定位，确定各区域的主旨及主要顾客群。其次，要选择符合各区域定位的品类及组合，并以品类受众群的关联性按顾客动线编排品类的先后次序和连接关系。最后，按重点展示和常规展示定义区域场地及货架的功能，以指导品种的陈列。值得注意的是：品类在陈列空间的铺排要凸显出版物的思想性和文化味，常把主流的、普适性高的社科类布局在重要位置上，而把指向性购买明显的品类，如科技类放在稍偏区域。

（2）商品的陈列，即根据商品的具体性质选择适合的位置以适合的复本量和适合的陈列方式进行摆放。这里商品的具体性质多指市场属性而非内容属性，主要指商品的营销等级，如新品、畅销品、重点商品等。既要建立品类内陈列的基本逻辑，又要有追随热点灵活进行的跨品类组合陈列，有效地体现了商品在市场上的活力及经营者对顾客阅读的指引力。

（3）辅助商品展示，指有利于增强商品在顾客心中价值、促进顾客购买的其他辅助呈现形式。如陈列商品旁的推荐文案、特色陈列架、台灯、烘托重点商品的绿植或特色点缀，极大地增强了商品陈列的效果和美感，亦成为空间氛围营造、商品营销不可或缺的细节之一。

4. 信息管理系统：信息管理系统是在出版物运营中采用的各种计算机应用系统的总称，涵盖了各个业务流程，是运营的中枢，也是运营流程规范化、商品管理精细化、业务操作智能化的重要保证。在实际运营中，除财务系统外，使用的均是集团统一开发的系统，包括卖场综合业务管理系统（BAP-SFM）、会员管理系统（CRM – ICMS）、收银管理系统、智慧卡管理系统、自助查询系统及书城在线平台等子系统，数据在各系统之间、各门店间、门店与集团总部间无缝连接，组成了高效而现代化的出版物运营信息管理系统。

借助各个系统，以信息流带动商流及物流的组织，串联起了终端和上端商品供应链、与集团营销、信息等支持部门的往来，使经营品种达数十万种的出版物运营在业务操作、销售管理、客户服务及客户关系管理的效率上大为提高。卖场综合业务管理系统以品种营销分级的业务思想为核心开发，实现了商品的进销存退业务操作的智能化，提供了多种经营数据的查询和统计功能；收银管理系统完成商品扫描销售、多种支付方式的收银管理，为其他系统提供原始销售数据采集；会员管理及智慧卡系统能做到顾客个体与其消费的精确对应，有效协助出版物运营针对特定顾客群体实施管理、消费分析、销售促进和个性化增值服务；自助查询及书城在线平台掌上书城 APP 等则展示了线上线下互动的魅力，极大地为顾客获取信息，查找出版物存量、架位及选择不同的销售取货形式提供了便利。

第三章　出版物运营的关键业务和重要流程

第一节　商品流转

连锁模式下出版物运营项目的商品组织，是通过营运终端与集团出版物采购和物流系统的衔接而完成的，这种不对外的内部货源组织称为"二次采购"。从二次采购到商品销售的过程涉及商品的分发、请配、验收、分类上架、退货调剂等内部商品流转环节。商品各环节的管理是终端商品管理的重要业务组成，在日常运营中根据市场需求不断调整和优化，为顾客提供优质的商品供应服务。

一　原则

1. 商品组织"适时、适量、适销"：到货及时、数量恰当、有市场需求是商品组织的基本要求。各等级商品因所处生命周期不同，商品组织的侧重点各有差异，新品侧重到货快，畅销品不仅要求快而且数量要足，常销品更强调数量适中。

2. 存货规模适当，结构合理：适度而结构合理的存货量是保证经营顺利可持续的重点。货架资源有限与品种"无限"的矛盾下，通过商品组织，周期性的存货结构分析和退货，建立起良性的商品循环。

二　内容及要点

内容	要点
分发	◎分发是新品来源的主要方式，由集团物流中心根据来货数量按预先设置的各类别分发比例或分发数量执行 ◎是畅销品或重点品大批量到货的分配方式之一，根据门店销售预判确定分发数量 ◎专向采购的商品的分配方式 ◎注意定期检查分发的实际情况，并做相应调整
请配	◎请配是门店在销品最主要的补货方式 ◎以门店陈列容量为限，以门店销售为依据，以集团物流仓存品种和数量为操作对象 ◎根据各品类的动销情况按销货补配、品种增添等方式，达到不同的商品组织目标 ◎当物流仓存不足以满足需要时，借助连锁门店间的调剂进而通过向集团采购请订进行货源组织
验收分区	◎收货部门对来货进行数量、品种及金额的验收，并按大类、按新旧品粗分
分类上架	◎卖场各区域进行商品上架，新品要分类定位、在销品直接上架 ◎架位回填确定
架位管理	◎维护架位的准确性，实时准确性达90%以上 ◎架号的编排要考虑架位调整的方便和效率 ◎营业中散书归位要及时
损耗及安全	◎商品防损防盗 ◎质量问题、报废商品的处理 ◎重点商品、高定价商品的盘查监控
退货	◎退货是控制库存总量和结构，及时清理滞销书，腾挪货架资源，提高在架商品有效性和动销率的主要方式 ◎退货依据门店的库存容量，单品的销售情况和时效性进行综合考虑 ◎有退品种和退复本之分，取决于品种的生命周期

续表

内容	要点
关联规范 及流程	◎《出版物营销分类体系（简表）》 ◎《各类别商品分发比例管理办法》 ◎《商品请配操作规范》 ◎《商品收验分发上架流程》 ◎《商品清退流程》 ◎《架位抽查与管理要求》

第二节　商品陈列

商品陈列指运用一定的方法和技巧，按照经营者的经营思想及要求有规律地摆放商品，以方便顾客购买，并制造更多的销售机会。商品陈列是实体店的商品组织向商品销售过渡的结点，兼具商品管理与销售促进的双重性。有效的商品陈列是无声的促销员，通过视觉上的冲击，可以创造美感，在美化卖场环境、刺激顾客的购买欲望方面发挥着重要作用。

一　原则

1. 分类展示：依据《出版物营销分类体系》，结合顾客的认知和选购习惯，确定出版物的陈列分类，指导陈列。

2. 关联集中：按照出版物内容特征，将互补或相互联系紧密的商品陈列在一起，通过其中的某类商品促进关联性商品的销售。

3. 满架陈列、易见易取：营造品种丰富、数量充足的感觉，吸引并方便顾客选购。

4. 重点突出：凸显热点品种、热点话题商品的陈列。

二　内容与要点

内容	要点
陈列思路	◎品种营销分级思想在陈列中的指导和应用，提高陈列的目的性和有效性 ◎单品的陈列方式随其生命周期的变化而改变

续表

内容		要点
陈列方法	常规陈列	◎适用于构成品种规模最大量、提供顾客多样性选择的适销品的陈列 ◎以常规货架为陈列道具，主要以分类组织陈列，对于需求大、顾客认知高的出版社或作者，可以设立版别和作者专架 ◎以书脊陈列为主，对于轻薄、书脊无书名或书名极小不易识别的少儿出版物及音像制品，多采取封面陈列方式，便于顾客选购
	展示陈列	◎适用于营销和阅读指引目的，具有显著时效性的新品、畅销品及重点品种的陈列 ◎以展台、堆码、端头等异型货架为陈列道具，在主通道、促销区、收银台等客流量大的黄金位置进行的特殊陈列 ◎以封面陈列为主，兼具造型美感的单品码堆 ◎随市场热点、季节波动而变换
陈列要领		◎要有"黄金规则"意识，即将读者流动量最大的店堂黄金点、最容易被看到拿取到的黄金架位留给周转率极高或需要重点突出的品种 ◎要品种丰富，有量感；要讲究视觉效果，有美感 ◎要根据外界变化更新陈列品种，宜有时代感 ◎要把握诱客深入店堂的技巧 ◎要善于利用货架、展台、堆码等陈列用具，善于灵活运用卖场声色光、POP广告等展示配套手法，烘托陈列效果
关联规范及流程		◎《商品陈列管理规范》 ◎《商品陈列检查表》

第三节　销售促进

销售的增长最终取决于顾客购买行为的实现。而顾客购买商品，从根本上讲，取决于其所获得的顾客总价值大于总成本。顾客获得有形商品之外的无形服务，付出商品价格之外的时间、体力和精力均是总价值和总成本的构成部分，影响着顾客的购买决策。因此，在有形商品的差异化优势不明显的情况下，销售的促进更多地依赖于无形服务的价值，以及为顾客节省付出的成本。出版物的销售促进就是要积极响应顾客的核心阅读需求和围绕此核心需求的服务需要，在基本服务之外，为顾客提供个性化便利性的增值服务。其核心思想是化营销于服务，通过服务营销来提升品牌形象并促进商品销售。

一　原则

1. 个性化：细分市场，针对不同的群体和层次提供差异服务。

2. 指引力：在可供品种极为丰富的情况下，经营者出于传递价值、塑造经营特色及节省顾客选购成本的目的，而提供的指引服务。

3. 便利性：关注顾客获取商品和服务的方便性和及时性，通过良好的过程服务，使顾客感知并享受到体贴的便利服务。

4. 体验感：关注顾客与空间、商品及服务的交互投射，关注顾客购物过程的满足感和愉悦感。

二　内容及要点

内容	要点
信息传递	◎信息传递实质上是一种沟通活动，将作为刺激物的商品推荐、营销活动等各种信息传递到一个或多个顾客，以期影响其态度和行为 ◎根据信息类型和顾客对象选择合适的传递渠道，用好短信平台、网络、微博、微信、广播、现场 POP 等自有媒体和大众媒体 ◎员工是信息传递的重要渠道，通过与顾客的互动交流，不仅传递信息，同时也收集了顾客的反馈和新的信息
客户群定向服务	◎向图书馆、机关企业、专业群体、会员及大宗购买客户等定向群体提供现场专享、书目定制、定向采购、送书上门、展销以及签售讲座等个性化的服务组合 ◎注重客情关系维护，建立规范、系统的客户信息档案，定期沟通或拜访、开展特殊时点的问候等 ◎对客户及其消费进行持续的研究分析，加强双向沟通，持续挖掘客户的消费兴趣，做好商品及活动的有效推送

续表

内容	要点
阅读指引服务	◎主导专题指引：由经营者针对某一类目标群体主导设立的，符合书店价值主张和立场表达的阅读指引服务，如深圳书城选书、好书赏读、读书月书目推荐、名家导读、阅读沙龙等形式 ◎活跃商品指引：市场认可度高的热点商品的指引，如新书榜单、畅销书排行榜单、签售等 ◎现场导购指引：针对现场顾客个体的阅读需求，由导购员提供的指引服务 ◎做好导购员业务及销售技能培训，建立有效的激励机制，培养爱书懂书、善于交流的导购员队伍是实体书店提高服务质量、增强顾客体验感、促进销售的增长点
线上线下互动服务	◎通过书城线上平台，延伸了实体店的服务时间和范围，使线上线下互为呼应，满足顾客服务方式的多样选择
商品营销的价格策略	◎在打造实体店差异化网店服务价值的前提下，实体店也要善于应用价格策略，增强空间的吸引力 ◎通过与供货商、平台合作伙伴的资源整合，获得单品、某类商品或针对特定群体的价格出让支持
关联规范及流程	◎《信息发布与反馈制度》 ◎《服务黄金法则与优质服务标准》 ◎《团购客户管理规定》 ◎《现场大单接待管理办法》 ◎《出版物营销活动策划审批流程》 ◎《外出展销流程》 ◎《大宗客户及重点客户受理流程》 ◎《团购馆配流程》 ◎《商品批销流程》 ◎《商品预订流程》

第四节　经营秩序管控

通过对店面的经营秩序和经营状况进行实时管控、过程管控和阶段管控，督促店面营运按计划符合预期地运转并不断改进，强化对店面营运各要素的一体化管控，产生集合效应。

一　原则

1. 整体性：制定店面软硬件环境、人员管理、营运控制、商品安全等各方面的统一运作规范，以相互协同达到整体营运效果。

2. 动态性：运用实时与阶段性相结合的方式管控营运进程，及时调整改进。

二　内容及要点

内容		要点
安全生产	商品安全	◎商品人为及非人为损耗的预防及管控 ◎商品进、出、调、存的安全管控 ◎重点商品的防损防盗 ◎团购批销业务的安全管控
	突发事件	◎针对卖场突发性的软硬件系统故障的排除与维修，包括卖场设备设施故障、业务（查询）系统等的紧急处理 ◎针对卖场内突发性的人员、财产、商品、环境、文化安全等事件的处理
店面督导		◎店容店貌、背景音乐、灯光、温度、气味等店面环境的督导 ◎员工定岗定位、服务面貌，商品陈列饱满度、陈列效果维持度的督导 ◎营运高峰时段的客流及通道、收银等瓶颈处的安全疏通与分流管控
评估改进	即时改进	◎通过店面督导及突发事件的应急处理对卖场的经营秩序进行即时评估改进 ◎根据顾客的意见、建议、投诉等内容做出即时改进
	阶段改进	◎通过对卖场阶段性经营秩序情况的分析，就反复出现、影响较大的点位做出流程和管理办法上的改进 ◎通过对阶段性（日/节假日）客流情况、经营情况及计划完成情况的分析，调整秩序管控的深度和范围

续表

内容	要点
关联规范及流程	◎《卖场形象环境检查表》（日/节假日） ◎《店面值班管理规范》 ◎《商品进出管理办法》 ◎《突发事件处理流程》 ◎《读者意见、建议、投诉处理程序》 ◎《卖场主通道及重点区域管理规范》 ◎《店面营运情况周报》

第二篇　项目组合

第一章　项目组合的角色与价值

项目组合是围绕书城定位，规划书城经营项目构成、提供多元文化消费选择的设计师，是创建书城平台和塑造有趣空间的基础性和起源性工作。

以中心书城为代表的深圳书城，突破了以买书卖书为主要功能的传统书城运行模式，围绕书城平台作为公共文化服务提供者，致力于打造城市文化生活中心的角色和定位，以阅读生活为核心，通过跨界组合和专业集成，将互为补充且积极协同的书店、文化、展览、创意、教育、生活、餐饮等项目、品牌进行有机复合，营造了求学问道、创意创新的氛围，构建了集阅读学习、展示交流、聚会休闲、创意生活于一身的一站式、综合性城市文化生活中心。这种跨界组合不是随意无序的，所有项目和品牌都围绕着阅读与生活，以文化品位和空间体验为考虑进行了精心选择，形成了一个多层次、高效率的物质、能量共生网络，创造了更多顾客到达书城的机会和可能，产生了客流与平台的聚合放大效应，从而实现了良好的社会效益和经济效益。

第二章　项目组合工作的体系和核心要素

一　项目组合工作的体系概要

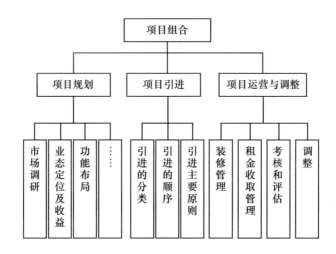

　　深圳书城的项目组合工作经历了多年的探索实践。早期，项目与主业经营分离，由集团不同的子公司或部门分别负责，南山书城和中心书城筹建运营后转变为由各书城运营团队统筹书城平台上项目与主业的规划和运营。尤其是中心书城立足于"前两代"深圳书城的相关经验，明确将自己定位为平台集成经营者，而不只是书业经营者，使整体平台在运营理念、空间规划、主业与项目的有机组合等方面更加协同一致、快速提升并高效运作，及时因应并激发顾客需求，开创并呈现了独特的极富活力和魅力的项目组合模式，成为中国新一代大书城的样板。2013年，集团进行管理架构再调整，成立资产运营分公司，实施资产与书业两条线，强化专业运作。

　　简而言之，书城的项目组合是以书业为核心，围绕满足顾客的各种需求而展开的，其中以阅读购买出版物为主的文化消费和享受轻松、惬意时光的文化休闲需求是书城顾客的核心需求。项目组合工作按照工作程序来划分，主要有项目规划、项目引进及项目运营与调整三个部分，它们是螺旋上升的循环前进关系。项目规划主要体现在平台创建期间，包括市场调研（商圈调查）、项目定位、动线规划、功能布局和铺位分割、招商实施和租金定价政策等主要环节和内容。立足于此，项目规划阶段必须着力达成的最重要的工作内容是提出差异性的具备竞争优势和市场适应性的平台项目组合方案。只有在项目引进之前，从目标客群的核心需求出发，对平台上各种项目的类型和业态、比例与组合策略、空间位置与面积、收益回报进行全面分析决策，才能较好地实现项目间的"价值互动"，对平台未来的价值和收益产生积极影响。

项目引进包括引进前的准备工作（项目宣传推广、招商手册和合同文本的制定）、引进顺序、主要原则及注意事项、项目装修管理等方面。引进时，必须对每一个计划引进的项目进行综合评价，判断它是否符合空间的功能区划、符合营造书城文化场所气质的需求，并预测它的经营前景，以供参考。书城平台的项目引进需要注意三点：一是寻找获取租金高收益和塑造空间文化品位之间的平衡点；二是重视顾客一次购足的需求，提供同类商品可比较不同商品可互补的多元选择，零售理论认为，只要在同一地点能够聚集互补或相容性的商品，不管是互补或竞争，均能提升空间对顾客的亲和力；三是引进的项目需进行本地化改良，在场所气质、空间氛围、装修风格、经营方式、营销手法上与平台协同协调，传导一致统一的平台整体形象。

由于项目经营、市场和顾客需求的不断变化，平台上的项目组合和具体项目必须因变而变，项目的调整工作逐渐日常化。项目调整以完善平台定位、增强市场竞争力、满足顾客需求及提升平台的租金收益，使平台鲜活有序高效地营运为目标。当现有的经营项目定位与平台的整体定位出现偏差、在所处的区域与周边其他经营项目不能有效互动、营业额低连续亏损无法继续经营等情况时，需要立即着手进行项目的优化调整。当然，平台经营方也需自发或因同行竞争所需而引发的错位经营需要，对平台的项目运作现状进行阶段性的检视分析，视情况开展较为系统的阶段性调整。如发现部分经营项目面积偏大、同类品牌过于重叠，或需要新增其他种类的经营项目以完善配套组合，需要引进更有竞争力的品牌进驻而对进驻位置的项目进行换位调整等。无论是何种情况的调整，经营者都要综合考量可能影响调整进程和效果的各种因素，包括：项目组合的完整性、适应性及可持续性；顾客的潜在需求和变化趋势；常客的消费行为、习惯和消费水平分析；原有租户的经营状况、租约履行时间状况及去留；拟引进项目的市场形势、布点情况及发展方向及调整后的租金收益比较、市场同业的差异化优势等。

二　项目组合工作的核心要素

作为城市文化生活中心的深圳书城具备五大特征：场所的文化气质、多种书店业态、复合式功能、多彩的公众文化活动及体验感等。这种空间定位区别于一般以售卖为主要功能的商业空间和卖场，而是将书城提升为"新文化、新体验"的文化休闲场所，它要求书城在空间规划、功能布局、项目组合上极具匠心。项目与空间的组配、项目引进策略、项目的培育和本地化是书城项目组合须把控的核心要素。

1. 项目与空间的组配：书城的项目组合是以书业为核心而扩展的，所组合的项目主要分为三个层次四大类。第一层次是核心层，是与书业直接相关的项目，包括图书、音像等出版物销售，实现书城最基本的功能；第二层次是以知识和创意为动力，包裹书业核心的紧密层，包括教育培训、创意产品、艺术影院等项目；第三层次是外延关联层，包括餐饮、休闲类如KTV、茶馆等配套服务。三个层次的项目分别归属阅读学习、展示交流、聚会休闲、创意生活四大类别，通过在空间的合理安排有机组合，实现书城平台的复合功能。

根据各书城多年的实践和平台呈现效果，各层次各类项目与空间的组配遵循适宜面积适宜组配比例的规律。具体而言，要根据项目对平台的重要性、与平台定位的契合度和价值贡献来进行空间资源的配置和政策倾斜。因书业对书城的重要性，对书业项目的面积大小和空间安排需要优先考虑，重点保障。经营面积上要综合考虑书城的体量规模、辐射圈内的顾客需求、书业经营品种品类多少，有益于出版物品种的展示和打造宽敞流畅阅读空间的需要而定。值得特别注意的是，因应书城内书店业态的多元化组合趋势日益明显，可将书店根据书城不同区域的功能定位与其他项目深度组合，错落有致地分布在不同区域，既可满足市民综合一站式阅读需求，又可以使少儿、大众、白领等不同顾客群分别处于相对独立互不干扰的阅读空间，同时又让整个书城空间都洋溢着浓郁的文化气息。

其他项目则根据书城空间区域功能划分和邻近书业的受众特点进行位置和面积的规划安排，如常将学习培训类项目与学生读物区域规划相邻，休闲轻饮与精品书店相交等。

2. 项目引进策略：书城的项目组合遵循着"围绕生活提升，贴着生活飞翔"的理念，呈现全新的阅读生活，打造的是以"积极休闲"和"能动生活"为特征的一站式综合性文化生活空间。因此，要求通过项目和品牌的精心选择、组配、引进和呈现，达到项目间的客流共享、功能互补，构建起书城平台高效运转、功能复合、效益突出的生态系统。书城项目的选择必须立足于平台的定位和顾客需求，注重文化品位和生活气息，所精选引进的项目分别担当着书城平台品位、创意、文化及好的租金回报等各种角色价值。不同项目的组合上采取跨界和专业集成的方式，注重功能规划，要求美学风格协调统一，且做到相似功能及互补功能关联组合。明确空间功能区划和商业布局后，在进行项目选择和引进时，实施以品牌店为主、经营店为辅的原则。

3. 项目培育和本地化：书城要打造新颖独特，富有创新魅力的项目组合。这种项目的组合是有层次的，通过成熟品牌与新品牌相互推动，特别是与书城定位和发展相契合的新事物新创意项目的系统组合，从而构建原创独特，富有创意和情趣、拥有鲜活生命力的项目组合。由于各项目起源、发展阶段和适应性不同，要达到各项目间在书城平台上的有机结合，和谐共生，离不开对项目的本地化改善和对新生项目的孵化培育。

对于成熟品牌，我们要实现项目的在地化，在店铺形象、经营方式和营销宣传等方面，符合书城特色，与书城融为一体。对于符合书城定位，强化书城差异化特色的品类，例如创意类项目，由于其项目资源和消费人群还不够成熟，需要书城运营团队予以辅导和支持。如中心书城在人流最旺的南、北台阶定期举行创意市集，对原创品牌、作品实行免费入场，享受专业化的服务与宣传资源，受到了市民的热捧，集聚了众多创作者、欣赏者和创意产品的消费者，推动了原创品牌和创意项目的发展，使这里成为新生原创产品产业化的沃土。一批如 HOLY MOLY、无感陶艺、SIMPLE THINGS 等从创意市集中成长起来的品牌已开始跨地区经营、产业化发展。

第三章 项目组合工作的关键业务和重要流程

第一节 项目确定及审核

项目确定包括某类及某一具体项目从初定到市场调查、谈判及引进前的各项前置和审核工作，是项目组合具体工作的起点。

一 原则

1. 一致性：区域的项目功能定位及品类确定后，待引进的项目必须要与之相符，不能随意改变已确定的系统规划。

2. 文化品位优先：鉴于书城平台的定位和目标，所确定引进的项目必须要具有一定的品位，符合城市文化生活中心的定位，满足读者"积极休闲""能动生活"的需要。

二 内容及要点

内容	要点
明确功能及细分品类	◎围绕书城定位，考虑功能区划、场地条件、可持续发展的效益目标、市场环境，确定项目功能和细分品类并报审
市场调查	◎按通过审批的功能规划和细分品类考察市场，尽可能多地寻找符合要求的项目，进行商务洽谈了解需求，留存洽谈纪要 ◎在进行市场调查时，须重点了解客户需求及获取我方需掌握的商业信息，包括但不限于项目形象、规模及所有者背景，项目的毛利、在深圳市场其他平台的租金水平、管理费、营业额等重要财务指标和经营情况，进驻书城的意向、位置、租金预期和工程技术条件等，最后由调查人对调查项目在行业内及深圳市场的状况和未来的发展做出研判，并填写完成《深圳书城项目考察表》

内容	要点
项目确定	◎根据市场调查情况，召开项目沟通会，对考察情况进行内部汇报分析，若市场上符合功能定位和细分品类的项目很少，须重新调整功能定位和细分品类；若市场上符合功能定位和细分品类的项目较多，根据市场情况，集体决议形成采用以下方式确定项目，并拟定相关文件报审： ◇竞标：对于铺位相对成熟、多个符合既定功能定位和细分品类的同类项目进驻意愿强烈，采用竞标的方式确定项目 ◇竞争性洽谈：铺位条件相对有限、没有多个同类项目愿意进驻，采用竞争性洽谈的方式，尽量多地寻找合适项目，项目经理负责跟进洽谈，租赁条件较优的项目优先确定 ◇对于希望合作但对方不考虑合作的品牌，应安排专人负责长期跟进洽谈，促进相互间的了解，创造条件，力争合作
执行	◎根据审批通过的方案重新组合优质资源跟进，与客户深入洽谈，最终促成合作 ◎不能促成合作的，进一步改进功能定位和项目选择条件，重新开始进行项目调查和确定，或委托专业机构或中介公司跟进
回溯	◎不定期对引进的项目进行回溯，评估该项目在不同平台的发展，总结提升，持续改进
关联规范及流程	◎《项目确定及审核流程》 ◎《深圳书城项目考察表》 ◎《意向客户登记表》

第二节　意向书和租赁合同的拟定和审批

一　原则

1. 规范化：因合同拟定和审批环节多、流程较长，需要特别注意过程的规范性，理顺流程，便于操作执行。

2. 精细化：意向书和租赁合同是与对方合作的具备法律效应的文本，必须高度重视，细心细致，对双方的权责及租金、租期等内容和关键细节做出精细界定，事先预防，规避风险。

二　内容及要点

内容	要点
意向书拟定	◎确定意向客户：根据拟引进项目的铺位面积、功能定位等，通过既往收集的《意向客户登记表》，在备选客户资料中选择2—3家合适的项目 ◎深入洽谈：与拟确定的2—3家意向客户充分沟通，深入了解项目品牌、定位、形象、租金承受力等概况，同时为意向客户介绍书城项目概况并引导、配合客户考察拟引进项目的商铺位置、确定商铺面积，明确客户仍有进驻意向后，通过比较，最终确定优先引进的项目，其他备选 ◎确定租金：首先通过市场调研，了解优选项目在深圳市场上的租金价格水平；其次结合该项目在书城拟确定位置周边的租金水平，综合考虑确定租金单价 ◎确定租期：根据优选项目行业种类、拟确定铺位的面积大小、书城项目租期确定标准综合考虑，与意向客户确定租期 ◎拟定意向书：根据确定的租金单价、租期，制作《商铺租赁意向书》，意向书中须明确项目位置、经营品牌、行业种类、铺位编号、铺位面积、租金、管理费、租期、租金递增规律、押金、免租装修期等
意向书审批	◎制作审批单：根据已签署的意向书，制作《商铺租赁意向书审批单》，该审批单中须写明项目名称、文件编号、意向书基本条款、说明等，其中说明栏应阐明三方面内容：项目概述；租金确定依据；租期确定依据 ◎意向书审批：意向书审批单制作完成，后附意向客户签名确认的《商铺租赁意向书》，报审
合同拟定	◎根据审批通过的《商铺租赁意向书》，制作租赁合同等系列合同 ◇《房屋租赁合同》：租赁所格式文本 ◇《房屋租赁合同书》：书城房屋租赁合同文本 ◇《房屋位置图》：出租铺位所在楼层平面图 ◇《房屋的平面图》：出租铺位房屋平面图 ◇《公共空间的装修标准》：房屋交付时应完成的主要装修和可投入使用的主要设施

续表

内容	要点
合同确认	◎将拟出租铺位的房屋租赁合同制作电子版（PDF 格式，加合同编号水印）与承租方沟通并确认全部合同条款；如承租方无异议，合同制作完成后由承租方先行签署，同时合同进入审批程序
合同审批	◎起拟《合同审批单》，后附《商业条件一览表》《其他商业条款一览表》《房屋租赁合同》，经本部门、本公司逐级审批后，报集团有关程序审批 ◎《合同审批单》中需明确项目名称、文件编号、书城初审意见、情况说明、备注等，情况说明栏须标注出：合同拟定过程中出现的与意向书审批单不同的地方，同时说明理由；租金；租期 ◎备注栏包括文件目录、合同份数及名录
合同签署	◎将已通过审批的房屋租赁合同一式四份装订成册，向承租方明确签署方法，由承租方先行签署合同，经公司合同管理部门核查符合租赁所备案要求后，呈请集团相关领导签署
关联规范及流程	◎《意向书的拟定和审批作业指南》 ◎《租赁合同的拟定和审批作业指南》

第三节 场地面积确认

一 原则

1. 准确性：场地面积是签订合同、租金及管理费收取的依据，必须要确保数据的准确性。

2. 合法公正：须租赁双方及第三方人员共同在现场公平地、合理地按国家相关规定及业内行规进行场地测量。

二　内容及要点

内容	要点
场地面积确认	◎意向客户确定后，由租户、书城方和物业三方各安排1—2名代表现场测量实际面积 ◎三方代表测量场地时要根据场地实际情况去除部分柱子的占地面积（计算面积时注意小数点后保留的位数） ◎测量完毕后由书城方负责出具《书城场地面积确认表》，填写好实际测量面积并由三方代表在表格上签名确认 ◎注意实用面积和建筑面积的取用
关联规范及流程	◎《场地面积确认作业指南》

第四节　项目的开业验收

一　原则

协同性：牵头组织商户、物管及现场营运部门，协同做好项目的装修及开业验收管理，共同推进项目的顺利开业运营。

二　内容及要点

内容	要点
验收流程	◎商户装修竣工前填写《商户开业申请表》，书面申请开业验收 ◎物业管理处工程部负责水、电、空调等工程验收 ◎项目中心检验实际装修效果与获批的效果图是否一致、实际经营产品与租赁合同约定是否一致、复核代理资质 ◎装修验收合格后，物业管理处将店铺钥匙移交商户，并做书面记录 ◎营运部门根据商户拟定办理相关经营证照的时间跟进证照办理情况

续表

内容	要点
注意事项	◎商户须向物业管理处提交消防报审受理意见书，装修验收合格、资质复核通过后方可开业 ◎商户资质复核即销售产品的证明文件，包括但不限于品牌代理授权书、公司经营执照、法人身份证复印件等 ◎实际装修效果须与获批的效果图、项目中心所发的装修效果图审图意见函要求一致；特别是立面效果、招牌位置、材质、尺寸、数量
关联规范及流程	◎《商户开业验收作业指南》

第五节　非经营场地临时出租

深度挖掘非经营场地（含广场、大堂、过道、立面、仓库及大厦其他空置场地）的物业价值，开展广告租赁、仓储租赁、临时活动举办、展览展示等经营项目，并强化对其各要素的一体化管控，产生示范效应，提升书城经营效益及企业形象。

一　原则

1. 高效益：合理有效地使用场地，实现经济和社会效益双赢。

2. 服务性：优先为书城平台有实际需求的项目提供如广告、仓储服务，帮助合作伙伴解决实际困难。

3. 美观性：所引进的临时项目须具整洁、美观性，符合大众审美要求，提升书城整体形象。

二　内容及要点

内容		要点
场地临时出租	场地资源挖掘	◎依据市场需求并结合场地的实际情况，对大堂、广场、卖场等大厦空置区域进行系统规划和开发 ◎确定场地位置及租金订立标准，制定场地平面图、场地使用证、临时营运活动审批表等文件 ◎提交总经理室报批

续表

内容		要点
场地临时出租	临时项目引进	◎商户递交场地使用申请、经营项目策划方案、场地使用效果图及其他营业资质材料。应特别注意对申请方的资质及活动性质进行审查，确保经营活动的合法性 ◎项目中心审阅通过方案，并与商户就租金、使用时间及场地安排等事项进行洽谈，签订《临时场地使用协议书》 ◎开具《场地缴款通知书》 ◎商户凭此缴款通知到财务部交纳租金及与租金等额的押金，财务部开具相应发票及收据 ◎商户凭租金发票领取《场地临时使用许可证》
	现场管理	◎商户须于活动当日按时凭《场地临时使用许可证》进驻预设场地；大型活动需提前布置场地的，应提前一天提出申请，经同意后可于前晚书城结束营业后进场布置 ◎现场值班人员负责对《场地临时使用许可证》的检查及营运活动的监督管控 ◎撤场时须还原临时场地原貌，保证场地整洁
广告租赁		◎规划及报批程序同上 ◎商户提出租赁申请，并出具发布广告的全部证件、内容和图片，须保证所发布广告的真实性、合法性 ◎项目中心联合策划部等相关专业部门就该申请方案进行审批 ◎项目中心与商户确定广告位置、面积、租金、租期等，签订《广告租赁协议书》并缴纳相关费用 ◎商户负责广告制作及安装，项目中心负责管理 ◎如因商户广告引发纠纷，一切责任由商户承担
仓库租赁		◎由项目中心按商户需求及场地现状，对空置场地进行合理规划，分隔成数间可独立出租的仓库，结合市场行情及书城场地租金水平确定租金标准，并报批 ◎因仓库数量及面积有限，应优先供应给书城现商户，原则上不对外租赁 ◎由具有实际需求的商户提出租赁申请，经项目中心对实际情况进行调研、审核同意后方可租赁 ◎签订《仓库租赁协议书》，并缴纳相关费用 ◎项目中心负责场地使用过程中的掌控监管
关联规范及流程		《场地临时出租管理流程》

第六节　合同的登记和保管

一　原则

1. 规范化：实现合同内外登记、签署与注销登记、保管及使用的及时规范操作，为项目的决策和改进提供档案支持。

2. 专业化：将众多的合同及相关文本分门别类及时备案归档，做好索引，保管场地要安全可控。

二　内容及要点

内容	要点
合同（签署）登记备案	◎项目组合工作所涉及的合同类型较多，其中尤为重要的是《房屋租赁合同》 ◎合同管理专员负责持双方签章的房屋租赁合同一式四份前往辖区租赁所办理合同（签署）登记备案，同时提供备案所需文件。完成备案后租赁所将出具《房屋租赁凭证》 ◎承租方为个人的须提供合同签署人身份证复印件 ◎承租方为公司的须提供公司营业执照、法定代表人证明书、法人代表授权委托书、合同签署人身份证复印件等
合同（注销）登记备案	◎填写《注销房屋租赁合同登记（备案）申请表》，持需注销的原房屋租赁合同原件（共三份）前往辖区租赁所办理注销登记备案
合同保管与使用	◎完成备案的《房屋租赁合同》一份租赁所存档、一份书城存档、两份转交承租方（书面签收确认，其中一份用于承租方办理营业执照） ◇合同存档：完成备案的租赁合同一份由合同管理部存档 ◇合同使用：处于存档状态的合同如需使用，由合同管理部专职人员负责合同的调取，原则上合同只能由项目部门经理级以上人员和合同承租方签署人或承租方特许授权代表（须出示证明文件）借阅，归还时须在合同管理部制订的《项目中心文件借阅签收表》上登记
关联规范及流程	◎《合同的登记备案和保管作业指南》

第三篇　营销

第一章　营销的角色与价值

营销在书城平台的运营中担当着领航者和传播者的双重角色，对于书城提升品牌竞争力，获得有质量的可持续发展起着关键作用。

营销的价值在于为书城平台寻找具有差异化个性、能够深刻感染公众的品牌核心价值，即确立书城"城市文化生活中心"的平台定位，并以此为导向，提要求，树目标，使各部门从观念到行为高度统一，互相协同，在所有的营运活动中向着统一的目标，传递一致的品牌信息，迅速树立品牌书城的明晰形象。

营销的价值还在于整合内外资源，综合协调使用各种方式，对平台的核心价值进行持续、广泛而深入的传播，建立书城平台与公众长期密切的关系，促使公众认同、喜欢乃至爱上书城，使书城品牌深入人心，也使书城所倡导、引领的文化、生活方式得到传扬，从而实践书城作为公共文化服务平台的社会担当，实现社会效益最大化、经济效益最优化。

第二章　营销的体系及核心要素

一　营销的体系概要

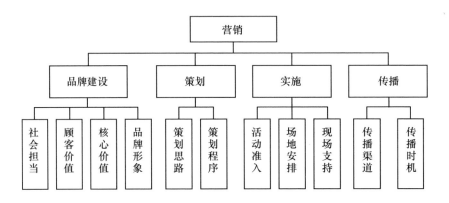

营销的主要工作是围绕书城品牌核心价值进行品牌建设，明确品牌形象，为营销工作的开展提供目标、导向、立足点。而后通过

策划、实施、传播等营销工作，向大众传递书城所倡导的文明健康积极的生活方式，树立、传扬书城的美好形象。

深圳书城的品牌建设是基于书城的社会担当与顾客价值而进行的。深圳书城是一个有社会担当的国有文化企业，它不仅仅是一个买卖出版物的地方，更是一个积极参与城市文化建设、丰富市民文化生活的公共文化服务平台，通过平台运营为市民提供一个"以书业为核心，集阅读学习、展示交流、聚会休闲、创意生活于一身的一站式、综合性城市文化生活中心"成为书城品牌的核心价值。围绕这一核心，深圳书城在平台运营中综合协调使用各种方式（包括空间规划、CI 系统、主业营运、项目组合、文化活动、宣传报道等），始终传递这样一种品牌形象：这里提供丰富的、品质有保证的出版物，购物环境优雅舒适、出版物陈列专业贴心，并提供阅读指引等超值服务，使购书变得容易而充满乐趣；这里围绕"阅读与生活"组合的优质品牌项目，为市民的文化休闲生活创造了多种可能性；这里是一个舒适、宽松、自在的场所，强调参与互动，顾客不是被动的旁观者，而是主动的参与者，对于顾客来说，这里是书房、课堂、舞台，是精神栖息地，是社交目的地，是心灵共鸣者的交流场所……这里激发了人文生活的无限可能，充满人文关怀；这里是一个极具创意气息、时尚魅力的平台，引领着文明、健康、有品位的现代文化休闲生活方式，市民在这里可以享受到积极的休闲和能动的生活。

深圳书城的营销策划是以"传播书城品牌核心价值，树立书城品牌美好形象"为目标所开展的关于平台建设、文化活动、宣传推广等的规划组织工作。策划的内容可能是企业文化建设、全年营销计划，可能是一次革新、一个新项目、一次公关活动，也可能是一场文化活动、一篇新闻报道……在活动的策划方面，书城有别于其他商业场所，所策划的活动以阅读为核心，以丰富市民业余文化生活、实现市民文化权利为指向，以提升市民整体文化水平、涵养城市文明为目的，是充满文化气息与人文关怀的活动。

为保证策划内容得以顺利、高效、高质的实施，必须进行资源整合，开展整合营销。对内，整体配置书城所有资源，建立协同机制，书城中各层次、各部门、各岗位协调行动，通力合作；对外，寻求合作伙伴，进行资源优化配置。通过整合营销，提高效率、降低成本，实现营销效果最大化。

传播是利用各种媒介，通过对所策划内容的广泛宣传，传递书城塑造、倡导的生活方式，传递书城的品牌核心价值，将书城品牌形象宣传推广开来，进而形成强大的品牌影响力。要实现有效的传播，必须秉承以下原则：一是整合媒体资源，进行立体化传播，使受众面达到最大化；二是根据传播的内容及对象，选择合适的传播渠道；三是巧妙利用恰当的时机进行传播；四是坚持统一的品牌形象，持续不断地进行传播。

二　营销的核心要素

1. 策划思路

书城的营销策划要坚持三个原则：一是核心价值主导原则，即所策划的内容必须传递一致的品牌信息，彰显书城品牌核心价值，强化平台美好形象。二是影响力原则，即所策划内容或具创新性，或意义深远，或有话题性，总之具有较大的影响力。三是整合原则，即围绕主题挖掘、调动内外部可用资源，形成合力，实现效益最大化。

动静态文化活动是书城营销策划的重头戏。书城的活动策划可从内容、目标客群、时间段这三个角度切入。

（1）内容方面，紧扣文化民生、城市文化产业发展、阅读生活展开。一是积极参与政府推进文化民生建设的工作，根据政府的阶段性工作要求，策划相关的文化活动，将书城打造成向民众提供多元文化服务的公共文化服务平台，使更多的市民能真正分享公共文化建设成果，实现文化权利，提升市民对公共文化服务的满意度。二是配合城市文化产业的发展步伐进行策划，如在每年的深圳文博会期间，策划系列文化创意活动。三是策划倡导阅读、在市民阅读生活中发挥引领作用的文化活动，如"深圳读书月""深圳晚八点""盘点最受深圳读者关注的出版物""深圳书城选书""深圳书城选碟"等。

（2）策划必须针对特定对象采取特定方法，才能达到理想的效果，因此，目标客群是书城进行活动策划的一个重要依据。书城主要针对三个群体开展策划：一是学生群体及其家庭，这是书城客群的重要组成部分。阅读要从娃娃抓起，这已成为全社会的共识。给予孩子正确的教育引导，让孩子爱上阅读，接受文化熏陶，有展示的舞台、锻炼的机会，是当下家长普遍的期许。书城应响应家长的需求，为孩子们策划引导阅读、熏陶渐染、展示才艺的活动，如"沙沙讲故事"；为家长策划传授家教知识的活动，如"育儿讲堂"。二是城市的中坚力量即对城市发展起核心作用的群体，这是书城着力吸聚的客群。这个群体受过良好的教育，拥有稳定的收入，对文化生活有较高的追求。书城应在了解其需求的基础上，为其量身打造文化活动。如深圳晚八点，就针对这一群体的不同需求策划了七个栏目，包括职场那点事、读书会、英语角、音乐时空、周五书友会、生活教室、每周学点经济学，力求最大限度地满足这个群体的需求。三是特别需要文化关爱的群体，如青工、农民工群体。这些群体是城市新移民，他们渴望人文关怀，需要寻求精神家园。书城应该为这些城市新移民认识、参与城市文化生活提供多种渠道和可能，通过策划开展为这个群体所喜闻乐见的文化活动使书城成为他们的精神家园。

（3）时间段是书城策划活动时必须考虑的重要因素。书城的活动要满足不同人群的需求，就要在目标人群到达的时间开展；书城的活动还担负着营造氛围、设置情境的任务，因此，必须在不同的时间段举办不同的活动，以吸引人流，强化书城的聚客能力。平日，到达书城的人群以年轻白领为主，到达时间主要是中午和晚间，因此应在这两个时段针对年轻白领策划活动。双休日，许多市民习惯一家人逛书城，这时应面向大众，尤其是亲子家庭，策划有影响力的活动，如名家签售、少儿活动、健康讲座、家教讲座等。节假日，策划能营造节庆氛围、参与性强、富有趣味的文化活动，如节日主题展、民俗活动等，使顾客置身于节日情境中。

2. 活动准入

文化活动是书城一道亮丽的风景线，它给书城注入鲜活的元素，使这里散发出区别于其他商业场所的独特的人文气质与风尚魅力。

持续不断地举办各种类型的文化活动，有助于丰富书城的内涵、构建书城的气质、提升书城的魅力。但仅靠书城自身的力量不仅难以保证活动的数量与质量，更难以保证活动的多样性。因此，书城应内部协同与外部整合双管齐下，构建合理的活动体系：一是自主策划系列化品牌公益文化活动；二是与政府机构、商业机构、媒体、专业机构等合作策划活动；三是扮演好"搭舞台、打灯光"的角色，吸引外来高品质活动进场，为其提供专业化的现场服务支持，让外来活动在书城舞台上进行精彩表演。

为保证活动的质量，必须进行严格的活动准入管理，原则和要求如下：

基本原则：严控数量，确保质量，打造精品。

形式内容：符合传播先进文化的导向；符合书城"城市文化生活中心"的定位；能产生良好的社会效益，增强书城的品牌美誉度；能给书城的目标客户带来附加值；能给书城带来所需的资源（包括资金、人气、公共关系、活动源、媒体资源等）；活动主（承）办方筹划缜密、组织充分，确保活动质量。

档期安排：宜避开营运高峰期安排活动，如每年放假开学的第一、二周的双休日，不宜安排动态活动。

3. 传播时机

传播要充分抓住时机、利用时机，以求事半功倍。一般来讲，这个时机要顺应公众需求以及市场和社会形势的变化，可从以下角度考虑。

（1）大形势。根据时下的政策、宣传导向以及社会文化等大形势，因时而动，策划响应大形势、符合其要求、对其有诠释甚至推动作用的新闻事件。如"深圳晚八点"就是在深圳市推行全民阅读运动的大形势下应运而生的，因而受到了媒体的高度关注与持续报道，从而成为知名品牌活动。

（2）社会热点话题。一方面可以借力社会热点话题，找到书城品牌核心价值与社会热点的交集或关联，策划具有新闻价值的事件，让公众通过关注热点话题而关注书城。如在深圳文博会、深圳读书月、创意十二月、世界读书日等宣传热点季，围绕这些热点主题，结合书城核心价值与资源，策划举办系列活动，必能引起公众与媒体的关注。

另一方面可以主动制造社会热点话题，策划一些结合自身发展需要的话题，经系统整合包装后，在社会缺乏热点的新闻空档期进行传播，使之成为公众所关注的社会热点。这个话题必须具有以下特点：创新性，即有亮点；公共性，指必须是公众所关注的；互惠性，即合作方、公众均可从中受益，以获取持续的关注。

（3）公益文化活动。策划举办公益文化活动，不仅是书城构筑自己"城市文化生活中心""公共文化服务平台"品牌形象的重要手段，也是引起公众、媒体对书城平台的兴趣与关注的有效举措。而名人效应尤其是书城应善加运用的，经常邀请名人名家到书城来开展活动，会使活动成为极具新闻价值的事件。

（4）重要时段。抓住节假日、学生寒暑假及开学季等重要时段进行宣传。节假日，主要有国庆节、元旦、春节、中秋节等喜庆节日，情人节、三八节、六一儿童节、教师节等面向特定群体的节日，五一劳动节、端午节等大众法定假日。在这些节假日以及学生寒暑假和开学季，媒体会关注相关公众群体的文化生活，书城一定要适时策划公众需要、喜爱的活动，节前向媒体提供活动资讯，节庆期间则随时做好销售情况、客流量、同比等数据统计以及活动举办情况总结，以迎接媒体的采访。

（5）危机公关。危机是危险与机遇并存。企业在危机中往往会成为公众和媒体关注的焦点，危机事件往往会成为令人瞩目的新闻题材，如果危机处理得当，可以比在常态下更为有效地提高企业的知名度和美誉度，因此危机也可能是提升企业公众形象的一次机遇。

4. 资源管理与运用

书城要开展整合营销是离不开资源的，这些资源包括政府机关、出版社、大企业、专业机构、名人名家以及顾客等。书城必须对这些资源有深刻全面的了解，并与之建立良好的关系。能提供其所需，才能获得我所要，从而实现成功整合。

　　为此，必须对资源进行有效管理与运用，主要从以下两个方面着力。

　　（1）维护关系。由对口业务部门维护与相关资源的关系，成立大客户部，专门维护与大客户（如证券、银行、电信运营商、知名大企业）的关系；营销部门负责维护与机关、媒体、专业机构、名人名家的关系；销售部门负责维护与出版社的关系；客服部负责维护与顾客的关系。

　　维护关系的要点：要让对方感觉自己在我们心目中的地位非常重要，感觉到我们的体恤、贴心。要清楚对方的需求，并尽可能地给予满足。要经常通过多种方式（如聚会、生日祝福、节日问候等）进行沟通，以建立起牢固的情感纽带，不能有事就找没事不理。

　　（2）建立资料库。对资源全面深刻的了解，是以建立资料库为基础的。各关系维护部门均应建立起详细的资料库，除其基本信息外，还要有其需求分析、可为我所用的资源、合作成功案例等。资料库内部共享，这样当需要开展整合营销时，就很容易找到能配对的资源。

第三章　营销的关键业务和重要流程
第一节　策划方案的制定

一　原则

　　1. 可行性：要使策划方案易于实施，在方案制定阶段必须充分考虑所策划内容、内外条件、实现预期效益三方面的可行性。

　　2. 前置性：重点活动、有预见性的活动至少提前一个月完成方案的制定，以保证活动整合资源、实施有充分的准备时间，确保活动效果。

二　内容及要点

内容	要点
市场调研	◎了解目标客群的消费习惯和文化诉求 ◎了解行业动态 ◎了解市场及社会需求 ◎了解可整合的外部资源

续表

内容	要点
资源整合	◎通过召开内部策划会，使相关部门通过深度参与而对策划理解到位，保证内部紧密协同、执行到位 ◎在了解外部资源诉求的基础上，找到双方的合作关联点，以资源置换的方式寻求合作
形成 策划 方案	◎先形成策划草案，策划草案主要用于与合作方谈判，其中必须明确双方诉求，告知对方从合作中可获得的收益，提出双方资源配置方式。草案包括以下要项：主题，目的及预期效果（双方诉求，收益），合作内容，资源配置方式及运作机制，宣传计划，经费预算
	◎再形成策划方案，策划方案必须包括以下要项：主题，背景，组织机构，目的（意义、宗旨）及预期效果，可行性分析，目标受众，内容及形式，资源配置及运作机制，宣传计划，经费预算及来源 ◎最后形成执行方案，执行方案是在策划方案的基础上增加以下要项：各部门具体分工及工作要求，进度安排，宣传品文案，新闻通稿
关联规范及流程	◎《市场调研流程》 ◎《策划流程》 ◎《策划方案审批流程》 ◎《资源信息管理办法》

第二节　活动场地安排及现场支持

一　原则

1. 活动场地安排要有针对性，不同的活动安排在不同的场地举行，以保证达到预期效果。

2. 现场支持要专业化，组建专业执行队伍来负责活动的组织实施工作，保证活动顺利有序高质地开展。

二 内容及要点

内容	要点
活动场地安排	◎书城在规划活动场地时，必须注意既要有开放式场地，也要有封闭式场地 ◎开放式场地的优劣势及适用性：◇优势：辐射面广，影响力大，即使是路过的人都会对活动有个概念性的认识。◇劣势：参与者有较大的随机性，水平、素质参差不齐；因干扰因素较多，参与者容易分神。◇适用于：跟文化、阅读相关，适合大众参加的活动、具有娱乐性的活动、互动性较强的活动 ◎封闭式场地的优劣势及适用性：◇优势：安静，参与者容易集中注意力；参与人群是真正对活动感兴趣的人。◇劣势：影响力有限。◇适用于：话题相对专业化的活动；面向某个特定群体的活动；需要在封闭空间进行的活动
现场支持	◎与主办方（或申办方）进行活动对接，确认其对于宣传品、现场布置等的具体要求。 ◎跟进宣传品制作，规划宣传点位，发布活动资讯 ◎现场服务，应急管理 ◎进行现场评估和后续评估
关联规范及流程	◎《深圳书城承办活动管理规范与实施流程》 ◎《执行部门工作内容及流程》 ◎《应急管理规范》

第三节 传播渠道管理与运用

一 原则

1. 全媒体：充分利用书城自有媒体、大众媒体、合作伙伴的媒体，进行立体化的宣传，最大限度地扩大覆盖面。

2. 适用性：不同的内容、形式，选择不同的媒体进行发布，保证宣传效果。

二 内容及要点

内容	要点
渠道体系	◎自有媒体：书城自有的传播载体，包括实体平台上固定点位的媒体，即海报、灯箱、资讯板、画架+KT板、LCD和LED等；纸质媒体，即会员刊物、内刊、折页、画册、缠书条等；新媒体，即官网、官方博客、官方微博、官方微信、会员短信平台等 ◎大众媒体：包括报刊、广播、电视等传统媒体，以及互联网、移动电视、手机短信等新媒体 ◎合作伙伴的媒体，如企业内刊、银行网点宣传载体等
渠道管理	◎各传播渠道受众不同，特点迥异，渠道管理的任务就是基于对各种传播渠道的了解，为不同的信息找到适合投放的渠道，实现传播价值最大化 ◎书城自有媒体的运用：书城实体平台上固定点位的媒体及会员刊物、折页、画册、缠书条等可发布书城品牌广告、品牌活动广告、书城平台上举办的各种活动的信息、出版物信息等；网络媒体除发布以上信息外，还应发挥其沟通功能，加强与顾客的互动，为顾客反馈信息、咨询、网上购书等提供通路；会员短信平台主要用于向目标会员发送有价值的活动信息；内刊则用于企业文化建设，主要刊载书城内外部活动、书城重点工作、管理层言论、员工心得、员工作品、品牌活动广告、行业动态等 ◎大众媒体的运用：要获取大众媒体的宣传资源，必须向其提供有价值的信息和所需要的内容。媒体报道一般遵循新闻性、时效性和公益性的原则，因此营造焦点和新闻效应成为书城通过新闻报道进行传播的重头戏。此外，书城应与媒体保持沟通，了解其需求，通过合办专栏、提供内容等方式与大众媒体建立长期合作关系。适合投放到大众媒体的信息有：公益文化活动资讯、公益文化活动报道、名家专访、具有话题性的文化事件、与时下社会热点焦点问题有呼应的事件、具有创新性或轰动效应的新闻事件

续表

	◎合作伙伴媒体的运用：合作伙伴的媒体受众群指向明确，正是合作项目的目标受众，因此成为合作项目必不可少的宣传渠道。书城可借项目的宣传，隐性传递书城的品牌核心价值，让更多的人了解书城。适合在合作伙伴的媒体上发布的信息：合作项目品牌广告、项目信息、书城 LOGO 等视觉识别符号等
关联规范及流程	◎《深圳书城自有媒体管理及应用》 ◎《深圳书城平台宣传品设计制作及张贴管理办法》 ◎《深圳书城新闻宣传管理制度》 ◎《深圳书城网媒使用及管理办法》

第四节　媒体沟通

一　原则

1. 原则性：明确书城希望通过媒体传递给公众的信息，明确受访者发言的"度"，明确应急工作流程及要点。有原则指导，才能灵活应对各种采访。

2. 预见性：关注社会热点，了解媒体的兴趣点，对近期媒体的采访内容做出预判，在媒体到访前充分做好应访准备。

二　内容与要点

内容	要点
媒体采访	◎事前准备：媒体联络采访时，请其先提供采访大纲，以便做好充分准备。每逢节假日或重点宣传节点，指定专人受访，事先准备好新闻通稿，对指定人员进行培训。节日期间，相关部门每天做好销售、客流的数据统计及同比、环比工作，总结活动举办情况，将这些信息及时交给指定受访人员汇总，报相关领导审批，以迎接媒体随时可能进行的采访 ◎事后存档：事后将受访内容、媒体报道进行分门别类的存档，做好积累工作，方便日后应对内容相同或类似的采访

续表

内容	要点
危机公关中的 媒体应对	◎实行舆情监测，随时了解外界对自己的评论、批评甚至传言，评估其对公众的影响，及时做出应对 ◎危机发生后，保证与媒体的有效沟通。秉承"不对抗"原则，保持坦诚的态度，以负责任、积极合作的姿态取得媒体的谅解，以事实扭转媒体的看法，使形势向良性方向发展 ◎如果危机来自某种因素对公众的误导，应充分利用媒体组合报道来化解危机 ◎建立新闻发言人机制。以面对面的方式，对待公众和媒体，更易建立公信力，确保新闻和信息的权威性和一致性
关联规范及流程	◎《新闻宣传管理制度》 ◎《媒体公关策略及接待规范》 ◎《拍摄管理办法》 ◎《危机防范管理办法》 ◎《危机处理工作指南》

第四篇　营运管理

第一章　营运管理的角色与价值

大型实体书城与其他购物中心一样，在管理上呈现三权分立、集中管理、分散经营、统一运作的特征。即在所有者、经营者、管理者三权分离的基础上，众多经营者在书城这个统一平台开展经营活动，由专门的管理机构集中管理，协调商业物业经营，将众多项目规范于统一的书城经营平台之下；同时，平台各项目在分散经营的前提下，服从于书城平台的整体定位、经营理念和统一运作。在这一高度集约一体化的管理中，营运管理者扮演着牵头组织者和经营资源整合者的角色，它为书城平台安全、有序、顺畅、高效运行及平台项目的经营提供基础保障和服务支持，是达成企业价值和顾客价值的融合剂。

营运管理的价值就是围绕平台定位和经营理念与实现场地价值和顾客价值最大化的目标，实施一体化的营运管理，确保平台不偏不倚地向既定的方向、目标运行。通过对平台经营资源的整合和协同专业机构提供服务与支持，使围绕顾客价值组合的多种业态、项目服务和功能形成集聚效应，从而形成统一的、整体的品牌形象。同时，营造一个舒适宜人、具有吸引力和可逛性的魅力空间，并对空间内的一切商业行为和事务统一管控，为顾客提供一站式、多功能的综合文化、创意生活体验，提供满足顾客或超出顾客期望的服务，并以顾客为焦点进行微观调控，优化顾客的现场感和体验感，持续提升平台的经营水平、绩效和文化属性，实现项目在书城平台的"在地化"，保持平台活力，确保经营目标的达成。

第二章　营运管理的体系和核心要素

一　营运管理的体系概要

书城平台不是单纯的传统书店规模的放大，也不是简单的文化和商业项目的集合体，而是基于顾客对环境、商品与服务的需求，进行专业化、规范化、标准化的管理或资源整合，实现顾客需求或超出顾客期望值的满足。书城营运管理核心的理念是实施高度集约化的统一管理，做到：统一店面形象、统一服务监督、统一物业管理、统一整合经营和统一评价考核，实现平台统一的品牌形象和协调一致的高品质服务，协同促进平台与项目、项目彼此之间的互动、成长与共赢。

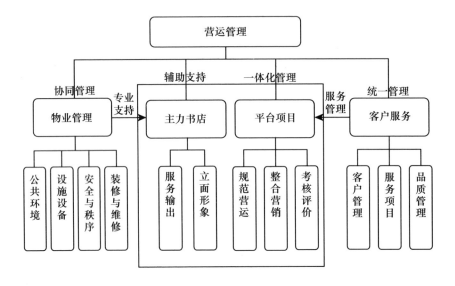

　　营运管理的主要工作就是围绕平台的统一性、规范化和自身的经营目标，通过与主力店、平台项目、物业公司的配合，管控、服务、支持平台及项目的全程运作；充分发挥统筹协同作用，合理匹配平台的多种服务集合、多种功能复合、多种业态组合，整合多种资源，打造整体经营环境，树立整体品牌形象，提升整体经营水平和绩效。但因主力店、平台项目、物业公司在平台担当的角色及价值的不同，营运部门对其管理的深度、幅度和力度是有所区分的。

　　物业管理是书城平台营运管理中最基础、最首要的工作。首先，它是保障平台"硬件"顺利运转的"软件系统"，承担着平台营运中设施设备正常运行、消防安全与秩序、内外部顾客营商环境的维护保障工作，任何一个方面出现差池，都将导致平台无法正常运行。其次，它是平台物业价值和资产价值的加速器，一个"先天"良好的书城平台，"后天"唯有辅以专业水准的物业管理，才能带给顾客愉快、舒适的体验，实现企业价值与服务价值的融合，推动平台的物业和资产的增值与保值。再次，物业管理涉及水电、设备、工程、耗材等多项费用是有效控制营运成本的重要一环。物管工作牵涉的事项及专业领域范围广泛，需要委托其他专业公司来协助完成。如能建立科学的供应商、外包单位的准入评价机制、实施环保节能的管理措施，及时得当地养护设施设备，延长使用寿命，无疑就能极大地节省营运成本。营运管理部门的主要工作是协同物业公司进行专业化的管理，针对平台定位和顾客需求提要求、定标准、要结果，并对顾客满意度影响较大或对营运的安全秩序影响较大的重点事项予以督导、跟进。

　　实施项目一体化的管理是书城平台营运管理中最重要的工作，因涉及的业态多、店面多、功能多，商品组合的宽度和深度不一，利益诉求复杂，管理也是最有难度的。因为项目在平台上承担着人流贡献、品牌引领、租金贡献、面积消化等功能，且每个项目所起的功能并非孤立，而是上述不同功能的有机组合，它们是平台定位、理念和功能的呈现者、传播者和支撑者，关乎平台营运的稳定和成功与否。营运管理主要针对项目经营有关要素的统一管理，包括装修与施工、形象、宣传、人员管理、商品的合法性管理及上卸货、退换货服务等。由于各项目在经营中具有一定的运行规律，依据项目的成长周期可把项目分为准入引进期、开业培育期和规范提升期，处在不同时期的项目，其营运管理要点是不同的：（1）准入引进期主要关注店面基础设施的配套完善为项目进场装修创造条件；店面形象管控；环保绿色装修管理；经营证照审核及开业准备等。（2）开业培育期主要关注项目店面形象的持续保持与提升、规范营运、对平台人流的聚客力、产品对顾客需求的满足率、营销推广活动的实效性、经营状态与经营数据、租金缴纳的及时性等。（3）规范提升期要注重项目的"生态效应"，强调资源共享，整合营销，互动与共生，优胜劣汰。要追求项目的文化属性、产品的创意性和服务品质，实现与书城平台的"在地化"。

　　主力书店对书城平台客流的吸引起着核心作用，对平台整体的定位和营运的安全性起到支撑作用，其内部业务专业化程度较高，经营与管理自成一体，相对独立、成熟。因此，平台营运管理的工作主要体现在对主力书店的服务支持上，其服务输出项有：统一的安全防损、信息系统管理、客户服务与管理、工程招标与建设等。同时，须对书店涉及外立面的店面形象及面向公共空间的宣传品进行统一的管理。

　　二　营运管理的核心要素

　　营运管理的核心要素有营运安全、营运环境、店面形象、整合经营、服务品质。

　　1. 营运安全：营运安全是平台正常经营的基本保障，要以满足顾客基本心理需求、保障平台平稳有序运行为出发点，通过管理体系和制度的建设，有效规避来自自然界、设施设备的不安全状态和人的不安全行为等突发性因素造成的意外事故，最大限度地降低意外经济损失和负面影响。营运安全管理包括：顾客人身安全、消防安全、场地设备安全、人员作业安全、商品（食品）安全、财产安全、文化安全等方面，要做到意识到位、责任到位、教育培训到位、执行到位、督导检查到位。安全生产管理最核心的理念是"人人有责，防消结合"，最基本的工作原则是"落实责任制并问责处罚"。其中，预警体系的建立与完善是提高管理预见性的关键，管理要点有：（1）对所有设施的安全性预先评估，特别是老人、儿童容易发生危险的地方要反复进行安全性评估。（2）要重视营运高峰期的安全管理方案执行与优化提升。（3）重视日常营运中检查记录、督导整改，落实责任制，把安全隐患消灭在萌芽中。（4）重视出现频次较高、带来经济损失较大、对品牌形象和经营秩序影响较大的突发事件管理，提高现场的快速反应和有效处置能力。

2. 营运环境：这里是指最基本的平台硬件维护及管理，管理目标是为顾客营造一个安全有序、洁净整齐、照明度适中、空气流通、舒适温馨的整体购物环境，通过统一的管理维护保持一定的稳定性。良好的购物环境，能营造形象生动、充满物质吸引力和视觉冲击力的购物氛围，将建筑美学与商业功用巧妙结合，向顾客展现平台的高雅格调和美学风格，能形成自身聚客的引力效应。不仅能给顾客创造感官和心理双重享受，而且是提升顾客购物过程的愉悦感，形成顾客满意正向体验，实现销售的重要基础。对营运环境的管控水平，既是衡量书城平台集客力的重要指标，又是实体书城与网络书店差异化的竞争优势之一，是顾客体验的最基础工作。营运环境的管理包括：清洁、绿植、灯光、背景音乐、噪音控制、休闲椅、公共空间小景或道具以及对周边噪音、装修施工的管控等。总的原则是标准化、稳定性、精细化。要注重细节管理，包括：顾客体验最集中的洗手间的环境卫生、满足功能前提下的节能灯光模式、符合场所气质和文化品位的背景音乐以及营业中的施工管理。这些细节无疑是对平台环境管控能力的考验与挑战。

3. 店面形象：这里是指书城平台各项目的店面形象。总的原则是：通过一体化的营运管理，将众多的、个性化的店面形象，规范统一于书城整体平台的定位与美学风格。对书城平台各个项目实施规范的形象管理，有利于打造整体的平台形象，营造整体的经营氛围，塑造高雅的文化气质和构建整体和谐的魅力空间，提升平台的品牌价值。同时，与周边环境和谐的店面形象，又不失其个性和品牌张力，有利于提高项目的聚客能力，提高商品的品位与价值，激发顾客的购买意愿，促进经营业绩增长。店面形象管理分硬件管理和软性管理两个方面，硬件管理在项目准入时就应介入，其重点是设计审核，应对项目的门头店招、平面、立面和施工图进行严格的审核把关，并利用装修之时对项目的品牌形象进行统一的宣传预热；在项目投入营运时，应围绕"形象的保持、维护与升级"，对涉及营运规范的软硬件进行统一管理，包括店招、橱窗、立面、布局与陈列、灯光、宣传品、卫生与秩序、人员等要素。管理中应遵循以下原则：（1）店面形象设计符合书城平台简洁、明快、文雅的美学风格。（2）管理中要做到系统化的规划、一体化的审批、标准化的实施，切忌"孔雀开屏""杂乱无章""因人而异"。（3）在打造特色空间时，同一主题且集中组合在同一区域的项目，其门头店招在基本色调、材质、尺度和形式上应尽量统一，强化空间的整体感和主题的鲜明性。（4）硬件维护与软性管理两手齐抓，相辅相成，相得益彰。

4. 整合经营：整合经营是指营运管理者把平台单个的经营项目视为合作伙伴，共同分享平台和项目的彼此资源，开展公关营销活动，制定优惠促销政策，建立客户关系的数据，形成协同整合效应进行市场传播，实现双方交互中的价值增值。具体目标是：为顾客创造持续不断的消费体验和购物兴趣，搭建一个消费者和项目之间愉快、自由交往的忠实平台，提升平台整体经营水平和经营业绩。在书城平台实施项目整合经营的作用有：

（1）大型实体书城是城市公共文化服务的提供者，拥有较强大的公共文化活动资源，如能把政府组织或基金扶持的"文博会""读书月""晚八点"等社会影响力大、公众参与度强的大型品牌公益活动，整合成一次次有针对性的项目品牌形象推广时，不仅能提升项目的文化属性和品位，开启顾客的文化消费体验之旅，还能借助活动传播平台的经营理念，快速形成顾客对平台整体品牌的认同感。

（2）整合经营能快速刺激消费，扶植项目经营快速走上正轨，可在市场和消费者的"互动"中收集、分析经营数据，了解经营状态，为业态和项目调整提供依据。

（3）通过整合传播渠道、客户资源以及卖场自有的场地、灯箱、展示平台等低成本的营销资源，实现低成本策略化与高强度冲击力的目标。整合经营的形式多样，不管采取哪种方式都应依据平台所处的不同发展阶段和项目本身的内在需求，围绕"人气旺地—提升品牌—获取盈利"等达到不同的目的。

5. 服务品质：书城平台的核心竞争力之一就是为顾客提供高品质、协调一致的服务。平台各项目虽可独立运作，自我经营，但在服务管理上必须遵循统一管理，保持高度一致的服务品质的基本原则。在管理中统一实行"压力传递型品质控制模式"，通过严格执行"部门负责人""值班经理"和"总经理室"的三级监督、检查、评价机制，通过检查考核的形式将品质控制的压力由高层向下传递，以达到团队及岗位管理品质得到不断提升的目的。服务品质的控制包括服务提供、过程管控和结果导向三个基本环节，其管理内容也包括了点面结合的三个方面：客服中心的建设与管理、服务规范管理、服务质量管理。客服中心是面向平台顾客开展服务，顾客深度体验服务的窗口，它的建设与运行是为平台的服务质量提供组织保障，是管理层了解市场和顾客需求的前沿、触角；服务规范管理，实际是把服务理念落实到具体的服务项目时的标准化、编码化过程，在制定服务标准和规划服务流程时，要从方便顾客的角度出发，重视礼仪、亲和、聆听、同理心、诚信、专业等核心要素，把"人为"因素造成服务的不确定性和质量的不稳定性降至最低。服务质量的管理是一系列服务体系与流程的综合系统工程，遵循以下原则：（1）极大可能地给予顾客方便和充裕的客诉机会；（2）把客诉作为优化调整导向的重要资讯并列入经营管理项目；（3）须将客诉信息及整改执行的绩效，定期呈报高层管理团队，作为经营策略的参考。服务品质管理的主要抓手是内部的巡查督导制、顾客投诉管理和神秘顾客暗访制等。通过对服务质量的管控，了解顾客需求和我们提供的服务之间的差距，持续改进管理，优化调整服务，始终追求"符合顾客需求并超乎顾客期望"的服务目标。

第三章　营运管理的关键业务和重要流程
第一节　环境管控

一　原则

1. 标准化：以顾客需求为前提，制定清洁、灯光、背景音乐等有关环境管理的统一标准，并把"标准"作为员工培训和作业的指南，确保为顾客提供的购物环境的规范一致性。

2. 精细化：精益求精，注重细节管理，在顾客对环境最关注、最敏感的方面下功夫，用细节打动顾客，形成正向的顾客满意度。

3. 稳定性：加强培训和现场督导，避免人为因素产生的波动，确保为顾客提供的环境质量的持续稳定性。

二　内容与要点

内容	要点
清洁管理	◎是环境管控的重点与难点，是顾客体验最基础的指标，也是满意度的敏感因素 ◎须提供不低于行业标准及顾客期望的清洁环境 ◎做到对相关人员定编定岗定标准 ◎落实检查督导，按合同兑现奖罚与考核 ◎加强重点点位与重点时段的管理，如洗手间须专人值守、高峰期主通道、雨天出入口及营业中垃圾清运路线管理等
灯光管理	◎灯光管理在满足阅读功能、展示商品、营造氛围、节能环保方面具有重要意义 ◎以满足功能为导向、以节能和延长灯具使用寿命为目的实施调控 ◎日常营运中分营业前、营业中、清场、营业后夜间灯光模式 ◎根据不同天气、特殊时节（重大活动或节假日）进行动态调控
背景音乐	◎背景音乐可以营造美妙的购物氛围，调节顾客购物情绪，优化顾客购物体验 ◎背景音乐的风格选择上应遵循"多缓少快无悲腔"的总原则 ◎所选音乐要符合书城场所气质，体现文化品位和高雅 ◎定期更新，让顾客耳目一新 ◎按主题可分节庆音乐和日常营运音乐；日常营运音乐又分开场、中场和清场音乐

续表

内容	要点
关联规范及流程	◎《清洁招标文件》 ◎《清洁管理合同》 ◎《灯光模式作业指南》 ◎《背景音乐作业指南》

第二节　项目管理

一　原则

1. 一体化：对平台项目实行高度一体化的管理，统一管理店面形象、服务监督、物业管理、整合经营和评价考核，打造统一的平台形象。

2. 规范化：把平台项目松散的、个性化的、不确定的各类商业行为，进行制度化的设计，使之成为一种标准化的管理约定，实现管理与经营的无缝连接、平滑运行。

3. 在地化：充分发挥营运管理的桥梁纽带作用，整合顾客的消费需求和项目的经营需求，为项目提供针对性、差异化的服务与支持，提升项目的文化属性、与平台定位的契合度和经营能力。

二　内容与要点

内容	要点
装修管理	◎装修管理是确保平台营运环境与秩序、项目店面形象、顺利开业、品牌升级的关键环节 ◎绿色环保，安全规范，文明施工 ◎封闭围挡作业空间，利用装修这一重要时机对项目进行宣传预热与展示 ◎进场前物业、营运管理、项目中心、项目及施工队多方对接，做到信息对称，责任清晰，管理主体与要求明确 ◎严格审核平面、立面、施工"三图"，凡涉及隐蔽工程和公用设施要事先知会并提要求，涉及建筑结构须专业部门进行可行性认证；涉及影响第三方建筑结构须事先沟通，完备手续

续表

内容	要点
	◎严把进场前的资质审核关、实施安全教育并落实责任制 ◎加强施工中的现场管理，确保安全规范作业，营业中施工做到无噪音、无异味、无粉尘、无二次污染；夜间施工如有异味次日通过抽风强排等有效手段及时处理 ◎验收环节的控制，确保安全竣工，符合安全规范、工程规范（重点把控隐蔽工程）、形象规范
店面形象	◎店面形象是给顾客视觉上的直观感受，通过平台各店面外在形象和内在的规范营运，实现平台的统一性和协调性，提升项目本身的聚客能力 ◎规范统一于平台整体风格，软件硬件一起抓，内外兼具 ◎硬件要求：招牌灯光协调统一，橱窗展示通透美观，展示面和后立面整洁美观，宣传品内容合法，形式点位合规 ◎软性管理包括：员工统一着装、服务规范、货架道具陈列有序、营业组织井然、按公示时间营业、礼貌待客、诚信服务等 ◎管理手段有：预先审批制、现场巡察督导、建立管理台账纳入考核等
货品装卸	◎上卸货是规范营运、保持平台营运安全与秩序的重要管控点 ◎按指定的时间和规划的线路安全规范作业，在硬件条件允许的前提下做到客货分流 ◎停车卸货指定区域和时间，做到事后清场 ◎可能导致二次污染和损坏设施设备的货品须密封打包 ◎营业中小宗补货避开主通道，避免占用公用设施、影响店内及公共营运秩序
经营整合	◎经营整合是经营与管理的结合，通过资源的共享、市场与消费者、平台与项目的互动，产生协同效应和整体的品牌效应，使场地价值、销售最大化，实现多赢 ◎以顾客需求和项目的经营需求为导向，实现资源交互中的增值与共赢 ◎充分了解、挖掘顾客需求和项目需求，以需求为前提整合方案

内容	要点
	◎常见整合方式：利用媒体资源形成统一的市场传播渠道；利用卖场内的场地、广告、标识、客流资源，规划促销场地辅以标识指引，形成特殊的促销场所；开展会员活动、节假日营销推广、主题活动与单一性活动相结合等；介于平台和场地之间的第三方联动、互动 ◎关注整合营销方案的正确性、结果的可控性与有效性，关心顾客的消费热点、潜在消费和多项消费选择
信息沟通	◎沟通是对平台项目实施一体化管理、规范运营的重要管理手段，它是融管理于服务理念的具体体现，通过沟通，达到宣传教育、了解需求、收集意见、整合资源、提升管理与经营水平的目的 ◎按沟通的内容与性质采用分级沟通制；方式上采用随机沟通与定期沟通相结合 ◎建立24小时联系人制度、店面负责人日常沟通机制、营运负责人定期约谈机制，上传下达，跟进落实辖区政府管理部门的相关工作任务，确保信息传递即时、准确、有效 ◎沟通内容包括：营运规范、高峰期营业准备、资源整合与促销方案、顾客意见信息反馈、人员教育培训等 ◎沟通形式：电话、邮件、面谈、函件、营运通报、分层级召开专题会议等 ◎建立文件、信息的签收制，做好存档管理
评价与考核	◎对项目的考核与评价，是保持平台品质和活力，提升项目坪效和场地价值，实现业态调整和不断增长的经营目标的重要管理手段 ◎以合同条款为标准、以日常记录为依据，定量与定性相结合，对平台项目综合评价，优胜劣汰 ◎采用具有法律效率的商业管理手段，通过对合同条款的约定、完善，确保管理手段与考核结果的有效性

续表

内容	要点
	◎建立日常营运管理台账，形成有项目确认签收的记录，归档管理 ◎针对营运管理中普遍性的问题，针对性地开展教育培训，提高管理中的预见性 ◎综合考核中的多维度评价：营运中的规范性；项目的在地化，与平台的契合度；品牌活动、营销推广的参与度、配合度及响应速度；服务质量和顾客的认同度；经营能力及承租能力
关联规范及流程	◎《项目进场和办理装修手续作业指南》 ◎《项目开业验收作业指南》 ◎《营运管理合同》 ◎《项目宣传品审核作业指南》 ◎《宣传品文字审核须知》 ◎《营运管理合同》 ◎《项目上卸货管理要求》

第三节　服务管理

一　原则

1. 统一性：围绕顾客价值的最大化和顾客满意度，规划服务体系，制定服务规范流程，统一开展公共服务项目，实施一体化的服务管理，确保平台协调一致的高品质服务。

2. 特色化：围绕实体书城的"现场体验感、互动参与感、售后服务的信心保障和充裕的客诉渠道"等优势，进行重点管理，凸显实体书城的差异化优势，打造服务竞争力。

3. 顾客导向：高度重视客情客诉，建立健全顾客沟通的有效渠道，收集顾客信息，并以顾客为焦点，以客诉为依据，不断优化调整经营、管理与服务，持续不断地提升服务品质。

二 内容与要点

内容	要点
客户关系管理	◎客户关系管理是以"客户价值"为中心，以信息管理为基础，有效提高平台收益、客户满意度、忠诚度和企业核心竞争力的管理手段。主要围绕"会员客户"和"大客户"两大核心顾客开展工作 ◎方法与手段应注重客户与资讯、情感、书城现场空间的互动，实现服务的增值；应以追求客户价值的最大化为管理目标 ◎会员管理：客户资料要确保准确性、完整性和更新及时性，严格做好客户资料保密；通过会员消费数据的收集与消费行为的分析，充分挖掘顾客的潜力需求，采用有效的手段实施会员营销，推送书城平台的增值服务 ◎大客户管理：大客户按价值不同分等级管理，根据不同等级配备相对应的维护资源；大客户关系维护要有计划、有规模、分层次，频次上要常态化，形式上要生活化，重视情感营销；要善于整合书城平台资源并与大客户形成互动，提供延伸服务
参观与接待	◎参观导览服务是塑造良好的企业形象、传播企业文化和经营理念、宣传推广新业态的最佳机会，通过导览服务加深顾客对"文化＋旅游"体验式书城模式的理解，形成良好的感性认知和深度的体验，是利用人际传播扩大品牌影响力的最佳途径 ◎预案式管理，遵循分层级、对口接待原则 ◎根据政府机关、业内人士、旅游团等不同的来访对象对书城平台有不同关注点的特征，制定差异化接待方案 ◎在标准化接待方案基础上，适时调整，与时俱进，讲解词中充分体现书城最新动态，包括最新的特色空间、亮点项目 ◎重点接待提前演练，注重细节，国际友人的接待中要考虑到文化背景 ◎事后评估，及时总结，适时调整

续表

内容	要点
退换货	◎实体书城的商品退换货与电商相比，能给顾客提供较强的售后服务保障，强化了顾客购物的信心，是差异化竞争优势的重要服务项目 ◎以"顾客满意"和"不影响二次销售"为基本原则 ◎转变理念，把退换货视为提升顾客满意度，达成二次销售的最佳时机 ◎实施一体化管理，由客服中心统一受理并授权处理含平台项目在内的顾客退换货，在项目的退换货处理中，客服人员履行沟通协调、督导跟进的职责，维护书城平台服务的统一形象 ◎充分授权管理，提高服务效率 ◎在流程标准化的基础上，体现一定的灵活性
服务质量管理	◎服务质量直接关系到顾客满意度、品牌忠诚度和经营业绩的提升；对服务质量的有效管控，是衡量营运管理水平、平台可持续发展力的重要指标 ◎统一管理，追求协调一致的高品质服务；尊重顾客，充分体现以顾客为导向的服务质量的全面提升和可持续发展 ◎实施"三位一体"的服务品质管理模式，是指从营运值班、顾客投诉管理、神秘顾客暗访这三个不同的角度和维度，实施服务质量的统一管理。即制定平台统一的服务规范，为顾客提供统一的公共服务，实施统一的服务质量督导 ◎实行层层加压、责任层层落实的管理方式，即高层管理人员重点关注和督导，部门负责人承担管理责任，管理人员和员工个人与考核挂钩 ◎高度重视客诉，开展顾客意见与建议、总经理信箱、顾客投诉等服务，给予顾客方便及充裕的客诉机会，把客诉作为调整导向的重要资讯改进提升服务 ◎重视员工的培训教育，包括：服务意识与技术、岗位规范与技能，要把典型的顾客投诉提炼成培训案例予以实施，以点带面，从个案到全面地提高服务质量

续表

内容	要点
关联规范及流程	◎《大客户关系维护管理规范》 ◎《大客户关系维护计划执行表》 ◎《深圳书城会员制度》 ◎《参观接待路线规划》 ◎《参观接待讲解词》 ◎《重要节点营运工作安排》 ◎《出版物退换货处理流程》 ◎《投诉管理流程》 ◎《值班制度》

第四节　综合营运管理

一　原则

1. 协同性：围绕营运管理要素与具体事项，发挥营运管理部门牵头组织、协同推进的作用，确保营运管理工作顺畅推进。

2. 系统性：建立有效的管控机制，多角度、多层次地发现问题，形成解决问题、优化新流程或制度的营运管控机制。

3. 前置性：提升高峰期和高峰时段营运管理的预见性，强化管控能力，确保高峰期顾客体验的适宜性和营运管理质量的持续提升。

二　内容与要点

内容	要点
营运值班制度	◎营运值班是确保后台非正常上班时间平台顺畅有序营运的重要制度保障，是建立服务质量的内部督导、协同解决营运中问题、优化提升整体营管水平的重要工作机制 ◎值班经理作为最高管理者代表全权履行对平台营运的检查督导、处理突发事件的职责，遵循"谁当值谁负责"原则 ◎建立对营运值班经理的考核制度，落实责任制 ◎通过培训交流提升队伍的洞察能力、问题处置能力以及系统思考能力，提升管理团队的整体素质

内容	要点
·	◎建立联合巡场机制，换位思考，协调、督导并推动责任部门解决问题 ◎依据工作重点和阶段性任务进行督导管理，收集信息及时反馈供决策参考
重要节点或重要活动营运安排	◎节假日和重大活动之际，是书城平台客流量最大之时，是对平台的服务品质、接待能力、营运管控水平的巨大考验，也是顾客形成良好体验和满意度的关键节点 ◎采取提前规划、统筹安排、协同推进原则 ◎重点时段是指法定节假日、寒暑假、开学首两周学汛、会员日与周末重合时期；重要活动是指有一定规模、级别较高、影响力较大的活动 ◎围绕顾客体验，从环境、商品、车流秩序、收银等关键要素出发，依据客流的峰谷规律规划人力，提前安排商品、耗材等 ◎提前做好品牌推广及促销方案、做好新闻采访应对准备、做好应急预案的培训演练 ◎将工作任务及要求形成工作表，落实到部门，检查跟进准备情况和执行结果 ◎规模大、预计观众多的动态活动，应尽量避免在营运高峰期举办，以免增加营运管控难度，影响营运环境与秩序，留下安全隐患
关联规范及流程	◎《营运值班经理管理制度》 ◎《营运高峰期管理办法》

参考文献

1. 戴琼：《从城市生活出发——市民文化中心建筑设计研究》，硕士学位论文，重庆大学，2013 年。

2. 国家文化产业创新与发展研究基地：《中国文化产业年度发展报告 2006》，北京大学文化产业研究所 2006 年版。

3. 黄丰明：《建筑共享空间形态设计分析》，大连理工大学，硕士学位论文，2006 年。

4. 郝明义：《越读者》，人民文学出版社 2009 年版。

5. 侯征难、刘志军：《商业综合体建筑与空间的多元化趋势》，《建筑与文化》2012 第 10 期。

6. 季松：《消费时代城市空间的体验式消费》，《建筑与文化》2009 年 5 月。

7. 龙固新：《大型都市综合体开发研究与实践》，东南大学出版社 2005 年版。

8. 刘悦笛：《生活美学》，安徽教育出版社 2005 年版。

9. 马化腾、张孝荣、孙怡、蔡雄山：《分享经济：供给侧改革的新经济方案》，中信出版集团 2016 年版。

10. 吴声：《场景革命：重构人与商业的链接》，机械工业出版社 2017 年版。

11. 汪耀华：《出版空间理念与实务架构》，上海大学出版社 2009 年版。

12. 王晶：《新华书店生存困境与转型路径研究》，硕士学位论文，山西大学，2015 年。

13. 王京生：《中国文化的历史流变与当今的文化选择》，红旗出版社 2013 年版。

14. 王京生主编：《高贵的坚持》，海天出版社 2014 年版。

15. 王澍：《造房子》，湖南美术出版社 2016 年版。

16. 王志华：《中国民营书店竞争力研究》，硕士学位论文，广西大学，2007 年。

17. 叶新：《出版物发行实务》，辽宁大学出版社 2013 年版。

18. 张波：《O2O：移动互联网时代的商业革命》，机械工业出版社 2013 年版。

19. 朱麟飞：《消费社会的运作逻辑》，《商场现代化》2009 年第 1 期。

20. 郑也夫：《后物欲时代的来临》，上海人民出版社 2007 年版。

21. 朱永新：《改变，从阅读开始》，天津教育出版社 2007 年版。

22. ［英］阿兰·德波顿，《幸福的建筑》，上海译文出版社 2009 年版。

23. ［德］汉斯－格奥尔格·伽达默尔：《真理与方法》，洪汉鼎译，上海译文出版社 1999 年版。

24. ［美］加布瑞埃拉·泽文：《岛上书店》，孙仲旭、李玉瑶译，江苏凤凰文艺出版社 2015 年版。

25. ［法］罗歇·苏：《休闲》，姜依群译，商务印书馆 1996 年版。

26. ［英］迈克·费瑟斯通：《消费文化与后现代主义》，译林出版社 2000 年版。

27. ［挪］诺伯舒兹：《场所精神：迈向建筑现象学》，施植明译，华中科技大学出版社 2010 年版。

28. ［美］尼尔·波兹曼：《童年的消逝》，吴燕莛译，中信出版社 2015 年版。

29. ［法］让·波德里亚：《消费社会》，南京大学出版社 2001 年版。

30. ［以色列］尤瓦尔·赫拉利：《未来简史：从智人到神人》，林俊宏译，中信出版集团 2017 年版。

31.［德］瓦尔特·本雅明：《巴黎：十九世纪的首都》刘北成译，上海人民出版社 2006 年版。

32.［法］夏尔·丹齐格：《为什么读书》，阎雪梅译，广西师范大学出版社 2012 年版。

后　记

　　一直以来，深圳市委市政府高度重视深圳书城的建设，从规划建设用地、项目建设资金、重点文化活动资助等方面为书城转型升级提供了强大支持，包括"一区一书城"战略的决策、"深圳读书月"的举办等，都充分体现了市委市政府的文化民生理念。同时，市委宣传部、市文体旅游局等主管部门，积极带动推广总结深圳书城模式，有效推动深圳书城发展壮大。正是因为有了这些指导和支持，深圳书城才能光荣地走到今天，并将充满信心地走向未来。

　　本书的编著得到众多帮助，赵琴、陈焕辉、张霞、杨茜、方勤、邓利萍、陈玉梅等成员参与了资料的收集、整理及具体章节的撰写。同时，该书的撰写及出版也得到深圳出版发行集团，以及其旗下深圳书城的大力支持，在此一并表示感谢。

　　书中图片很大一部分来自报纸和网站，在此向各位拍摄者表示诚挚的感谢。

　　面对互联网经济的强烈冲击，实体书店如何进一步化被动为主动，成为整个发行业高度关注的重要课题。该书对中国现代大书城的代表——深圳书城的发展历程进行全面的分析概括，并对大书城的未来走向进行科学研究预判。我们期待，该书的出版，可以进一步促进书城模式的固化、提升及传播，并推动探索其未来科学、可持续发展的道路，为中国实体书店的创新发展提供新的思路、新的启迪，推动书城实现公共文化服务效能的最大化。

尹昌龙

2018 年 1 月